愚直に生きた　下巻

伊藤哲也

春秋社

はじめに

本書は、『会津人群像№38～41』まで連載を行った「愚直に生きた⑯⑱」二編に次の原稿を書き加えたものです。『会津人群像№40』の「土方歳三の新史料が語るもの」、『会津人群像№43』の「波乱に満ちた維新後の生涯　飯沼貞吉伝」に戊辰戦争以前の生涯を加筆校正したもの、そして新たに新選組副長助勤であった永倉新八の生涯の三編です。

今回も新たに見つけることができた史料を組み込み、書き続けたものをまとめました。多くの史料を駆使して、会津人や関係者・五人の生涯を紹介します。

本当の史実が埋もれることないよう願い単行本としてまとめました。中には結論が出るまで時間がかかる事柄もあるでしょう。旧来と比較して、如何なることが判明してきたか周知できれば幸いです。

目次

一章・愚直に生きた⑬

土方歳三

土方歳三、世に知られた新選組副長である。京都守護職時代、鬼のような人物として恐れられていた。会津で新選組が壊滅した後も土方は戦い続け、蝦夷地で戦死するまで戦い抜く。各史料をもとにして、宇都宮戦線から会津藩領における戦いを中心に動向を述べていきたい。

「土方歳三鶏卵紙写真」（一瀬久雄氏所蔵、画像提供・好川恭子女史、撮影・筆者）
日本に三枚残る土方歳三鶏卵紙写真の一枚。会津藩士・雑賀孫六郎の御子孫宅に現存していた。孫六郎は、歳三と同じく箱館戦争を戦っている。

転戦に次ぐ転戦

慶応四年（一八六八）一月、新選組は鳥羽《とば》・伏見《ふしみ》の戦いで敗退すると江戸へと引き揚げてきていた。甲州への出陣前、近藤勇は大久保剛《おおくぼたけし》（大和）、土方歳三は内藤隼人《ないとうはやと》と改名している。新選組は甲州においで、新政府軍と戦うが敗れてしまう。そこで、流山へと転戦するが、ここで局長・近藤は新政府軍に投降した。というのも、土方が近藤に「ここで割腹するのは犬死なり。運を天に任せ、板橋総督へ出頭し、鎮撫隊であると主張して、説破することこそ得策ならん」（『新撰組往事実戦談書《しんせんぐみおうじじっせんだんしょ》』）と自決ではなく投降を勧めたからである。近藤は剛から大和へと改名していたが、残念ながら、正体を見抜かれて板橋で刎首となってしまう。副長であった土方が旧幕臣・勝海舟に助命嘆願するが叶わない。ここで土方歳三と書いたが、前述したように、この時すでに内藤隼人と改名しており、このことは『井伊直憲家記《いいなおのりかき》』で確認できる。改名の史料紹介以外は、土方歳三の名前で表記を統一したい。

こうした経緯を経て、土方は会津藩領へと転戦していく。新選組主力部隊とは流山で別れており、部下数名を連れての会津入りであった。土方は旧幕臣・大鳥圭介率いる旧幕府軍に加わり、会津藩士・秋月登之助《あきづきのぼりのすけ》（江上太郎）の補佐役（参謀）として従軍したのである。ただ、大鳥の当初の目的は日光を新政府軍の手から守ることにあった。日光には徳川幕府将軍・徳川家康たちを祀る日光東照宮がある。そもそも会津への転戦ではなく、日光東照宮の守備のため転戦を開始したのだ。

土方が会津藩士・秋月の配下に入ったことについて、会津藩士・牧原文吾が『鶏助短編《けいろくたんぺん》』に次のように語り残している。「隊長を選挙で選んだが、伝習隊の者は揃って秋月を隊長に推した」（意訳）という。土方は人傑にして大局を考慮して、争わなかったとも述べられている。そして、慰労金の支給がある度に、秋月隊長から給与されるものと彼を賛助したという。秋月を上司と立てての言動であろう。

桑名藩士・中村武雄は『戊辰桑名戦記』において、土方を機知雄略が兼ね備えられているので参謀と定めたと記録している。そして、東照大権現の旗を作成して進軍したという。これについては、土方の部下・島田魁《かい》も記録『島田魁日記』に書き残している。時に四月十二日の出来事であった。

それから四日後の四月十六日、土方歳三こと内藤隼人は下妻《しもつま》藩を降伏に追い込んだ。新選組隊士の記録文には、土方の名前で動向が記されている。だが、『慶応兵謀秘録《けいおうへいぼうひろく》』など別の記録には内藤隼人と書かれており、改名したたままとわかる。翌十七日の明け方、土方は、下館《しもだて》城を取り囲んだ。下館藩主は城の引き渡しに応じ、開城している。

下館城攻略後、土方は宇都宮城をも攻め落とそうと進軍していったのである。

宇都宮城攻防戦

四月十九日の明け方から土方歳三による宇都宮城攻略戦が開始された。土方の動向の中で特筆すべき点を『戊辰桑名戦記』から引用紹介したい。「退くものは斬る」と、土方が述べた根拠史料となるものである。

（直訳）

「是時城際ニ進ミタル兵ハ我藩ノ外回天隊ノ人数五六名アリシノミ土方歳三ハ歩兵ノ退クヲ見テ進メ〱ト令シツ、逃ル者一人ヲ斬倒ス歩兵ハ是ニ激マサレ再ヒ進ミタレトモ土方ハ血刀提ケ悠々ト退キタル故歩兵モ再ヒ退キタリ」

（意訳）

「この時、城際に進みたる兵は我が藩のほか、回天隊の者が五、六名いたのみである。土方歳三は歩兵が退くのを見て、『進め進め』と命令しつつ、逃げる者を一人切り倒した。これにふるいたった歩兵は再び進むが、土方歳三は血刀を提げて悠々と撤退した。歩兵も同じように撤退する」

（『戊辰桑名戦記』）

激戦の末、土方と共に歩兵も転戦していく。すでに、旧幕府軍が宇都宮城の搦手門攻略から後ろ口へと攻撃対象を移していたからである。進軍途中の武家屋敷では敵兵と出会うことが多い。そのため、土方たち旧幕府軍は、風に乗じて火を放つなどした。たまらず、新政府軍は撤退を図った。この時、逃げる新政府軍は宇都宮城天守閣に火を放ち、遂に宇都宮城は落城となったのである。現在と異なり、放火は戦術の一つとされていたのだ。

翌二十日、土方は秋月登之助と連名で、真意を質《ただ》すため笠間藩家老に出頭を要請した。内藤隼人の改名で書状を出したのである。内藤として本人が書いた最後の書状であろう。しかし、笠間藩はまったく動こうとしない。それでも土方たちが笠間藩を攻める機会は残念ながらなかった。なぜなら旧幕府軍諸隊が各地で敗退したため、新政府軍が宇都宮城を奪回しようと迫ってきたからである。時に二十三日の早朝の出来事であった。土方、秋月の両名が城を出て、明神山《みょうじんやま》、八幡山《はちまんやま》において転戦する。だが、正午頃に両名とも負傷してしまった。更に、宇都宮城が再び新政府軍に攻め落とされてしまう。負傷した土方は秋月と共に日光送りとなる。『慶応兵謀秘録』において、土方の動向が書かれている。内藤の名はここで消え去ることとなる。

二十四日、今市へ進んだ土方であるが、同郷の八王子千人同心・土方勇太郎を呼び寄せた。そして、故郷の日野へ使者として送っている。日野の名主・佐藤彦五郎家に次のような逸話が伝わっている。

土方が宇都宮城攻略時、逃げようとして斬った歩兵の供養のため、墓石建立代として金一封を勇太郎に渡したというのだ。

会津若松城下へ

閏四月一日、旧幕臣・大鳥圭介たちは軍議を行い、日光守備役を離れて会津行きが決せられる。すでに、土方歳三、秋月登之助は会津藩領を目指して戦線を離れていた。土方は、秋月の実家がある会津田島の江上家において寄留をしたのであろう。その後、土方は自身の愛刀「大和守秀国《やまとのかみひでくに》」を秋月に譲り渡して若松城下へと急いだ。五月十一日に、秋月も土方を追うように会津若松城下へと向かう。

秋月の名前が『辰之日記草稿』に種明と書かれていると何回か紹介している。原本は存在しないが、故人となった旧所有者から複写本をいただき、秋月の名前を確認することができたのである。ほかに、霊山歴史館《りょうぜんれきしかん》に寄贈された土方の名刀「大和守秀国」に秋月登之助種明と刻まれており、土方が秋月に譲り渡したとわかる。この時点では、まだ秋月が土方の上司という立場にある。

大鳥たちが会津行きを決めたのと同じ日、土方は若松城下の清水屋に到着している。そこで、様々な人物の訪問を受けた。幕臣・望月忠幸の記録『夢乃《ゆめの》うわ言《ごと》』によると、土方は旧幕医・松本良順の治療を受けたと書かれている。土方は望月に対して共に戦わないかと呼び掛けた。ただ、傲慢な言い方であったため、望月は自分は文官であるため銃は取らないと返答している。望月からの返答を聞く

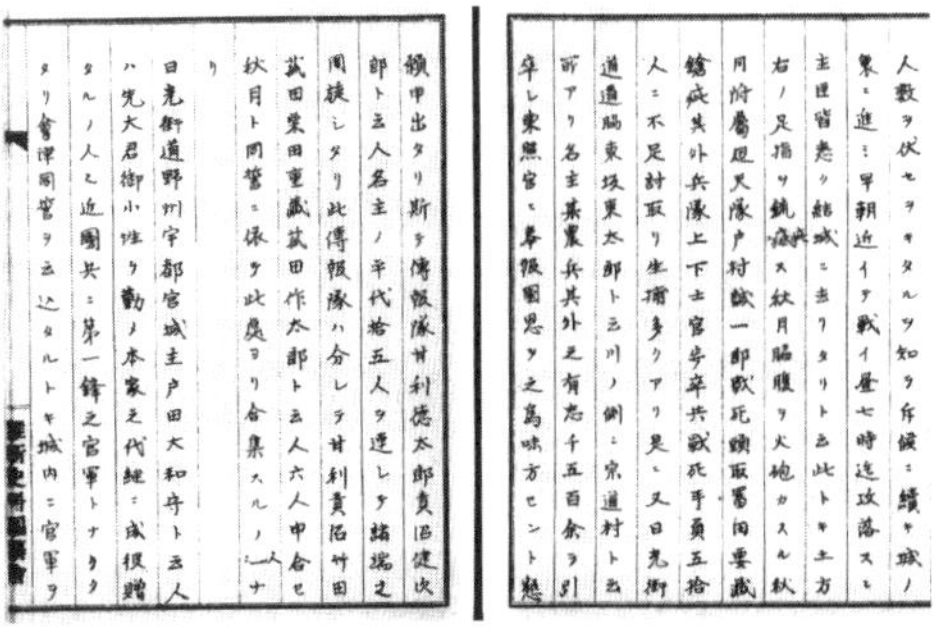

『奥羽軍記』（東京大学史料編纂所蔵）
土方歳三が足の指を負傷したと記録されている。

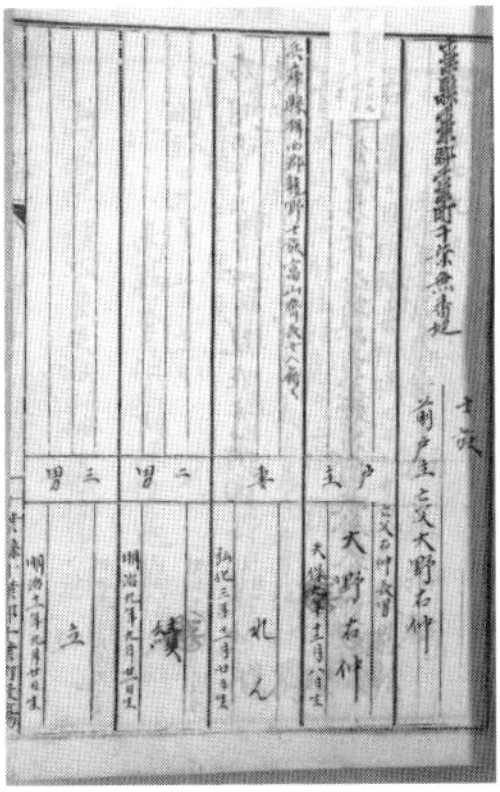

『明治廿九年　文官恩給』
（国立公文書館蔵）
大野右仲の戸籍が記録されている。

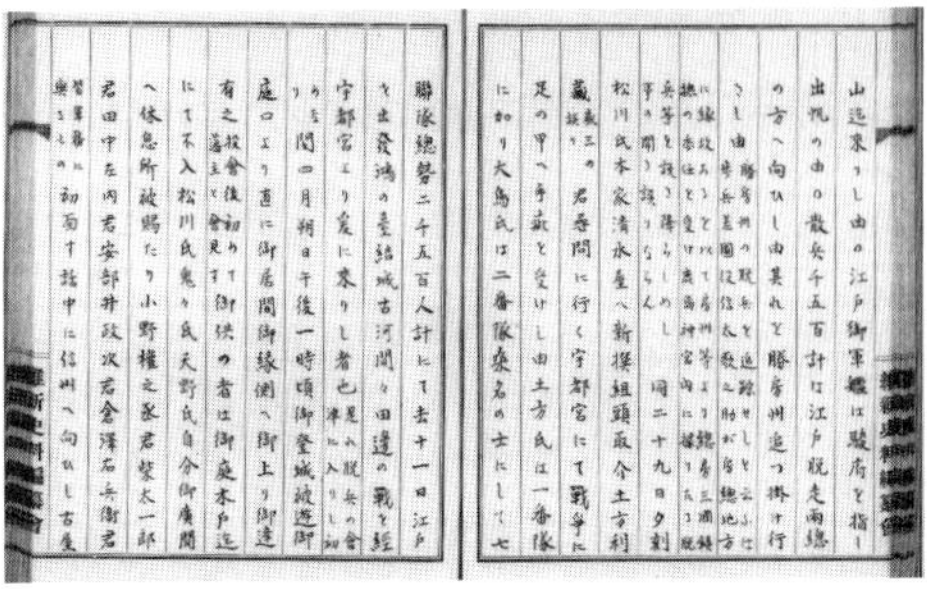

『明山公遺績　蝦夷韜晦之巻』
（東京大学史料編纂所蔵）
大野右仲が清水屋の土方歳三を見舞った時の記録文。「本家清水屋」とあり、現在の七日町通りに位置する清水屋に宿泊したのが誤りないとわかる。

と土方は、「聞く必要がない、去れ」（『夢乃うわ言』）と叫んだという。望月が息子に語った回想録には、枕を投げつけられたと記録されている。

二十九日、新選組隊士となる唐津藩士・大野右仲《すけなか》が土方を見舞っている。大野は箱館戦争後に『函館戦記』という回想録を残した。そこには、土方の負傷箇所が足の甲と記録されている。他史料と異なるが、足指のみでなく足の甲も負傷していたという可能性もある。また、大野は訪ねた先を「本家清水屋」と記していた。実は、会津若松には七日町《なぬかまち》（当時は大町）と栄町の二箇所に清水屋という宿泊屋があったのである。大野が「本家清水屋」と書き残していたこと

「七日町清水屋」
（会津新選組記念館提供・松村文隆氏原本蔵）
土方歳三の宿泊した（本家）清水屋が写る七日町通りの鶏卵紙写真。

により、従来の通説通り、現在の七日町にあった清水屋で治療していたとわかるものであった。

　これまでは、口伝や回想録において、土方が松平容保に拝謁したと確認されてきた。新選組隊士・島田魁の記録『島田魁《かい》日記』によると、容保が近藤勇の戒名を授けたと記されている。幕末史研究家・浦出卓郎氏が見つけた『奥羽軍記』という史料から、天寧寺に新選組の陣が置かれていたとわかる。土方が近藤の墓を天寧寺に建てたという理由もここからくるものだろうか。土方の上司であった秋月が天寧寺に戦死者の墓石を建てている。詳細は、『谷口四郎兵衛日記《たにぐちしろうひょうえにっき》』『伝習第一日記』に記録されている。この時、近藤の墓石も建てられたのではなかろうか。

　さて、土方は会津において如何なる評価を受けていたのであろうか。『維新階梯雑誌《いしんかいていざっし》』に次のように記録されていた。

「すこぶる氣魂才幹ありて、浪士の長たる氣節を以て率先し、常に文武に従事し規律厳明なり」

（『維新階梯雑誌』）

　これは、会津松平家文書にも同一の内容が確認できる。土方は会津松平家から、信頼できる人物として特別視されていたというものであろう。

戦線復帰

通説だと、土方歳三が戦線に復帰したのは七月になってからとされていた。出典不明であった『谷口四郎兵衛日記』には六月戦線復帰が書かれていた。だが、『谷口四郎兵衛日記』の場合、近年になり筆写されたものであり、当時の史料ではないことがわかっている。『慶応《けいおう》四年《よねん》大平口《おおだいらくち》御固《おかため》ニ《に》付《つき》人馬《じんば》起払帳《きはらいちょう》』のみでは、土方が戦場復帰したとは断定できない内容であるという所論もあった。

そのような中、『谷口四郎兵衛日記』の原本『伝習第一日記』を見つけることができた。これにより土方の六月戦線復帰を確定できた。拙著『史料集成　斎藤一』において触れてもいる。『伝習第一日記』の著者は箱館で新選組に入隊した旧幕臣・山形時太郎《やまがたときたろう》であり、箱館戦争後、謹慎先において記録したものである。山形は土方の部下であり、直接本人から聞いたのであろう。土方がほかの新選組隊士たちと接触したのは七月になってからである。そのため、各隊士たちの記録で土方戦線復帰が七月以降となるのだが、

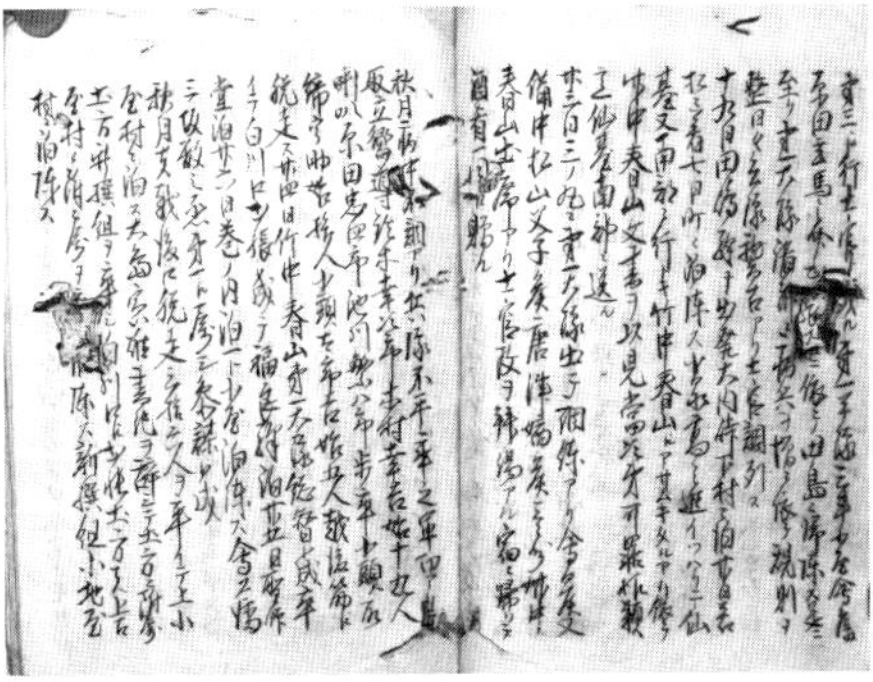

『伝習第一日記』（個人蔵・桑名市博物館寄託）
『谷口四郎兵衛日記』の原本である『伝習第一日記』が見つかり、土方歳三の６月戦線復帰説が確定的なものとなる。旧来は７月に戦線復帰したとされてきた。

土方とほかの隊士との接触はあったかもしれないが、土方自身が新選組に再び加わることはなかった。

会津において、土方が湖南で白虎二番士中組（士中二番隊）士に出会ったという伝承話が活字化されて世に知られている。これまで藩主・松平喜徳《ひさのり》護衛のため五月二十九日から六月十日まで、白虎隊士中二番隊が湖南に在陣したと思われてきた。しかし、『荒井治良右衛門慶応日記《あらいじろうえもんけいおうにっき》』から白虎隊士中二番隊が七月にも福良、赤津に出陣していたと判明したのである。『会津戊辰戦争』『旧夢会津白虎隊《きゅうむあいづびゃっこたい》』に記録されていた白虎隊士と土方の接触が信用できる可能性が出てきたのであった。

七月十日、土方が町守屋《まちもりや》へ新選組ともども出陣しようとする。この時、役職が伝習第一大隊の総督となったと『伝習第一日記』に記録されている。また、『島田魁日記』によると同日の内容に土方の傷は全快したと記されている。しかしながら、近年見つかった『奥羽軍記』によると、そうではなかったようである。

土方歳三の湯治から米沢への使者拝命まで

土方歳三が東山温泉で湯治《とうじ》をしたという伝承は有名である。このことについては旧来、伝承しか残っていなかった。唯一、羽黒山東光寺の住職・考順《こうじゅん》が土方の湯治を目撃しており、「日記」に記録していたが、非公開となっており原本現存の確認はできない。「日記」には、天寧寺から羽黒山東光寺（現・羽黒山神社）の前を通り、見返坂《みかえりざか》を下って猿湯《さるゆ》に通っていたと記録されているという。猿湯瀧《たき》の淵《ふち》で泳いでいたというのである。ほかにも秋月登之助が東山で湯治していたことについては『横尾東作翁伝』において記録されている。

そのような中、土方が東山で湯治したという記録が見つかった。この史料『奥羽軍記』から色々なことがわかる。箱館戦争後、新選組隊士・大島寅雄が記録したものである。『奥羽軍記』には、八月上旬、傷の痛みがとれず東山に湯治に赴いたと書かれていた。

「土方ハ未タ痛取アリテ東山ニ湯治ニ行テ居リ諸方面之應スルヲ聞」

（『奥羽軍記』）

つまり、最前線での指揮が執れなかったのであろう。八月初旬、一時的ながら東山温泉に湯治に行ったという。箱館において、土方が大島に語り残したものである。

土方は、白河小峰城奪還戦、母成峠の戦いには加わっていない。宇都宮城の攻防後、新選組に復帰して前線に立つことはなかった。勘違いして書かれた書籍類を参考にする人が現在も見受けられる。

湯治から戻った土方であるが、再び戦線復帰となる。八月十六日、新選組が母成峠に向かう前、本宮《もとみや》へと突入して火を放ったという。その一件、『浅田惟季日誌《あさだこれすえにっし》』という幕臣の記

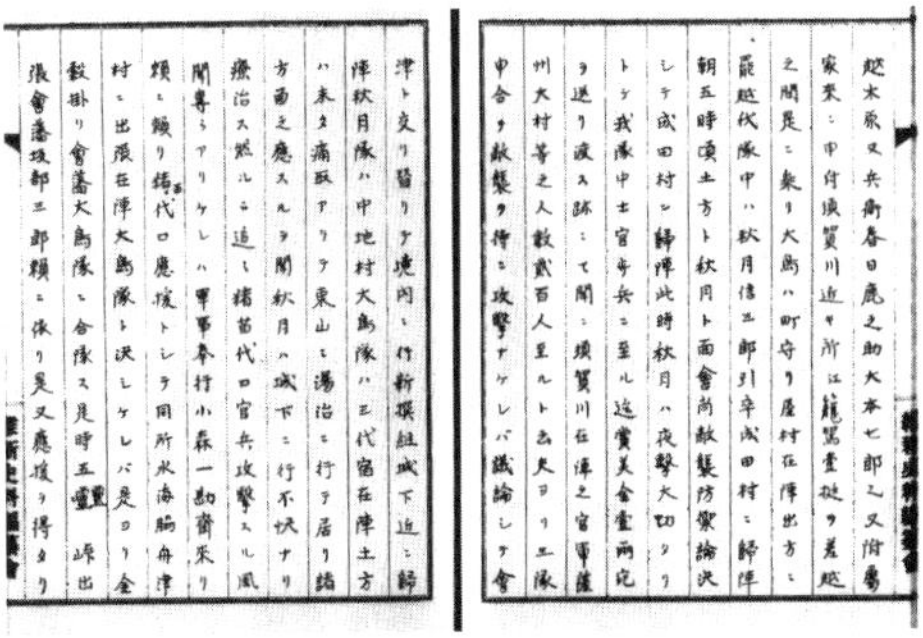

『奥羽軍記』（東京大学史料編纂所蔵）
土方歳三が東山温泉で湯治したと記録されている。書き手は、伝習隊で土方の配下になっており、戊辰戦争中に知り得たものであろう。ただ、東山温泉湯治の時期が８月初旬となっている。

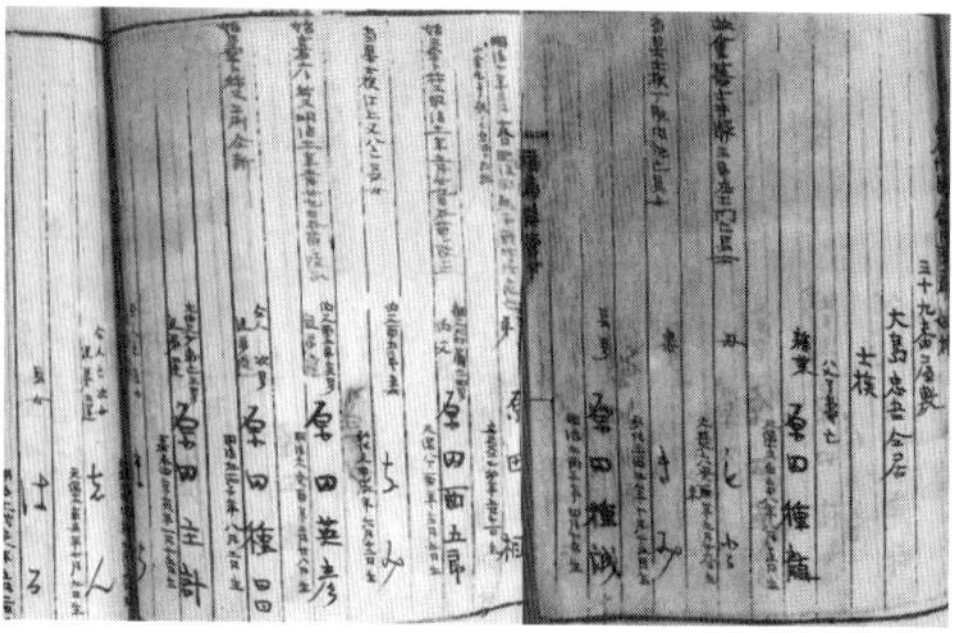

『明治八年九年　貫属使府県送籍』（福島県歴史資料館蔵）ここから、会津藩家老・原田対馬の伯父・西五郎の妻・ナミが秋月登之助の妹とわかる。西五郎は三原姓に改め、子孫は登之助墓石の供養を行ってきた。

録から確認できる。五日後に本宮の手前の酸川野《すかわの》において、戦いが展開された。残念ながら、ここで土方は敗れてしまう。

同日、母成峠の敗報が届く前に、土方は会津藩家老・内藤介右衛門に猪苗代への援軍依頼を出した。そして、猪苗代から会津若松方面へと急ぎ退く。だが、猪苗代への援軍依頼の書状が会津藩勢に到着した時、すでに猪苗代城下は炎に包まれていたと『会津藩大砲隊戊辰戦記』に書かれている。そのため、内藤たちは湖南から戸ノ口を目指した。しかし、その途中の集落・原が放火されたという誤情報が入り、若松城下入りをしたのである。当初から猪苗代を見捨てたという訳ではない。

二十二日、土方は滝沢峠（滝沢峰）に陣を置いた。それについては、『南摩綱紀東北同盟記』や『盤錯録《ばんさくろく》』において記録されている。だが、新政府軍は滝沢峠を打ち破り、城下へと突入してきた。これにより土方は、庄内へと援軍を求めて会津藩領を去ることになる。途中、旧幕臣・大鳥圭介と会い、庄内藩の藩論を伺い援軍を求めに行くという内容を論じた。庄内へと行くため、兵を大鳥に預かってもらいたいともいう。大鳥の『南柯紀行《なんかきこう》』という自伝に記録されている。

その頃、土方の上司であった秋月は如何にしていたのであろうか。秋月の場合、急ぎ会津若松城内

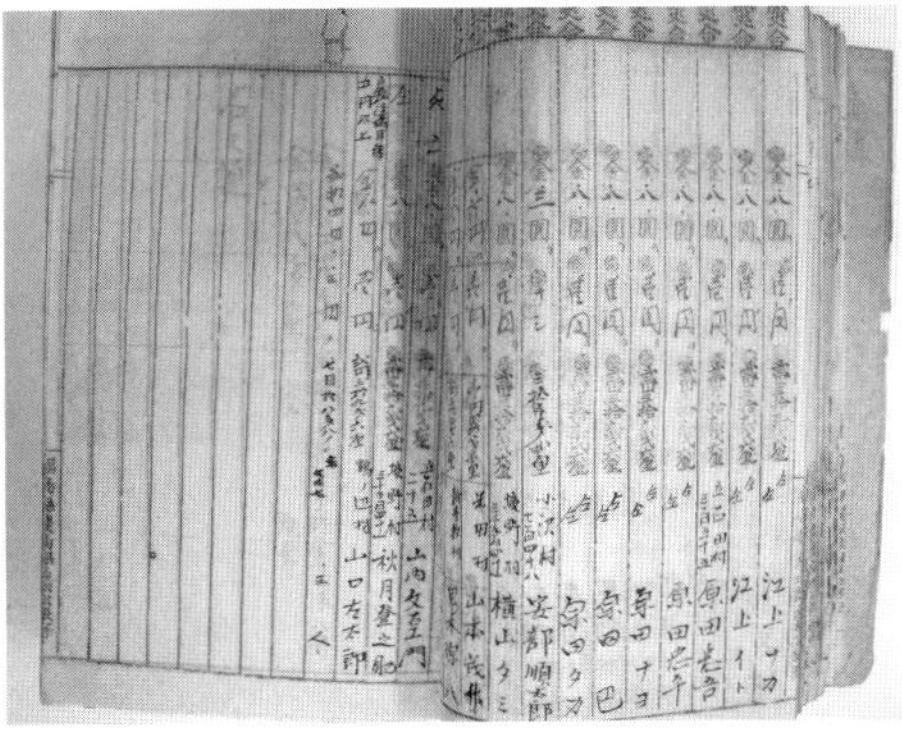

『就産金借与願』（福島県歴史資料館蔵）
明治18年、秋月登之助が滝野村3941（現大沼郡）で農業を営み、没していたと判明した。

へと入った。そして、多くの城外の兵たちに城に入らず戦うようにと激を飛ばしたのである。

「婦人は内へ入り、男子は出て戦うべし。と大声でかけ廻り候。この秋月は江上又八倅なり。是は八月二十三日のことなり」

（『戊辰後雑記』）

この秋月、その後は行方不明とされてきた。脱走者名簿に名前が記録されているが、斗南藩領へ移住はしていない。また、会津若松において贋金づくりを行い、明治政府から指名手配をされてもいた。福島県歴史資料館の公文書『就産金借与願』において、秋月が死去時に暮らしていた地が確認できる。明治二十年（一八八七）には死亡していたが、境野村《さかいのむら》三千九百四十一番地に暮らしていたと記録されている。死去後、会津若松の興徳寺へと埋葬された。墓石は、神明通り開設などにより、現在の興徳寺墓所へ移されたという。

さて、土方の本題に戻りたい。庄内へと向かう途中、米沢城下において宿を取った。『戊辰庄内戦争録』において宿泊時の詳細も確認できる。一方、米沢藩は新政府軍に降伏して、会津攻め先陣を願い出るまでに至った。土方たちが庄内へ行こうにも道が閉ざされてしまったのである。やむなく土方は仙台城下へと向かうことにした。

蝦夷地へ

九月三日、仙台城で軍議が開かれた。旧幕臣・榎本《えのもと》武揚《たけあき》は「奥羽の地は、日本の六分の一もあり、一万人の軍勢がいる新政府軍恐れるに足らず」(『石母田頼至《いしもだよりむね》日記』)と述べて、土方歳三を同盟軍総督に推挙した。推挙内容について、二本松藩士・安部井盤根《あべいいわね》が『史談《しだん》会速記録《かいそっきろく》』で語っており誤りがないものであろう。だが、仙台藩士・遠藤文七郎《ぶんしちろう》からは「小人で、論じるに足らず」と酷評されていた。そのためか、土方の意とは異なり、仙台藩は降伏の道を歩んでいく。

翌四日、会津藩領では山口次郎が小荒井《こあらい》に転戦する。五日、如来堂の戦いで山口率いる新選組が壊滅した。『今井為忠越後口戦略記』にも如来堂敗れると記録されている。まだ、土方自身は新選組壊滅、山口戦死の情報を知らされてはいない。

同日、土方を訪問した神林千次郎《かんばやしせんじろう》の日記『出城劄記《しゅつじょうとうき》』によると、土方は会議があるので席を外したと記録されている。土方自身も榎本たちと共に仙台城に登城して軍議をしたのである。日野市在住の佐藤彦五郎子孫・佐藤福子女史宅には土方が仙台藩主から拝領した刀の下げ緒が現存している。下げ緒を拝領したのはこの時かもしれない。

『土方歳三肖像写真』
(個人蔵、日野市提供)
現存する唯一の鶏卵紙全身写真。

六日、土方の動向は『出城割記』で確認できる。

「福島口総督土方歳三、生殺与奪之権を握し専ら軍律を握らんとす」

これは神林が土方を訪ねた後、日記に記録したものである。神林の後から、伝習第一大隊の加藤正太郎《しょうたろう》も訪れたとも書かれている。加藤から山口たち新選組の最期を聞いて、新選組の再結成を図ったものであろう。

仙台において、土方が旧幕臣・大鳥圭介や会津新選組隊士たちと再会した。その日付は十六日以降となる。ここで、山口率いる新選組が壊滅したと聞いたのかもしれない。そして、第二新選組ではなく、これまでと同名の新選組という部隊を新たに興すのである。その時の記録が『伝習第一日記』に次のように書かれていた。

（直訳）

「新撰組山口次郎始メ伍長志村武蔵、久米部正親、同士小幡三郎、清水卯吉、吉田駿太郎、池田十三郎、森庵六之介、荒井破广雄、円尾、森権次郎、其外敵中ニ切入後生死ヲ不知。左レ共是ニ隊名絶タリ。依テ土方仙台ニアリ同士絶へ残ルヲ属シテ、是ニ又隊名ヲ起ス」

（意訳）

「新選組、山口次郎はじめ伍長の志村武蔵、久米部正親、同志の小幡三郎、清水卯吉、吉田俊太郎、池田十三郎、森庵六之介、荒井破魔雄、円尾、森権次郎たちが敵中に斬り込むが、生死不明となってしまった。ここに、（新選組の）隊名が絶えてしまった。土方歳三が仙台におり、残っていた同志を集めて、新たに（新選組の）隊名を起こした」（『伝習第一日記』）

山口率いる新選組が壊滅したという連絡がなければ、新選組という隊名も立ち消えになっていたものであろう。もしくは、第二新選組と隊名の前に「第二」を付けたであろう。長州（山口）藩、会津藩や旧幕府軍で同例が確認できる。

実際、『伝習第一日記』においても山口の生死は不明とされた。蝦夷地渡航後、戦死したと各史料に記録もされている。令和元年、『維新雑誌』において、山口の如来堂以降の動向記録が見つけられた。山口が存命であったとは土方は知る由もなかった。

仙台藩が降伏を決めたことにより、土方が再結成した新選組は、榎本脱走艦隊に乗船して蝦夷地へと赴くことになる。

宮古湾海戦から箱館まで

蝦夷地渡航後、榎本脱走艦隊は新政府側の松前藩を降して蝦夷地を統括した。榎本武揚が総裁となり、榎本政権が樹立する。土方歳三は陸軍奉行となっている。

朝倉準之助という旧幕臣が新選組隊長と記録された資料もある。箱館戦争後、脱走を企て処刑された旧幕臣・里村波四郎《なみしろう》の変名であり新選組というのも誤記であろう。朝倉は一時的ながら新選組隊士となった会津藩士・大庭久輔率いる部隊の指揮を執ってもいた。この詳細については、『愚直に生き

た　上巻』「愚直に生きた①大庭久輔」にて触れている。

翌年、新政府軍の主力軍艦・甲鉄を奪取する作戦が立てられた。アボルタージュという接舷をして、敵艦を奪い取ろうというものであった。土方率いる榎本脱走艦隊が宮古湾の敵艦を襲撃しようとする。しかし、宮古湾に突入できたのは、土方が乗船する回天という外輪船一隻のみであった。

三月二十五日暁、回天が宮古湾を襲う。世に言う宮古湾海戦である。新政府軍将校・増田虎之助《ますだとらのすけ》、石井富之助《いしいとみのすけ》による報告文『征討記』の意訳を次に紹介したい。

（意訳）

「朝五時頃、アメリカの国旗を掲げた賊艦が甲鉄に乗り込んできた。甲鉄の左舷に接舷して、六、七人が抜刀あるいは銃を抱えて甲鉄に乗り込んでくる。接戦して、四人を切り倒す。激発墳門を一回連発する。艦将とおぼしき者が討死して、十五六人も倒れている。三時賊は遂に逃げ去った」

（『征討記』）

回天であるが、軍艦旗にアメリカの国旗を掲げて接近後、日の丸に変えたのである。甲鉄に乗り込んだ人数が六、七人とわかる。引用文中における「激発墳門」とは「ガットリング砲」のことではなかろうか。乗り込んだ人数、榎本軍側の戦死者数も他史料と一致する。討ち死にした「艦将」とは、回天艦長の甲賀源吾《こうがげんご》であろう。

『征討記』附録として「二十五日朝六つ半時、アメリカの国旗を掲げた一艘の軍艦が港内に入ると、日の丸の国旗に替えた。この甲鉄奪取に乗りかかってきた者に、大小砲を撃ちかけた。四人程乗り込んできたのを切り倒す」（『征討記』）と軍艦旗を変えていたという部分が書き加えられている。当時の国際法上、違反にはならなかったという。榎本脱走艦隊側で四人が戦死して、甲鉄奪取不可能となると土方は退却を命じた。この四人の中には、土方部下の新選組隊士・野村利三郎《りさぶろう》などが含まれていた。

四月九日、新政府軍が蝦夷地西部に上陸してきた。二股口《ふたまたぐち》で激戦が繰り広げられるが、土方率いる榎本軍は退かざるを得ない。松前において、大庭が自刃する。箱館戦争百五十回忌である令和元年、松前市役所の呼びかけにより、大庭菩提寺の法華寺《ほっけじ》において供養祭が行われた。旧幕府軍から、榎本

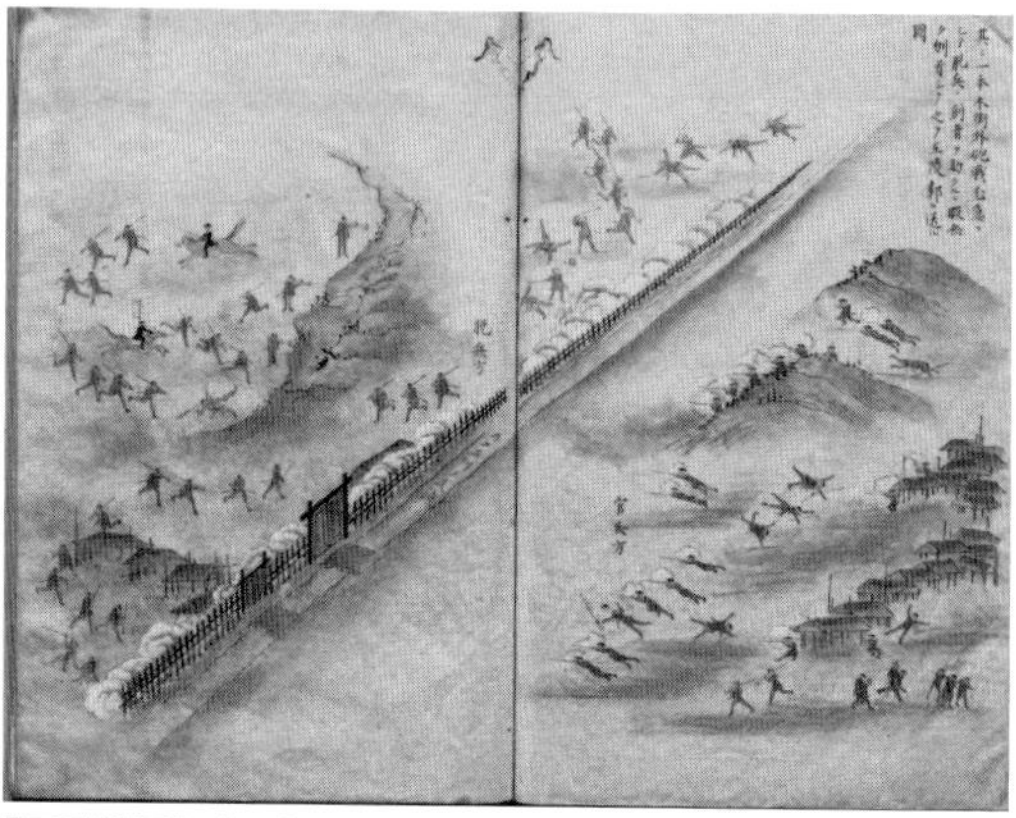

『函港戦圖』（国立公文書館蔵）　土方歳三戦死
土方歳三が戦死した地の絵図であり、馬上で指揮を執っている姿が描かれている。

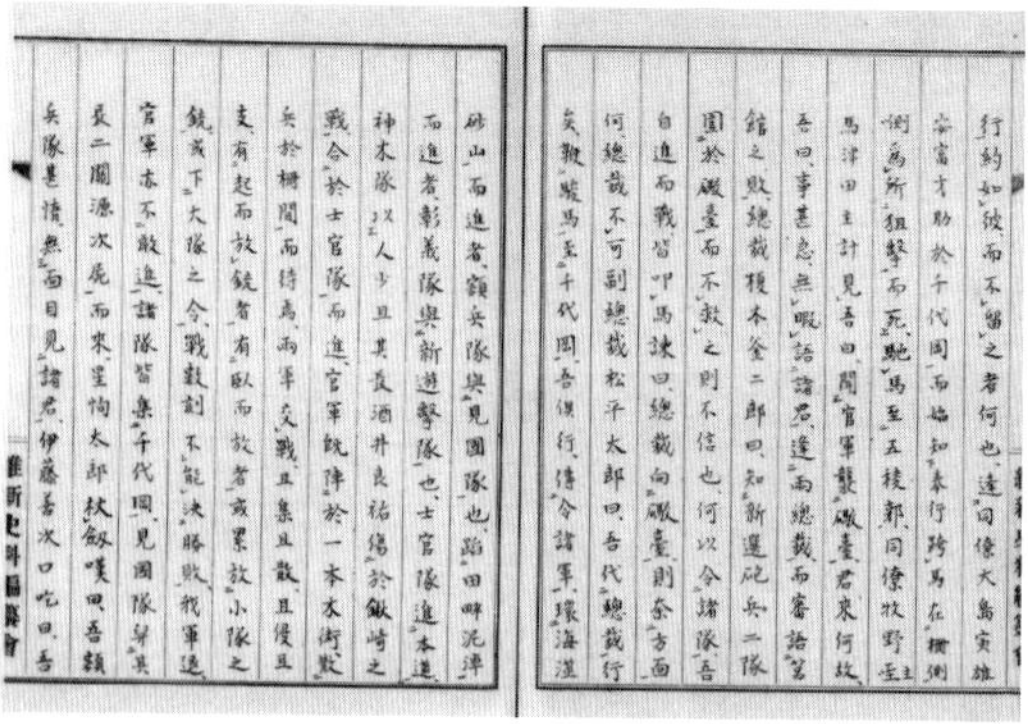

行約如彼而不留之者何也。遂同僚大島寅雄
今富才助於千代岡而臨知奉行跨馬在柵側
側為所狙撃而死。馳馬至五稜郭、同僚牧野主
馬津田主計見吾曰、聞官軍襲瓦臺、君来何故
吾曰、事甚急、無暇語諸君、遂而總裁而審語箇
館之敗、總裁榎本釜二郎曰、知新選砲兵二隊
固於瓦臺而不救之則不信也、何以令諸隊吾
自進而戦、皆叩馬諫曰、總裁向瓦臺則奈吾面
何、總裁不可、副總裁松平太郎曰、吾代總裁行
矣、鞭馬至千代岡、吾僕行、傳令諸軍、環海濱

砂山而進者、額兵隊與見國隊也、路田畔泥濘
而進者、彰義隊與新遊撃隊也、士官隊進本道
神木隊以人少且其長酒井良祐傷於鉞崎之
戦、合於士官隊而進、官軍既陣於一本木街、數
兵於柵間而待焉、兩軍交戦、且集且散、且侵且
支、有起而放銃者、有臥而放者、或累放小隊之
銃、或下大隊之令、戦數刻不能決勝敗、我軍遂
官軍亦不敢進、諸隊皆集千代岡、見國隊聚其
長二關源次郎而来、星恂太郎扶劍嘆曰、吾額
兵隊甚憤、無面目見諸君、伊藤善次口吃曰、吾

維新史料編纂會

『明山公遺績　蝦夷韜晦之巻』「函館戦記」
（東京大学史料編纂所蔵）
馬上の土方歳三が、柵際にて新政府軍から狙撃されて落命する。

『土方歳三写真』
(佐藤彦五郎新選組資料館蔵)
土方が小姓の市村鉄之助に形見として届けさせた鶏卵紙写真。

武揚子孫・榎本隆充《たかみつ》氏が参加して祭文奉読を行っている。

土方であるが、部下の市村《いちむら》鉄之助に写真、遺髪などを日野の名主・佐藤彦五郎宅に届けるように命じた。歳三の姉・のぶの嫁ぎ先が佐藤彦五郎家だったのである。

五月十一日、箱館市街地の一本木関門《いっぽんぎかんもん》で銃撃戦が展開された。この時、土方は次のように述べている。会津の清水屋で土方を見舞い、新選組に入隊していた大野右仲の記録である。原文が漢文であるが、意訳で現代語表記とした。

(意訳)

「この機を失ってはいけない。士官隊に命令して速進しようとしたが、敗兵を率いるのは難しい。我、この柵にて退くものを斬る」

(『函館戦記』)

宇都宮戦線と同じように、退くものを斬ると命じたのである。それで、鬼の士官と呼ばれているのであろうか。この時、新政府軍の銃撃により、馬上の土方が狙撃され落命した。数日後、五稜郭が開城となるが、会津戦線から最後まで戦い抜いて最期を遂げたのである。

土方の遺品であるが、日野の名主・佐藤彦五郎宅に届けられて現在に至る。

【協力】

一瀬久雄、浦出卓郎、佐藤功武、佐藤福子、鈴木亜季、高橋一美、早川廣中、早川広行、松村文隆、村岡章吾、故好川之範、好川恭子、土方歳三肖像写真所有者、会津若松市立会津図書館、会津新選組記念館、京都府立京都学・歴彩館、宮内公文書館、桑名市博物館、国立公文書館、国立国会図書館、佐藤彦五郎新選組資料館、東京大学史料編纂所、白虎隊記念館、日野市ふるさと文化財課、福島県歴史資料館、防衛研究所戦史研究センター（敬称略）

【引用・参考文献】

『新撰組往事実戦談書』近藤芳助著・京都府立京都学・歴彩館蔵／『井伊直憲家記』『戊辰桑名戦記』『慶応兵謀秘録』『明治廿九年　文官恩給』『征討記』『太政類典』『北戦日誌』『函港戦圖』国立公文書館蔵／『辰之日記草稿』（個人蔵）／『函館戦記』大野右仲著、『奥羽軍記』大島寅雄著、『南柯紀行』大鳥圭介著、『今井為忠越後口戦略記』今井信郎著、『牧野貞寧家記』『義團録』『石母田頼至日記』『渡島国戦争心得覚書』『函館戦圖』『明山公遺績　蝦夷韜晦之巻』『大鳥圭介自伝』東京大学史料編纂所蔵／『維新階梯雑誌』宮内庁宮内公文書館蔵／『伝習第一日記』（個人蔵）桑名市博物館寄託／『戊辰桑名戦記』『谷口四郎兵衛日記』（個人蔵）桑名市立中央図書館写本蔵／『会津会会報第十八号』『戊辰後雑記』間瀬みつ著、『会津藩大砲隊戊辰戦記』藤澤正啓著・会津若松市立会津図書館蔵／『徳川義臣伝　明治戦記乙』国立国会図書館蔵／『南摩綱紀東北同盟記』南摩綱紀著・白虎隊記念館蔵／『明治六年従四月至七月諸課布告録　第1局』防衛省防衛研究所戦史研究センター蔵／「夢乃うわ言」『告白の告発』望月忠幸著・望月始編・三和書房／『就産金借与願』福島県歴史資料館蔵／「吉野家文書」『続新選組史料集』伊藤哲也訳・解説・新人物往来社／「島田魁日記写本」島田魁著・筆者蔵（原本・霊山歴史館蔵）／「出城剳記—磐城平藩士神林千次郎北走日記—」『古文幻想　第五号』小野一雄翻刻・古文幻想会／『愚直に生きた上巻』『会津人群像No.25「愚直に生きた②土方歳三」』伊藤哲也著・歴史春秋社

二章・愚直に生きた⑭

町野主水

はじめに

会津藩士・町野主水《もんど》は、初代弔霊義会《ちょうれいぎかい》理事長や開城後の働きなどで知られている。町野は、禁門の変、戊辰戦争にも従軍していた。町野が主水と名を改めるのは明治六年以降である。本文も、改名までを源之助で表記する。

「町野主水写真」（町野英明氏提供）
明治２年、愛刀を手に東京の写真館において記念撮影。

上京から天覧の馬揃え

天保十年（一八三九）十一月二十五日、町野伊左衛門の長男として誕生した。通称を源之助、諱を重安という。

町野源之助には忠次郎重世《しげよ》、久吉の二人の弟がいる。そのうち、久吉は、源之助と共に槍の名人であったという。源之助は南摩家から「やよ」を妻に迎えていた。文久二年（一八六二）、「やよ」との間に長女「なを」が誕生している。松平容保が京都守護職を拝命した年でもあった。

源之助であるが、上京時に桑名藩士を斬ってしまい入牢していたという伝承は世に知られている。

源之助の息子・町野武馬《たけま》の代に編纂された『会津士魂風雲録《あいづしこんふううんろく》』から該当部分を引用紹介したい。

「当時三番槍までは百石の加増と定まっていたが、源之助は上京の途中駿府富士川の渡しで桑名藩の者と紫細な口論から喧嘩となり、相手の二人を斬った罪で入牢中だったのを、牢扉を蹴破って戦闘に参加したので、加増どころか会津領津川（新潟県阿賀川沿岸）に流刑に処せられた」

（『会津士魂風雲録』）

源之助が桑名藩士を斬り、獄中にいたのは史実であろうか。桑名市博物館学芸員から調査の協力を得られた。桑名藩は斬られた場合、記録を残しているという。しかし、富士川における死傷者が記録されていない。紛争の動向も見当たらないという。

入牢中であったかという確信たる史料はない。だが、戊辰戦争に至るまでの源之助の動向が書かれた史料を確認できた。追って、何点か紹介していきたい。

孝明天皇の御前において、容保指揮のもと天覧の馬揃《うまぞろ》えが行われたのは世に知られている。文久三年（一八六三）七月、馬揃えを行うようにという勅命が容保に下された。わずか、四日間のみで準備を終わらせるようにと言われ、容保は準備を整えさせている。当日は雨天で中止かと思われたが、雨でも馬揃えを強行するようにという命が更に下される。容保の指揮のもと成功に終わった天覧の馬揃えである。

この中で、部隊の編成表が『維新階梯雑誌《いしんかいていざっし》』に記録されていた。隊長が井深茂右衛門で、組頭が町野主水となっている。この時の町野主水とは誰なのであろうか。源之助は無役であったため、おそらく父・伊左衛門であろう。源之助が主水と改名するのは明治維新後である。源之助の場合、父・伊左衛門の隊に在隊していたことから、天覧の馬揃えに参加していたのであろう。

禁門の変二番槍

天覧の馬揃えの後、八・一八の政変が起こる。長州側の公家たちを京から一掃した事件である。これにより尊王攘夷派の公家・三条実美《さんじょうさねとみ》たちは長州藩を頼りに退いていく。会津、薩摩両藩が同盟を結び、長州藩を蛤御門《はまぐりごもん》の警備から解いた無血クーデターであった。

翌元治元年（一八六四）六月五日、洛中での京都焼き討ち、松平容保襲撃を図った長州藩勢を新選組が一掃した。世に言う池田屋事件である。この事件に激怒した長州藩は意見を朝廷に述べるとして、武装した長州藩勢を上京させる。徳川幕府側もこれを迎え討つ。京都洛中や京都御所内において戦いが行われるのは応仁の乱以来であった。

町野源之助の禁門の変における動向であるが、『幕末会津藩往復文書』『維新階梯雑誌』『京都合戦記』『辰のまぼろし』に記録されている。七月十九日の明け方七ツ時頃（午前四時頃）、源之助が加わっていた山内蔵人《やまのうちくろうど》率いる二番組が唐御門《からごもん》に到着した。攻め寄せてくる長州勢の様子を見るため、源之助が坂部峯次郎という会津藩士と共に様子を伺う。二度目に探索したところ、長州勢が確認できた。間もなく戦の火ぶたが切って落とされた。世に言う禁門の変である。

六ツ時頃（午前六時頃）、蛤御門で戦いが勃発すると源之助たちが応援に駆け付けたのである。会津藩は日野大納言の屋敷邸に拠点をおいた。間もなく日野邸に長州勢が銃撃をしかけてくる。相互間で銃撃戦が展開された。そのような中、長州藩勢が弾継《たまつ》ぎをしている間、会津藩では皆が槍で急襲するように命が下ったのである。

一番槍が窪田伴治《くぼたばんじ》なのは著名であるが、源之助も三番槍の功を挙げていた。該当部分を『維新階梯雑誌』から引用紹介していきたい。

（直訳）

「長賊不意ニ起リ鉄砲雨霰と打出シ此方よりも鉄砲預リニ打合ト成不意を被打甚難戦と相求候処第一番槍窪田伴治藤原忠順と名乗大内流卍附之槍ニ而長賊真中へ会釋も無ク突入たり長賊共大勢追取巻血戦致し終ニ此所ニ而討死ス弐番ニ飯川小膳某と名乗り三番ニ町野源之助何れも命を塵芥ニ比シ戦さる処双方打ち合ス鉄砲之玉ハ霰之飛散る」

（意訳）

「長州賊が不意に奇襲をかけ、鉄砲を雨やあられのように激しく打ちかけてきた。当方も鉄砲を手にして、打ち合いとなる。だが、不意を打たれてしまい、このまま戦うのが難しくなり応援を求めた。そこを窪田伴治が一番槍で名乗りを上げながら、大内流の卍付き槍を用い、長州勢の賊軍の真中へ突入していった。如何に敵勢を打ち破れるか見いだせないままである。大勢の長州賊軍に取り囲まれ、血戦となる。窪田は遂にここで討死してしまう。二番に飯河小膳、三番に源之助が命を惜しくないものとして戦う。双方の銃撃戦で鉄砲玉が霰のように降り注ぐ」（『維新階梯雑誌』）

会津松平家文書『京都合戦記』からも銃撃戦が繰り広げられたとわかる。会津藩は敵の弾丸が切れた一瞬の間をついて槍で攻めこんだ。日野殿の門口に長州勢が襲撃してきた。双方が銃撃戦を展開している最中、窪田が一番槍で突入するも戦死、飯河小膳《いいがこぜん》が二番槍、源之助が三番槍で決死の突撃を行ったという。

維新後、町野主水（源之助）が当時のことを次のように語ってもいる。一番槍を揚げた窪田を狙撃後、長州藩勢が薙刀《なぎなた》で斬りかかってきた。源之助が猛進して、その兵を串刺しにする。しかし、砲丸によって右中指を傷つけられる。なお、奮戦していると第二弾が来て、右手甲を貫通してしまったという。だが、持ち場を死守して、長州藩勢を追い払った。この時の恩賞を「二番　町野負傷　七十人扶持（七人扶持）後五十石ニ直リ三百五十石」（『辰のまぼろし』）とも語っている。源之助自身の体験談によると二番槍ということになる。つまり、二番槍が飯河、源之助の二人であったのだという。また、歴史研究家・三角美冬女史から指摘を受けたが、町野家文書、会津藩文書にあるとおり七十人扶持でなく、七人扶持が正しい。

また、負傷した場所については『維新階梯雑誌』に「右手甲指共ニ打辟鉄砲疵」と右手甲と右手指の二か所と記録されている。

恩賞とその後の動向

長州藩勢を一掃して、禁門の変が終結する。戦死した一番槍の窪田伴治であるが、黒谷のみでなく会津若松の愛宕神社にも墓碑が建てられた。大正四年（一九一五）には靖国神社にも祀られる。

禁門の変により、父親・町野伊左衛門の家来が死去、町野源之助自身も負傷したことが『幕末会津藩往復文書』に「中間於戦死去者　町野伊左衛門家来」、「弐番部下手負之者　弐等　町野伊左衛門倅町野源之助」と書かれている。

善戦の末、会津藩勢は長州藩勢を一掃した。山崎方面まで追い払うが、源之助の場合、被弾してしまっている。そのため、被弾後の動向も次のように記録されていた。

（直訳）

「右者同所ニ而小膳一同倍槍を入敵を突付相働候処、砲弾ニ為打引揚候由」

（意訳）

「右の者、同所（唐御門）において、飯河小膳たちと長州藩勢を槍で突き戦っていたところ、砲弾で撃たれて引き揚げたという」　（「吏士功労書」『幕末会津藩往復文書』）

「小膳一同」とあるが、飯河と源之助の二人である。二人は銃撃戦の中、槍を振るい長州藩勢と戦っていたところ被弾してしまい、引き揚げざるを得なくなったという。

数か月後、二番槍と被弾（負傷）に対する恩賞が源之助に与えられた。

（直訳）

「中等

一御扶持方七人分被下追而

相応之勤可被仰付旨

御家老組組々頭　伊左衛門倅　町野源之助

右者当七月十九日長賊襲来之節、親介添ニ而罷出、唐御門前接戦之義不意之難戦ニ候所、飯河小膳

一同槍を入、其身も手疵を負相働候段、功作格別ニ付」

（意訳）

「中等

一御扶持方より、のちほど七人扶持をくだされる。それにふさわしく勤めるよう仰せつける旨

御家老組の組頭　伊左衛門の倅　町野源之助

右の者、当七月十九日に長州藩勢襲来時に父と共に出陣、唐御門の前で接戦となる事、思いもかけない難戦であった。そのところ、飯河小膳一同が槍を入れるが、その身に手傷を負いながらも働いたこと、功労も格別のものとする」

（『幕末会津藩往復文書』）

従来では、源之助が牢から出て戦ったため恩賞が与えられなかったという誤伝があった。だが、これらの史料からも源之助が恩賞を受け取っていたことがわかる。そして、桑名藩士を傷つけたという

話、脱牢して戦った話も後年の逸話であったと確定できた。

牢獄にいたとされる期間の源之助の動向記録も確認できた。禁門の変の数か月前である元治元年（一八六四）三月に源之助は地方を探索している。次に該当部分を紹介したい。


（直訳）

「町野伊左衛門倅源之助出役先ゟ新発田表へ罷越彼ノ地ノ様子相探候次第」


（意訳）

「町野伊左衛門の倅である源之助を出張先から新発田藩領に行かせ、現状の探索をさせた次第です」

（『維新階梯雑誌』）


引用文からもわかるとおり、町野家当主は父の伊左衛門である。そのため、息子の源之助が探索方の任務に就いていたのではなかろうか。

その後の源之助であるが、動向が書かれた記録が散見していた。

慶応元年（一八六五）、『世話集聞記』において在京の動向が記されていた。慶応三年（一八六七）の八月十三日、父の伊左衛門が隠居して無役となる。それから四日後の十七日、源之助を御蔵入《おくらいり》郡奉行の代官見習いにしようと会津藩家老間で話し合われ、草案までが作成されたのである。これについては、早稲田大学所有の『幕末会津藩往復文書』という会津藩公文書に書かれており、信用性は高い。

また、源之助自身が『辰のまぼろし』において、禁門の変で負傷した後、会津若松城下にいたと語っている。つまり、候補には挙げられたが、御蔵入郡奉行代官が草案のまま流れてしまった可能性が高い。ただ、『維新階梯雑誌』における探索の任務に就いたという記録からも、常に会津若松城下で暮らしていたのではないとわかる。

前年の慶応二年（一八六六）に長男・源太郎が誕生していた。このことは、直系子孫・町野英明氏から過去帳を提供していただいており、自刃時の年齢から逆算できる。

そのようにして時は流れていった。京都における会津藩の体制が如何様になっていたか。長州藩が薩摩藩と同盟を組み形勢逆転を図った。対して、徳川幕府も大政奉還を行っている。しかし、薩摩藩の旧幕府、会津藩を討つという目論見《もくろみ》は止まらない。慶応四年（一八六八）一月、鳥羽・伏見で戦いの火ぶたが切られる。戊辰戦争の勃発であった。

越後口に出陣

慶応四年一月、戊辰戦争の初戦である鳥羽《とば》・伏見《ふしみ》の戦いにおいて、旧幕府軍が敗れる。その知らせが会津藩領に届いた七日、会津若松城内で善後策が議論された。「鶴ヶ城大評議」という。そこにおいて、家老・西郷頼母が皆を奮起させた。すると、入江惣助《いりえそうすけ》という会津藩士が徹底抗戦を唱えて、越後口からの供塩の途、すなわち塩の道を確保すべきと論じた。町野源之助は入江の意見に賛同している。しかしながら、ほかに意見を述べる藩士がいない。

翌八日、源之助は御蔵入御奉行幌《ほろ》役に任じられて越後行きを命じられる。会津藩領の飛び地である越後の小出島《こいでじま》（現・魚沼市《うおぬまし》）に陣屋が置かれていた。そのため、小出島に出陣していったのである。源之助自身が「破格を以て御新領郡奉行に任ぜられ」（『辰のまぼろし』）と述べていることからも大抜擢ということであろう。

この時の現状を次のように語り残していた。

「魚沼郡小出島に赴く時、余は一兵も所有していない。甲子（禁門の変）の戦功として戴ける七十人扶持（七人扶持）を利用して、多くの私兵を雇へり時に集まる者五十七名」（『辰のまぼろし』）

源之助自身、部下が一人もいなかったと述べている。そのため、禁門の変の恩給である七人扶持を用いて兵を雇ったという。

七人扶持であるが、金になおして約十五両というところであろうか。

雇った兵は五十七人であった。そのうちの多くは足軽であり、士族は三人であった。源之助は五十七人を率いて小出島に着任する。到着後、地元の庄屋から二千円を借り受けた。村上藩から剣術の師範代を雇い、部下の稽古を付けさせたのである。また、地元民に帯刀を許可して、部隊に加えてもいた。地元の農民たちに冥加金《みょうがきん》を免除するという善政を敷いたという点にも着目したい。

しかしながら、水原《すいばら》の西郷勇左エ門《さいごうゆうざえもん》が源之助の役儀《やくぎ》を召し上げるよう依頼文を会津国許に出した。勇左エ門の場合、水原に小出島の影響が及ばないようにしたかったのであろう。源之助が帰城する前、源之助の部下一同が嘆願の連判状を勇左エ門に提出した。町野隊長を失えば、軍の統率を取るものがいなくなるというものである。

結果的に源之助は「小千谷《おぢや》御預所《おあずかりどころ》郡奉行《こおりぶぎょう》并《ならび》ニ武講幌役《ぶこうほろやく》」という職に就き、小出島に残留となる。

そのような中、時の流れと共に新政府軍が次々と進軍してくる。相対して、会津藩勢の井深宅右衛門《いぶかたくうえもん》なども援軍に駆け付けた。源之助は、新政府軍襲来に備えて上野国《こうずけのくに》三国峠《みくにとうげ》に出陣していくのである。

源之助の回想録『辰のまぼろし』『町野主水実話聞書《じつわききがき》』『町野主水翁覚書《おきなおぼえがき》』、源之助の部下となる藩士が記録した『累及日録《るいきゅうにちろく》』『会津藩朱雀四番士中組戦争調書《あいづはんすざくよばんしちゅうくみせんそうちょうしょ》』、行動を共にした藩士が記録した『結草録《けっそうろく》』『若松記』を主体として開城までを述べていくこととする。

三国峠争奪戦と弟・町野久吉戦死

閏四月九日、郡奉行・町野源之助が役人、農兵百数人からなる部隊を率いて小出島を出発した。三国峠《みくにとうげ》を登り浅貝《あさがい》駅に陣を置く。ただ、農兵であるため農作業があり、一時的に小出島に戻してもいる。源之助は他将と異なり、民政を重んじた。そのため、農兵が農作業のため一時的に国許へ戻ることを許可しているのである。

閏四月十八日、幕臣・小栗上野介《おぐりこうずけのすけ》の妻・道子夫人や佐藤銀十郎たち家臣一向が三国峠を越えていくのを見守る。道子夫人は会津藩領に到着後、一子・国子を産み、現在もご子孫たちが活躍されている。

二十日、会津街道の戸倉攻めなどの前哨戦も計られる。町野本隊の場合、胸壁《きょうへき》を築いた上に大砲も配置して、新政府軍来襲に備えた。

翌二十一日、三国峠から斥候に出た町野隊の藩士が新政府軍の姿を確認する。町野隊守備の三国峠と別経路からの進軍に備えて、会津藩の井深宅右衛門隊、山内大学隊が雪峠《ゆきとうげ》の守備に就いている。信濃まで攻め入って、引き返してきた旧幕臣・古屋佐久左衛門《ふるやさくざえもん》率いる衝鋒隊《しょうほうたい》も守備にあたっていく。

同日中に源之助の弟・久吉が数名を従えて斥候に出る。すると、敵軍の進攻が確認された。急ぎ戻った久吉が兵たちに現状を伝える。更に、会津街道を材木を用いて通行止めとした。

二十二日には新政府軍が侵攻してくる。そのような中、孤軍奮闘してきた町野隊は援兵を求めた。しかし、近場にいた古屋率いる衝鋒隊は間に合わない。翌二十三日には十日町《とおかまち》陣屋の方にも新政府軍が進軍してくるとの情報が入った。評議を行うため大般若塚《だいはんにゃづか》に八人残して、町野隊は撤退を図る。

二十四日、町野隊は三国峠の大般若塚において新政府軍と激戦を展開していく。大雨が降り、止んだ後の霧の中の白兵戦である。

当日の激戦により、源之助の弟・久吉が一人、敵陣へ突き進み討死となる。久吉が使用した槍は戦国時代のものという。

『武侠世界《ぶきょうせかい》』という雑誌において、元前橋藩士・亀岡泰辰《かめおかやすたつ》が久吉奮戦の目撃談を掲載している。後年の回想録であるが、当事者の目撃談であり、ほかの伝聞より信用性がある。それと同じ内容が『辰のまぼろし』に記録されていたので該当部分を引用する。こちらは、亀岡の階級が陸軍少将であり、明治四十四年（一九一一）時の回想録であった。

（直訳）

「賊軍カ越後ノ三国峠ニ立篭ツタトキ自分砲二門ヲ引テ征討ニ赴イタ敵味方ノ戦械ハ熟シテ開戦ノ擘頭先ツ私ノ砲門カラ一発ノ弾丸ヲ敵隊ノ頂上ニ見舞シタ敵軍ハ何レモ悲憤慷慨ノ徒気骨アル決死ノ兵カ揃テ居ルカラ中々手強ク抵抗スルケレトモ皇軍ノ旗風ニヤガテ右往左往ニ混乱シタスルト崩レカ、ツタ敵軍中ニ武者振勇マシク長柄ノ鎗ヲ悠々ト捌イテ群カル官軍ヲ将碁倒シニ薙立テ居ル者カアル漸次近寄ルノヲ見ルト町野久吉ト云槍術ノ名人デ前ノ伏見戦争ニ官軍ガ悩マサレタノモ此人ガアツタ為メデアル鎗ノ名士ガ名高イ町野ト知レ渡ルト誰モ町野ノ矢面ニ立ツ者ガナイ　町野カ槍ヲ振ツテ縦横ニ突戦スルト味方ノ兵卒ハ何レモ道ヲ開イテ町野ノ槍先ヲ避ケル町野ハ砲術長ノ私ヲ何所ニ居ルカト血眼デ探シテ居ル　軈テ町野ハ狂ヒニ狂ツテ段々私ノ方ニ近ツイテ鮮血滴ル槍ニ撚ヲウタセナカラ魔神ノ様ナ形相テ私ノ目前ニヤツテ来タモウ私ハ絶体絶命ヤラレタツト思フ其切那天祐町野ノ目ニハ私ノ姿ガ入ラナンダカ猪ノヤウニツイ前方ニ行キ過キタ「ソレツト」部下ハ勢ヲ得テ彼ノ胸板目掛ケテ小銃ノ筒口ヲ向ケタサシモノ町野モ胸部ニ銃丸ヲ二ツ喰ツテアツト倒レタ之カ私ノ初陣ニ於ケル死生ノ境ニ遭遇一殺那ノ話デアル」

（意訳）

「賊軍（町野隊）が群馬県の三国峠に陣をおいた。そして、そこを攻略するため自分（亀高）は大砲二門を引いて征討に赴いている。両軍の戦が始まり、自分は大砲を敵陣の真上に撃ち放った。敵軍の殆どの者が悲憤慷慨《ひふんこうがい》の有様である。相手方は気骨ある兵が揃っていたから中々手ごわい。賊軍

（町野隊）は抵抗してくるが、皇軍（亀高たち新政府軍）の勢いに崩れかかってしまう。そのような中、長い柄を付けた槍を自由自在に扱いながら、将棋倒しのように続けてなぎ倒している人物がいた。近寄ってみると町野久吉という槍の名人であった。鳥羽・伏見で新政府軍がこの槍の名手に悩まされたという。

槍の名士・久吉が敵陣にいると味方に知れ渡る。すると、誰もが攻撃を避けていく。久吉が槍を振るい、四方八方に突き進んでくる。味方の兵たちは道を開けて久吉の槍を避けていく。久吉は砲術長である私が何処にいるか血眼になって探している。

全く狂ったかのように久吉は少しずつ、私のもとに近づいてきた。鮮血がしたたる槍を持ち、魔人のような顔つきで私の目の前までやってきたのである。もう、私は絶体絶命でやられたと思った。しかし、久吉の目に私が入らなかったのか通り過ぎたのである。

そこを「それっ！」と私の部下が彼の胸板に銃口を向けた。そして、久吉が胸に銃弾を二か所受けて倒れたのである。

これが私の初陣であり、生死の境を遭遇した一瞬の出来事である」

（『辰のまぼろし』）

前橋藩士であった亀岡による久吉との激戦の回想録である。

本文中で、亀岡が誤って覚えていた点がある。後年、久吉の甥・町野武馬《たけま》の訪問を受けて真実を知らされたという。まず、久吉は京都に赴いていない。禁門の変と鳥羽・伏見の戦いを取り違えていたのだ。そして、禁門の変における活躍は源之助であり、弟の久吉ではない。指摘されて訂正文を書いてもいる。ただ、禁門の変で活躍した槍の名士・源之助が敵陣にいると知り、戦うことを新政府軍の者たちが避けたと表現したかったのかもしれない。亀岡が久吉と同い年とも書かれてもいる。

久吉にしてみれば、新政府軍の大砲を奪うとか攻撃できなくするという目的があったのであろう。ただ、砲術長でもあった亀岡の姿が、視野に入らなかったのも止むを得ない。戦場で突入後の敵陣中を全て把握できるかというと困難であろう。その隙《すき》を新政府軍に狙撃されて戦死したという。

会津弔霊義会の『戊辰殉難追悼録』において「町野久吉戦死の実相」としてこの亀岡の回想録が記録されている。久吉が前橋藩総指揮官・八木《やぎ》始《はじめ》に斬りかかろうとした。八木は応戦しようとしたが、転倒して尻もちをついている。久吉が討ち取ろうとした時、背後から狙撃されたという。八木が首を刎《は》ねようとして近づいたが、立ち上がり槍を高く挙げたというのである。

この久吉が使用した槍と太刀について、山縣有朋《やまがたありとも》と武馬との間にやり取りが行われたと伝わる。『辰

「奉天大会戦後記念写真」（筆者所有）
町野久吉の槍が山縣有朋の手元にあった時、町野主水へと返却話を出した。しかし、戦場で奪われたものを受け取ることはできないと断った逸話は有名である。

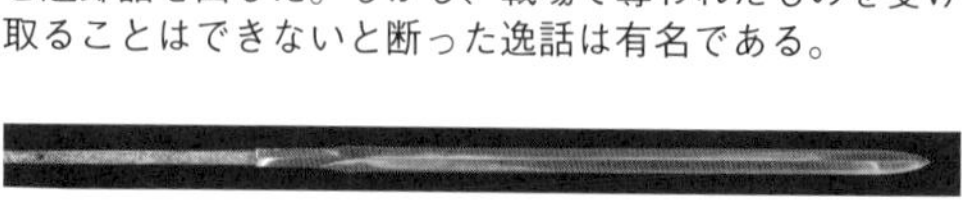

「町野久吉大槍先」「町野久吉鹵獲槍先」
（会津若松市役所蔵）
町野久吉が使用した二本の槍。片方は、町野久吉を討ち取った前橋藩士・八木始が所有していた。

のまぼろし』にやり取りが記録されているが、山縣の名はない。戊辰戦争後、久吉の霊前に槍と太刀を備えてほしいという申し入れがあったという。しかし、町野主水（源之助）は断っている。敵に奪われた武士の魂であり、今更受け取れないというものであろう。

この時の動向が次のように記録されている。

（直訳）

「源之助翁ハ此方ノ武名ヲ重ンシ返附ヲ断ラレタリト蓋シ同胞双美ト云フヘキ」

（意訳）

「町野主水であるが、この者（八木始）の武名を重んじて、（槍の）返附を断られている。まさしく、同胞双美と云うべきものであろう」

（『辰のまぼろし』）

源之助兄弟の美談というべきものであろう。それとも、八木が東国（現・群馬県）の者であることから、彼との間の美談ということであろうか。

現在、久吉が使用した槍は会津若松城で展示されている。小槍先の銘は「源信国重宗」という。

決戦・小出島

慶応元年（一八六五）閏四月二十五日以降、三国峠から転戦してきた町野隊の動向を追っていきたい。

情勢が書かれた『若松記』を引用紹介したい。

（直訳）

「井深ハ小出島町、町野、山内両隊ハ四日町小出島ゟ七丁西出て備ふ」

（意訳）

「井深梶之助率いる部隊は小出島町、町野源之助隊、山内大学率いる両隊は、小出島より約七百七十メートル西に位置する四日町において新政府軍に備えた」

（『若松記』）

三国峠が突破された二十四日の翌日、町野源之助は小出島の西方まで退いた。二十五日の夜、六日町にいた会津藩側の部隊まで一掃させられてしまう。

二十六日中に新政府軍は小出島、雪峠に向かった。雪峠においての戦いで、会津藩勢である井深宅右衛門、山内大学隊が敗退となる。

そのような中、井深隊からの援軍であるが、戦機に遅れてしまう。そのため、退却してきた町野隊と街道で鉢合わせとなる。

閏四月二十七日の暁六時、小出島攻防戦が繰り広げられる。

（直訳）

「閏四月廿七日卯ノ刻頃、薩長尾松代等ノ人数小出島へ襲来ル。井深山内町野手合百二十人計ヲ以三手ニ分テ、佐梨四日町ノ両川ヲ挟ミ互ニ砲戦、敵兵、佐梨川ヲ一時ニ渡リ市中ニ乱入、接戦数刻、敵死傷多し」

（意訳）

「閏四月二十七日の午前六時頃、薩摩、長州、尾張、松代藩からなる新政府軍が小出島に襲来してきた。井深、山内、町野隊の百二十人が三手に分かれて、佐梨川、魚野川の両方の川を挟んで砲撃戦が行われた。新政府軍が佐梨川を短時間で渡り、市中に乱入してくる。接戦が数時間、繰り広げられて新政府軍側の戦死者は多い」（『若松記』）

総人数百二十人からなる会津藩勢を、源之助は井深、山内率いる部隊と三隊に分かれて新政府軍と川を隔てて対陣したという。当時の絵図が残っており、大砲で砲撃戦が展開されたと確認できるものだ。砲撃戦後、川を渡ってきた新政府軍と激戦が繰り広げられる。その後の記録（『若松記』）から、会津藩勢にも戦死者、負傷者が出始めたと確認できる。他記録によると新政府軍は民家に放火していったともいう。対する会津藩勢の場合、苦戦を強いられて、弾薬等を全て奪われてしまう。

このようにして、源之助たち会津藩勢が小出島の市街戦で敗れる。昼十二時頃、四日町《よっかまち》から八十里《やそり》峠《とうげ》を超えて叶津《かのうづ》に退いていった。新政府軍も小出島を焼き払ってしまう。

小出島の激戦は色々な口伝が伝わる。それらは後年になってから作成されたものが多いため口伝については触れないでおきたい。だが、会津藩戦死者を地元の大龍《だいりゅう》和尚が許可を得て埋葬したというのは史実である。

各地を転戦

慶応元年（一八六五）五月になると町野源之助は会津若松に呼び戻された。戦況の報告を家老にしようとするが冷遇されてしまう。その理由を尋ねると林裕次郎という会津藩士が「敗戦は町野守将の臆病に起因する」（『辰のまぼろし』）と提言したという。満身の怒りを抑えて、源之助は会津藩主・松平喜徳《ひさのり》に戦況報告を行った。その場で、林の生殺の許可を得る。新たに組織された修験隊《しゅげんたい》を率いて只見《ただみ》に転戦していった。当初、六十一人いた修験隊は脱走等により二十数名まで減っていってしまう。そのため、越後戦線に戻る。越後の地蔵堂《じぞうどう》で日々を過ごした。

そのような中、水戸諸生党《みとしょせいとう》の者たちと共に林が越後の地蔵堂に来た。源之助は急ぎ駆け付けて、籠に載っていた林を髪を捕まえて引きずりおろして罪を問い詰めた。しかし、林は韋駄天の如く逃げ去ろうとする。源之助が追って捕縛後、家老で越後口総督・一瀬要人《いちのせかなめ》のもとに連れていく。すぐにでも殺してしまおうかとも思ったが武士の情けで思いとどまった。だが、林が罪状を自白すると源之助の部下が彼の首を刎ねたという。時に六月六日のことである。源之助が『辰のまぼろし』において当日を回顧している。

それから久しく、地蔵堂の防衛の任に就いた。しかしながら、越後口の戦闘が激化していった。そのためか、越後戦線の村松方面に部隊を移していく。これらは、『累及日録』等に記録されている。

新政府軍の新発田急襲以降、各史料に記録された源之助の動向を述べていく。

七月二十三日から二十六日まで、総督の一瀬の命令を受けた源之助が戦死者の葬儀を行っている。三条の東本願寺別院においてであった。会津藩家老・萱野権兵衛《かやのごんのひょうえ》をはじめとして、各藩の重役たち数十人が集まって執り行われたのである。

七月二十六日、負傷した長岡藩家老・河井継之助《かわいつぐのすけ》を見舞う。同日、新政府軍が新発田《しばた》藩領に上陸してきた。そのため、源之助も出陣していく。水原への援軍依頼もあったが、佐川官兵衛は村松城を守り抜いてほしいという。村松藩の場合、奥羽越列藩同盟に加わっていた。会津藩救済が当初の目的であった奥羽越列藩同盟はしだいに、軍事同盟へと移り変わっていったのである。

翌日、新潟から会津藩士・樋口源助《ひぐちげんすけ》が応援に駆け付ける。そのような中、水原が新政府軍の手中に落ちてしまう。

七月二十八日、三条において樋口と何処に進軍するか議論となった。水原が新政府軍に奪われていたが、佐川の村松城固守要望という考えは変わらない。

翌二十九日、新発田藩兵が小須戸《こすど》に潜伏していると知る。源之助が名主等を詰問しても返答してこない。火を放って、その地を去ることにした。既に、前日中に新発田藩兵の捕虜を三人、斬り捨てていたのである。

この時のことであろうか。佐川から、隊長格の行動でないと窘《たしな》められたという。越後戦線で隊長格の宿に忍び込み、一人を討ち取ったという。

（直訳）

「町野主水が越後ニテ敵ノ隊長宿セルヲ聞キ密カニ板垣ニ忍ヒ窺ヒシニ一人安全坐セルヲ以垣ヲ超エ忍入上ヲ截殺セシヲ佐川カ隊長ノスマシキコトナリト町野ヲ戒メシ」

（意訳）

「越後戦線で、町野主水（源之助）は新政府軍の隊長が宿泊している宿があると聞きつけた。すると、垣根を越えて忍び入り斬り殺した。これについて佐川官兵衛が隊長の行うべきものではないと戒めた」　（『辰のまぼろし』）

佐川と源之助の接点から考えた場合、七月二十九日の新発田藩兵討ち取りの一件であろう。

佐川が町野を戒めたというが、佐川自身の最前線における人斬りの印象は強い。『辰のまぼろし』編者自身も、佐川自身も人を斬っているであろうと、この言動に疑問を呈している。ただ、佐川は捕虜を斬り捨てるということはしていない。

八月二日、会津藩士・関場辰治《せきばたつはる》が源之助に対して空虚となっている村松城を占拠するべきだと意見した。味方の軍勢が置き去った食料等を集めて、村松城で佐川が来るのを待つべきというものである。村松藩主は米沢へと落ち延びて、空城状態なのであった。

だが、この日は佐川の意見が取り入れられず、越後口の会津藩兵が三条から撤退と決められた日でもあった。つまり、佐川が援軍を出すのは不可能となってしまったのだ。源之助は、戦わず周囲に敵兵がいない城を守っても意味はない。米沢藩兵などが置き去った銃や弾薬が多数、見受けられる。それらを回収した方が得るものがあると述べた。佐川が援軍を出せなくなったことを感知する前に最善の策として、弾薬確保を主張したのである。

会津藩最強の部隊

八月四日、町野源之助は同盟軍の兵が退くための援兵のため、沼越峠《ぬまこしとうげ》を越えて久禮壺《くれつぼ》村に赴いた。同日中に村松藩は新政府軍に降伏してしまっている。翌五日に新政府軍が村松城に入城してきていたのだ。

新潟から上陸してきた部隊を加えた新政府軍であるが、八月六日の時点で新発田から津川《つがわ》口、米沢口、庄内口に分かれて進軍を開始してくる。

『朱雀四番士中組戦争調書』によると同盟軍は八月中に津川から来て、朱雀四番隊と合流したという。九日には、佐川官兵衛が家老職を命じられている。

八月十一日、家老格となった佐川が戦場を離れていった。そのため、朱雀四番士中隊の中隊頭の後任に源之助が着任したのである。佐川から指揮を委《ゆだ》ねられたものであろう。

「十二日、町野源之助、元佐川隊長命ゼラル。又、砲兵隊隊長命ゼラル」（『結草録』）

源之助が会津藩最強の朱雀四番士中隊の隊長となったのだ。そして、その日のうちに新政府軍との激戦が展開されていった。源之助自身、以後の戦いを石間口《いしまくち》戦争、糸沢戦争、山三郷正崎村《やまさんごうまささきむら》戦争、小荒井《こあらい》戦争と名付けている。『町野主水翁覚書』『町野主水実話聞書』を参考にして、同一の文章が書かれている『辰のまぼろし』から紹介していきたい。三書とも町野主水本人が語り残した史料である。

八月十二日の石間口戦争から開城後まで、『辰のまぼろし』において源之助こと主水が語り残している。『辰のまぼろし』が編集される数年前、書き残した回顧録『町野主水実話聞書』を記録していた。平成二十年（二〇〇八）、直系子孫・町野英明氏が自宅から見つけられている。歴史作家・中村彰彦氏により「最後の会津武士　町野主水奮戦記」『歴史通』（ワック出版）に紹介された。翻刻された歴史研究家・三角美冬《みすみみふゆ》女史によって、『歴史春秋第70号』において直訳が紹介されている。史料を見つけられた英明氏、解説を行った中村氏、翻刻を行った三角女史の努力には感銘を受ける。

筆者の場合、『町野主水実話聞書』発見と同年、同一の筆写本である『町野主水翁覚書』を会津図書館に埋もれているのを確認していた。英明氏からも『町野主水翁覚書』が『町野主水実話聞書』の筆写本であろうと回答をいただいている。明治元年（一八六八）九月まで、『辰のまぼろし』と並行しながら、『町野主水実話聞書』翻刻文、『町野主水翁覚書』の画像を参考にして述べていきたい。

十二日、源之助が朱雀隊隊長の役に就いた当日の激戦、石間口戦争から紹介していきたい。

（意訳）

「この戦いは悪戦苦闘にて、味方に利益はなく死傷者も多かった。樋口源助氏は町野隊と共に最前線に進んで、戦闘に力を注いだ。西郷隊は退路を閉ざされてしまい、生死の安泰を心配する。だが、間もなく帰陣してきて、無事に再開する。

その二日程後、石筵が破れたという敗報が届いて、各部隊は津川へと引き上げていく

（『辰のまぼろし』）

朱雀隊は石間に陣を置いて、地雷を石間口の関門に埋めるなどした。また、小松関門並びに中ノ沢において激戦が展開される。源之助は盟友・樋口源助と共に激戦を繰り広げた。しかし、源之助が負傷してしまうのである。更に、越後口との境である赤谷における敗報がもたらされた。そのため、石間口から退かざるを得ない。

十七日、谷沢《やざわ》に到着する。源之助自身、様々な回想を談話しているが、「矢沢」と誤って記録されてしまっていた。「矢沢戦争」と書かれているが、「谷沢戦争」が正しい。翌十八日、谷沢に侵攻してきた新政府軍と一戦を交える。そのことが書かれた谷沢戦争を引用する。

（意訳）

「町野、関、渡辺の三隊が、川の反対に陣を置いた新政府軍三隊に対して砦を築いた。

ここにおいて戦が始まったが、田中隊が敗走して隊長が行方不明となる。新政府軍が川を渡り、背後から急襲してきた。そのため、苦戦を強いられてしまう。田中隊長は失策の責任から免職として、若松へ追放とした」

（『辰のまぼろし』）

源之助たち三部隊が新政府軍から急襲を受けた。そのような中、奇勝隊の指揮官・田中八郎兵衛《はちろうびょうえ》が行方不明となり敗走してしまう。源之助たちは、田中を追放処分としたという。

そして、源之助たちも会津若松へと向かう。八月二十六日、坂下に到着した。

八月二十七日、高瀬において家老・西郷頼母と会う。頼母は会津若松城に戻らず、城外で戦うようにと通達する使者を命じられてきたのである。

近年、頼母自身、城外追放になったのは後年聞いた話であり、使者を命じられたという談話記録『雪兎一弁附録《せつえんいちべん》』が見つけられている。福島県立博物館の史料に書き残されている頼母談話を阿部綾子学芸員が見つけられていた。

多くの者たちが何故、入城を拒否するのかと疑問を呈している。そのことは、様々な史料に書かれていた。源之助たちも如何にするべきか、評議を重ねた。樋口による引き返して新政府軍と戦おう、という提言が取り入れられる。

源之助率いる会津藩勢も城外を転戦していくのである。

家族の避難

町野源之助の家族であるが、戊辰戦争で城下戦突入後に自刃していくのは知られている。まず、何故に自刃の覚悟を定めていたかから述べていきたい。

家族の自刃は、色々な史料に記録されている。『若松記草稿』意訳となると源之助の息子・武馬が書いていた。やはり、源之助本人が語り残した『辰のまぼろし』にて自刃について紹介したい。まず、源之助本人が五月中に若松に戻った時、家族に対して覚悟を定めさせたという部分である。

（意訳）

「　勝方山町野一家の自刃

戊辰五月、余（源之助）は使命を帯びて、北越の軍陣から帰城した。その時、我が家に立ち寄り家族を集める。長岡藩家老・河井継之助家族の長岡城落城時の様子を語り聞かせたのである。

そして、武士の妻女である上は非常時の覚悟を決めておくようにと述べた。融通寺町野大谷屋に命じて、家族一同の死装束『白無垢絹無紋』を作らせたのである。当時の城下の人たちは会津若松城が四面楚歌の間に開城という悲運に陥るとは思っていなかった。万が一の場合、入城して戦い会津松平家に殉ずるべき旨を話して、北越戦線に出陣した」

（『辰のまぼろし』）

源之助が会津若松に呼び戻されたのは、長岡城が落城した五月十九日以降ということになる。長岡城落城時の河井継之助《つぐのすけ》の家族は各地を逃避行している。

源之助は武士の妻女であるならば、覚悟を決めておくように死装束《しにしょうぞく》まで用意させたというのである。当事者の体験談として、多くの城下の者たちは、会津藩勢が敗れると思っていなかったという。だが、もしも新政府軍が城下に侵攻してきたら入城するように言い聞かせたという。

そのようにして、八月二十三日の会津若松城下戦に突入した。城下に早鐘が鳴り響いたが、町野家一同は入城が困難となると城外へと避難していく。次に町野家自刃までを『辰のまぼろし』から引用紹介したい。

（意訳）

「既に、入城の機会は失われていた。西追手門に到着したものの、城門は固く閉ざされたままであった。融通寺口に出ると、町人や入城に間に合わなかった人たちは、西へと進んでいったのである。余（源之助）の妻も坂下在住の親族を頼ろうと思いつく。坂下において、光川という者に世話になり、勝方村へと避難していった。この時、寺院を宿としている。

余（源之助）は、越後戦線から引き揚げて、八月末日に坂下に到着していた。率いていた隊士の中には家族が避難してきた者もいる。そのような場合、家族への面会等を願い出る者が多い。余（源之助）の場合、武士が戦場に出るのは死を覚悟して、家族とも水盃を交わしている。今になっても、妻子に心惹かれるようでは会津松平家への忠義を貫けないであろう。しかし、人情というものがある。今夜十時に限り、家族を訪問して面会を許したい。

翌日、進撃のため全員が勢揃いするようにとも述べた。そのような時、朱雀隊組頭の一人が余（源之助）の妻と母が面会を求めてきたと告げた。余（源之助）は両者の恩愛に感謝するが、面会せずに帰した」

（『辰のまぼろし』）

源之助の家族一同も会津若松城への入城に間に合わなかった。そのため、坂下在住の親族を頼り避難していく。そして、勝方《かちがた》村の寺院で暮らし始める。源之助自身、越後から坂下に後退してきていた。部下たちへ親族との面会を自粛するようにともしている。そのような中、母や妻から面会依頼があっても隊長として、断らざるを得なかったのかもしれない。

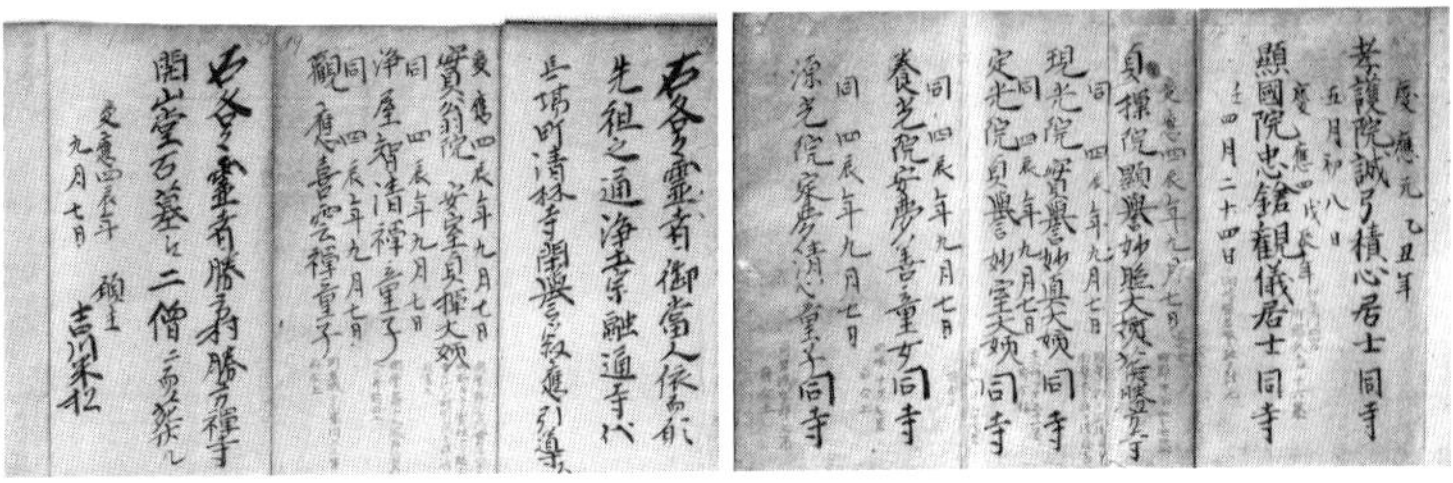

『町野家過去帳』（町野英明氏提供）
自刃した町野源之助家族、南摩弥三右衛門家族の過去帳。南摩家は町野家の縁戚であり、南摩綱紀の甥が弥三右衛門である。

家族の自刃

町野源之助も家族と水盃《みずさかずき》を交わしていたが、心配はしていたであろう。源之助は山三郷という地に転戦していった。そして、部下の大竹豊之助を家族のもとに送っている。北部方面は安全で、その方面に向かうようにさせた。もしも、落城することがあれば、直ぐに自害するように伝えて、金子を渡してもいる。しかし、町野家の悲劇は止められない。

（意訳）

「勝方の某という者により、町野殿（源之助の父・伊左衛門）が甲賀町口で戦死、源之助殿は山三郷において戦死したという虚偽が町野家に伝えられた。姉と母は、それを聞くと死に遅れるべきではないと直ぐに自刃する。余（源之助）の妻も急いで、三才の幼児・源太郎を刺殺して自刃した。当時七歳であった長女・なをは、この有様を見て幼心に城中に入り、祖父の顔を確認してから祖母の後を追いたいと言った。祖父は戦死して面会は叶わないと述べても聞き入れない。入城できるか、会津若松城の方を見ると遥かに東方である。大竹は涙を拭いて、心を鬼にして介錯したのである」

（『辰のまぼろし』）

源之助、父・伊左衛門の二人が戦死したという虚偽を聞き勝方村の勝方寺《しょうほうじ》裏山で自刃となる。母・きと、妻・やよ、長女・なを、長男・源太郎、姉・ふさと南摩《なんま》家三人の計八人の集団自決であった。長女・なをの動向から、誰もが自決を望んだ訳ではないのであろう。

この時、町野家と共に自刃した南摩家であるが町野家縁者でもある。城下戦突入後、情報が錯乱していたためか誤伝が町野家に伝えられたのである。源之助親子ともに戦死していない。

介錯をした大竹は如何にして、源之助に現状を伝えたのであろうか。勝方山における惨劇であった。

この時、源之助の父・伊左衛門は如何にしていたのであろうか。次に動向が書かれていた『若松記』を紹介したい。

（直訳）

「九月朔日町野伊左衛門は二ノ丸兵粮方主任となる、別選組隊々頭三坂数之丞、砲兵隊と交替して郭内を守る」

（『若松記』）

九月一日、会津若松城内において、父の伊左衛門が二の丸兵糧方上役《ひょうろうかたうわやく》の役に就いた。既に無役となっていたが、藩士たちが少なくなっていた城内の現状を物語っている。

会津若松城郊外における激戦

九月に入った後の町野隊は、片門《かたかど》村から山三郷正崎村《やまさんごうまささきむら》へと転陣する。この村でも戦いが繰り広げられるものの、利なしとして小荒井村に陣を移した。世に言う山三郷正崎村戦争である。

九月七日、百目木《どうめき》に陣を置いていたその時である。大爆音が聞こえてきた。城中の火薬庫が爆破されたのであろうと誤伝が流布してしまう。これを聞き、町野源之助や皆が「落城せり」として、最後の決戦を覚悟する。そして、書類等を全て焼き払うと突撃を行おうとしたが、翌日になっても新政府軍の姿が見当たらない。

会津若松城は落城していなかったのである。まだ、開城にもなっていない。では、会津藩は如何なる状況であったのか。

明治元年（一八六八）と改元される九月八日、会津藩士・手代木直右衛門《てしろぎすぐえもん》、秋月悌次郎《あきづきていじろう》の両名が米沢藩の梶尾保助に対して、休戦申し込みの書状を出していた。同日、会津藩士の桃沢《ももさわ》彦次郎（全家）が米沢藩政の倉崎七左衛門と会って話し合う。そして、会津藩に降伏を勧めるべきと桃沢は決意したのである。米沢藩文書にも記録されているが、この時、会津藩説得のための藩士が選抜された。選ばれた米沢藩士が、針生虎之助《はりうとらのすけ》である。

米沢藩であるが、奥羽越列藩同盟の筆頭格であり、源之助と共に戦ってきた。かつて同盟を組んだ藩であるが、新政府軍に降伏後、会津若松攻めの最前線に立ってきたのである。

十日、小荒井村まで進軍してきた新政府軍と銃撃戦が展開された。町野隊であるが、安勝寺《あんしょうじ》（喜多方市）に陣を置いて、石塔の陰から狙撃をしている。熊倉《くまぐら》戦争もしくは、小荒井雷鳴戦争《こあらいらいめいせんそう》とも呼ばれる。雷鳴戦争という名称からも銃撃の音がひとかたならぬものであったのであろう。

十一日、新政府軍が早朝の攻撃を仕掛けてくると、兵を叩き起こして戦となる。源之助によって、部下たちが枕とした柱に縄がつけられていた。源之助は枕をまとめて引き抜いて、部下たちを起こしたという。この体験談も、『辰のまぼろし』に町野主水（源之助）の回想録として記録されている。

（大意）

「柱数本を切って、糸縄を結び付け枕とした。腰に握り飯を結んだまま兵を眠らせた」

（『辰のまぼろし』）

そのようにして、源之助が縄を引くことにより、兵たちは夢から覚めて起きるというのである。

小荒井村に三日間、滞留した後に熊倉へと陣を移した。各部隊の隊長（萱野権兵衛《ごんのひょうえ》、一瀬要人《かなめ》、上田学大夫《うえだがくだゆう》、上田八郎右衛門《はちろうえもん》）が集まり、激論が展開されている。そして、猪苗代へ出て新政府軍の部隊を駆逐しようとなった。源之助は部下たちに「死を以て君恩に報いるように」（『辰のまぼろし』）と命じてもいる。猪苗代攻撃論は珍しいものではない。旧幕臣・大鳥圭介も数日前に同じ内容を主張している。

そして、十一日未明、新政府軍が襲撃してきたのである。この時源之助が松代藩士と敵味方不明で語り合ったと口語体で回想している。この熊倉の戦いにおいて、町野隊が勝利を勝ち取ったのだ。

〔逸話〕

町野源之助が敵と知らず、気楽に話しかけると相手方の松代藩士も励ましてきたという。敵味方の区別ともなる袖章が目に入らなかったのかもしれない。松代では、町野隊の豪を後年も讃えたと語り継がれている。

佐川官兵衛《さがわかんべえ》の秀長寺《しゅうちょうじ》の戦いと共に、会津藩屈指の勝利である。七十三人の首を討ち取ったとまで伝えられた。人数的に多く表現しているが、圧勝で多くの新政府軍を討ち取ったという意味であろう。ほかにも、家老たちと共に町野が部下を称賛してもいる。

そのような時、意外な使者が姿を現した。

恭順か抗戦か

熊倉の戦い後、会津藩士・桃沢彦次郎と米沢藩士・針生虎之助の二人が恭順勧告を受け入れるように進言してきたのである。会津藩家老・一瀬要人、萱野権兵衛《ごんのひょうえ》が話を聞く。その後、町野源之助、上田学大夫、諏訪伊助、上田八郎右衛門、西郷刑部《さいごうぎょうぶ》が集まり如何にするか会議が行われた。

家老たちは、会津若松城内の松平容保、喜徳《ひさのり》の意見を伺わなければ決められないとした。源之助の言動が次のように記録されている。

（直訳）

「先般来敵兵ハ十重廿重ニ御城ヲ取リ囲メルニ如何ニシテ入城シ得ンヤ余ハソレヨリ先ヅ御家先方ノ御快心程コソ夛キタケレナレド愚存ヲ申サバ全ハ御降伏ニ賛ス如何トナシバ今日マデハ事私戦ナリシガ今回板垣氏ガ真ノ勅命ヲ以テ米藩ニ降ヲススムサシバ今後ノ義ハ正ニ正シク王師ニ抗スルモノ也云々」

（意訳）

「新政府軍は何重にも会津若松城を取り囲んでいる。如何にして入城するか。愚存を言わせていただければ、会津松平家の意見を伺うという意見が多いが、自分は恭順に賛同する。今日までは私戦であるが、勅命をもって土佐藩の板垣退助により米沢藩が降伏させられている。今後の戦いは天皇に弓引くものとなる」

（『辰のまぼろし』）

土佐藩の板垣退助が真の勅命を持参したとある。確かに、板垣も降伏を通達してきている。米沢藩は新政府軍に降伏したのであり、真の降伏勅命をうけた会津藩とは少し違う。この時、真の勅命となるのは、越後口から総督・仁和寺宮嘉彰親王《にんなじのみやあきひとしんのう》が進軍してきたことによるものであろう。

昨日までは、薩摩、土佐等の諸藩との闘いであるが、以後は天皇が率いる軍と戦うことになる。そのため、源之助は恭順を意見したのである。

家老たち（一瀬、萱野）は、もし、君公（容保、喜徳）が恭順の姿勢を示さない時は如何にするものかとも尋ねてきた。すると、源之助は「もし、君公御否認の場合、只々腹十文字に掻っ捌いて義に殉ずる」（『辰のまぼろし』）と回答した。容保、喜徳公が恭順の姿勢を示さないようであれば、自分の腹を十文字に斬って自刃するという覚悟を述べたのである。

会議の場にいた西郷刑部は、それは困難な課題であるから、城中に入って容保、喜徳公の意見を伺っては如何なものかと述べた。斥候によると坂下から会津若松城下までの高久橋に新政府軍が三中隊しかいないという。そこを突破して入城すると決まった。次に誰が使者となるかである。『辰のまぼろし』から引用紹介していきたい。


（直訳）

「樋口源助急キ来リ使ス。直ニ本陣ニ至レハ萱野氏曰『米藩ノ針生ニ返答セサルヘカラス。就テ明朝来明城中ニ忍入ラントス。御手前ト樋口氏ト其任ニ当シ果シテ遂行シ得ルヤ否ヤ』ト。余ハ『天神橋ノ東ヨリ入城スルノ外勿ラント然シト其辺悉ク敵ナレハ確ニ遂行ノ見込之難シ併シ事重大ナリ、御身萱野ナリ樋口氏ナリ趣キテ斃レナハ事止の話ナリ』萱野曰『然リ而トモ斃レナハ事止の話ナリ。依テ四人同行シ一人ハ城ニ入リ得ルヤ否ヤヲ認メ而報スルノ任ヲ負ハセ三人斃レナハ再挙セラレヨ』」


（意訳）

「樋口源助が急ぎの使者として本陣に来た。家老の萱野権兵衛は『米沢藩の針生に恭順に対する回答をしなければならない。貴公（町野）が樋口源助氏と共に任務を遂行できるか否か』と尋ねてきた。

自分（源之助）は『天神橋の東側から入城する以外にない。しかしながら、その辺りは新政府軍が全て道をふさいでいる。会津若松城内への入城が難しいが、重大な一件である。自分（町野）や萱野権兵衛、樋口源助が戦死してしまうと城内へ伝える任務は中止となってしまう』と述べた。

萱野権兵衛は『そのとおりである。三人が戦死したら城内の意見を伺うことができない。そのため、四人で業務を行い、そのうちの一人が、誰が城に入ったか、否かを報告する役割を担えばよい。そして、三人が戦死した時、新たに城内への使者をたてさせれば良い』と述べた」

（『辰のまぼろし』）

家老の一人、萱野が源之助に対して、如何にしたら適切に城内へ伝えられるか確認してきたのである。そして、会津若松城南側の天神橋《てんじんばし》の東側から入城すれば良いと進言した。しかし、使者である我々三人が戦死したら城内へ誰も現状報告ができない。容保の意思を確認できなくなる。

萱野はほかに一人、三人が入城できたか否かを確認する任務の者を同行させれば良いと結論付けた。三人全員が戦死した時、新たに城内へ次の使者を出せばよいのみと現実的な意見でまとめた。

さて、誰が城内への使者の任に就くかである。当初、源之助は御免蒙りたいと辞退した。翌朝から大戦争となるのであるから、その任務を棄てて入城したいとは思わないというのである。

萱野は源之助の意見を尤もなものだとしながら、役職に就いているものでなければ使命を果たすことは難しい。貴方（源之助）の代わりに別に隊長を命じればよいではないかとした。

源之助は後任の組頭（隊長）職を野村某に委ねた。野村に事情を全て話して、朱雀隊の全権を任せたのである。

『町野主水実話聞書』、『町野主水翁覚書』によると樋口が源之助を陣将たちの会議に招いたという。その場において、入城の役が決まったと書かれてもいる。桃沢の動向、降伏の意思を決めたことが確認できる。

このようにして、会津若松城の開城の使者は萱野、源之助、樋口の三人となり、会津若松城へと入城していく。

会津若松城入城

九月十五日、御前（松平容保）が人払いをして密談する。開城についての密談であったのであろうか。『維新階梯雑誌』には密談内容までは書かれていない。

翌十六日、町野源之助たちが会津若松城に入城する。

「九月十六日（中略）同夜、町野隊長為御用後城中へ被罷越候事」（『会津藩戦争日記』）

（直訳）

『会津藩戦争日記』であるが、明治初期に編纂された歴史書である。昭和八年（一九三三）に編纂された『会津戊辰戦史』においても「決死行」と書かれている。

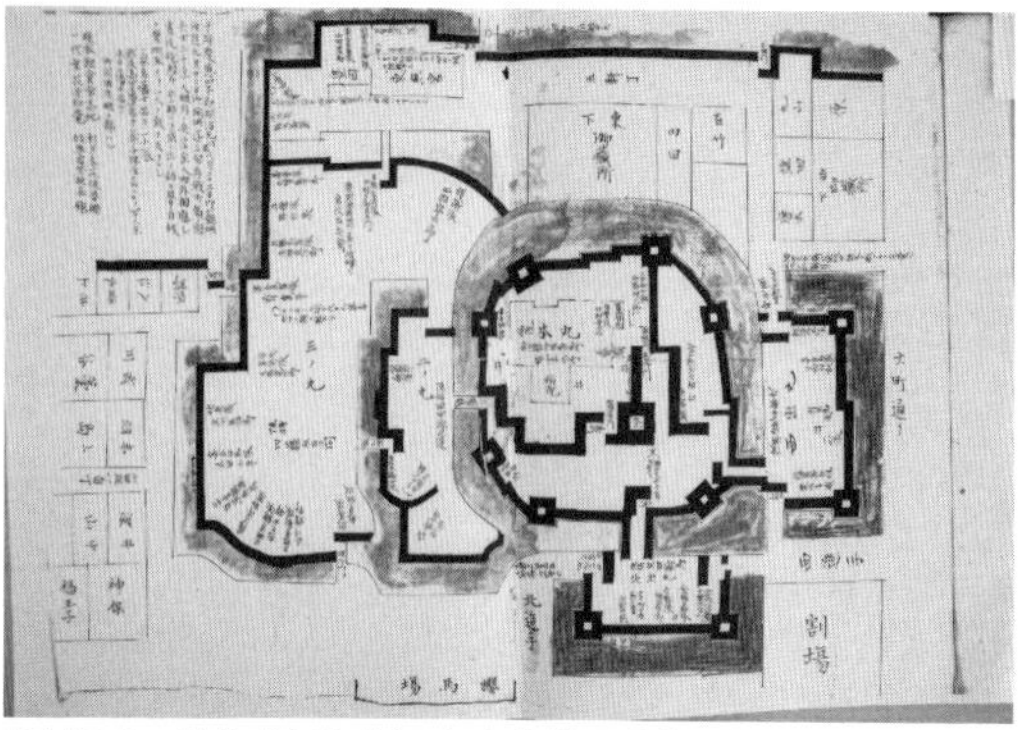

『暗涙の一滴』（会津若松市立会津図書館蔵）
町野源之助たちが入城しようとした時の会津若松城内の配置図。

行動を共にした会津藩士・杉浦成忠《しげただ》も次のように記録している。

（直訳）

「十六日謝罪決スルヤ桃澤彦次郎米使ト共ニ佐川陣将へ往クト聞ク。手代木秋月ノ両士何へ行タルヤ知ラス萱野陣将町野源之助樋口源助入城ス」（『結草録』）

明治二年（一八六九）、萱野権兵衛《ごんのひょうえ》、源之助、樋口源助の三人が入城したと杉浦が高田謹慎中に書き残していた。『維新階梯雑誌』『七年史』に記録されているとおり、手代木《てしろぎ》直右衛門《すぐえもん》たちが会津若松城から出たまま帰城してこないと容保が憂《うれ》いでいた時である。

ほかにも、源之助の部下が記録した『朱雀四番士中組戦争調書』において、十六日中に一ノ堰村《いちのせきむら》より会津若松城内に赴いたと記録されている。

新政府側の史料であるが、『米沢戊辰実記』によると家老・一瀬要人《かなめ》が入城したと記録されているがこれは無理である。一瀬の使者として、源之助たちが入城したということであろう。源之助たちの入城後に一ノ堰で激戦が展開されて、一瀬が負傷して戦死する。源之助自身が参加したいと述べていた一ノ堰の戦いにおいてであった。

さて、どのように入城して報告まで至ったか。源之助（主水）は『町野主水実話聞書』、『町野主水翁覚書』に何故か、記録していない。だが、『辰のまぼろし』において体験談を語り残している。次に引用紹介したい。

（直訳）

「昧爽四人ニテ畔径ニ添へ前進ス。竪町稲荷社ノ辺凡テ敵兵黒山ノ如シ。敵ト敵トノ間ヲ潜リ疾走シ辛ラウシテ渡ル時ニ敵ヨリモ城中ヨリモ銃丸急霞ノ如シ。頻リニ手巾ヲ振リシニ意通セルカ城ヨリハ矢止メナセリ、進テ三ノ丸ニ入シニ黒河内傳八氏アリ。委細ヲ話シテ、君前ニ召出サルヽニ至レリ」

（意訳）

「明け方でまだ暗い時、四人が畦道に添って会津若松城へと向かった。竪町の稲荷社の辺りに来ると新政府軍勢が黒山のようである。新政府軍勢の間を潜みながら疾走して、間一髪で向こう側（会津若松城側）へ抜けることができた。すると、敵、味方の両軍から狙撃を受けてしまう。手巾（ハンカチ）を振ったところ、城内からの狙撃が止まった。そのまま進むと三ノ丸から入城となる。入城後、黒河内伝八氏がいた。黒河内に対して、詳細な事情を話したところ、松平容保親子の御前へと呼び出される」（『辰のまぼろし』）

暗闇の中、新政府軍を強行突破して会津若松城へと向かったという。ただ、熊倉での戦いからもわかるとおり、敵味方の区別がつきにくくなっている。

敵の軍勢の中を突破後に後方の敵陣から、また前方の会津若松城からも狙撃が開始されたという。そこでハンカチを振ると、会津若松城からの狙撃が止む。味方であるから狙撃を止めるようにと城内に伝わったのである。会津製の手巾《しゅきん》（ハンカチ）と判別は無理であろうし、ほかに何かしら合図があったとも思えない。ただ、味方だから撃つな、と以心伝心で城内の兵たちに伝わったというものであろう。

三の丸の不明門から入城したのであろう。そして、将の一人・黒河内伝八と会う。黒河内に全てを話した。そのようにして、松平容保の御前へと現状報告に赴いていくのである。

会津若松城内での協議

翌十七日から、大きな戦いが展開される。既に述べた一ノ堰の戦いである。城中から味方の苦戦が目に入った町野源之助は、家老に援兵を再三、願い出てもいた。しかし、叶わない。すでに食料等確保のため佐川官兵衛率いる主力部隊が城外に出た後で、会津若松城内にいる会津藩士で、戦うことができる人数が限られているからだという。

そのような中、会津藩の開城が決せられていく。萱野権兵衛が錦の御旗が進軍してくる旨を松平容保に報告していた。更に、家老の萱野自身が源之助たちと共に開城すべきと松平容保に上申した。それに対して、容保の英断が下されたのである。

次に当事者の一人、源之助の体験談を引用紹介する。

（直訳）

「君前ニ於テ、家老内藤、梶原、山川ノ諸氏之ニ列シ。御意、名分ノ正ニ帰シ、降伏上決セリ。城中ヨリ、小出鉄之助、水島弁治等ヲ遣スヘキニ付、一同米沢陣営ニ至リ、御趣旨ヲ傳達セヨトノ大命ヲ拝受シ、更ニ御前ニ於テ、町野、樋口、小出、水島等御酒ヲ賜ハリ。特ニ老役ノ格ヲ以テ、御返盃仰付ラレ退席ス。後四人ハ出城ノ時刻ヲ定メ、各所ニ別居ス。其後、樋口氏ニハ会セシモ、小出、水島ノ両人ハ、既ニ北追手ヨリ旗ヲ振リ突出シテ、敵中ニ入レリトノコトニテ、意ニ会セサリキ」

（意訳）

「松平容保の御前にて、家老・内藤介右衛門、梶原平馬、山川大蔵たちが並んでいた。御意により、残念ながら降伏に決せられた。会津若松城中から小出鉄之助《こいでてつのすけ》、水島弁治《みずしまべんじ》たちが開城の使者にとなる。一同が米沢藩の本陣に赴いて開城を伝達するようにという大命を受けたのである。

松平容保の御前において、町野主水、樋口光（源助）、小出鉄之助、水島弁治たちがお酒を賜っている。年長ということから、代表して返杯後に退席した。そして、四人は城を出る時刻を決めて夫々別宿に宿泊している。

その後、樋口氏とは一緒になった。しかし、小出、水島の両人が先に旗を振りながら敵陣中に入っていったという。納得できないものである」

（『辰のまぼろし』）

こちらも、表記において『町野主水実話聞書』、『町野主水翁覚書』と異なってくる部分が見受けられるが、大意は同じである。

既に、新政府軍に対して、手代木直右衛門、秋月悌次郎の二人を使者として立てていた。源之助たちの報告から、容保の御前において、新たなる開城の使者が決せられたという。そして、源之助、樋口、小出、水島の四人が開城を伝える使者として選ばれた。源之助が最も年配であったことから、代表して容保へ返杯したというものであろう。

『会津戊辰戦史』においても次のように具体的に掲載されている。

「十七日我が公は更に町野主水、樋口源助及び水島辨治、小出鉄之助光照をして米沢藩の陣営に至り前議を述べしむ」

（『会津戊辰戦史』）

『会津戊辰戦史』編集時に水島が情報提供したものであった。源之助、樋口、水島、小出の四人が二度目の開城使者に選ばれたというもので誤りはない。

会津藩主であるが、水戸徳川家から養子に来ていた松平喜徳へと代替わりを行っている。しかし、源之助が返杯したのは、容保と思ってよいであろう。

四人が揃って開城の使者となる筈であった。何故か、小出、水島の両人が無断で先に城を出ていってしまったのである。源之助は納得できなかったに違いない。

ただ、小出、水島の両名は会津若松城外に出る前に味方に捕縛されてしまう。敵の新政府軍の兵士でなかろうかと思われたからである。断髪していて、町人、百姓に変装もできなかった。両名捕縛という連絡がないまま、源之助は開城の使者を樋口と二人で決行していく。

まだ先のことであるが、藩首脳陣によって、源之助たち第二陣出発から四日後、鈴木為助《ためたすけ》、河村半介《かわむらはんすけ》を開城の使者第三陣として送り出している。源之助たちが戦死したと思われたのであろう。

米沢への恭順の使者

町野源之助と樋口源助の両名は、天神橋を渡って会津若松城外に出た。急ぎ、米沢藩本陣を目指しての決死行である。最初、竪町《たてまち》の稲荷において身を伏せたが、犬にほえられてしまう。容易ままならぬまま、他所へと移らざるを得ない。川のほとりに辿り着いたが、水が溢れているような状態であった。背が高かった源之助が樋口を背負って川を渡る。上米塚村《かみよねづか》を経由して、高久《たかく》村に到着する。高久村において、樋口の知人・清吉に世話になった後、出発して勝常村《しょうじょう》（現・湯川村《ゆがわ》）に辿り着く。

勝常村において、名主・金子勝之助《かつのすけ》に米沢藩本陣までの経路を尋ねた。ところが、昨日、手代木直右衛門たちも金子宅に寄って出発していたという。既に、手代木たちは先発していたのだ。そのためか、金子が米沢本陣に野菜を届ける二日後の出発となる。金子が米沢藩へのご用達の任に就いていたというのも不幸中の幸いだったかもしれない。

この金子、佐川官兵衛の部下である桃沢彦次郎と面識があった。そのため、佐川本陣に休戦の使者・針生虎之助を案内してもいる。そのことは、米沢藩の『米沢戊辰実記』に記録されている。

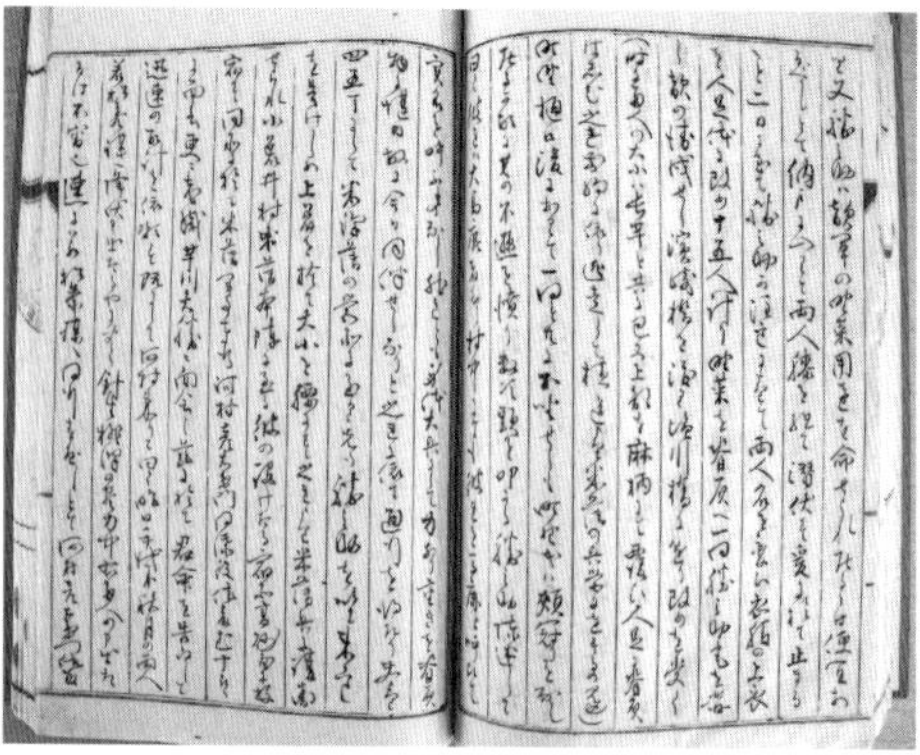

『町野主水翁覚書』（会津若松市立会津図書館蔵）
新政府軍の関門をくぐろうとした時、町野源之助の冠り物を取ろうとした。おそらく、髷を切っていなかったからであろう。そこを、一党を率いていた名主は「彼は愚か者なのでございます」と述べて通過できたという話が書かれている。

二日間の逗留後、米沢藩本陣へと出発する。出発にあたり、衣服も人足用に改めた。帯刀していた大小の両刀とも荷物の長芋《ながいも》で囲み、上部を麻殻《あさがら》で覆っている。このようにして、十五人程で野菜を背負い金子宅を出立したのだ。この最後尾に源之助たちがついている。

浜崎橋《はまざきばし》を渡り、塩川橋というところで新政府軍の改めを受ける。この時であった。一同の中で源之助が冠《かぶ》り物を取っていないとして、激怒した新政府軍の者に何度も頭を叩かれたのである。

名主の金子が止めに入り、次のように述べた。金子のセリフは意訳表記とする。

（意訳）

「彼は大馬鹿者なのであります。村中の者たちが彼を馬鹿と呼びまして、実名で呼ぶ者がおりません。されども、身体が大きく力があります。それで、同伴させたものなのです」

（『町野主水翁覚書』）

このようにして、通行を許されて塩川橋を渡っていく。この時、正体を隠せたというのであるから武士の髷自体、剃り落としていなかったであろう。冠り物をかぶったまま通過できたという可能性も否定できない。

塩川橋を渡り、四、五十丁ほど（約四、五百m）進むと米沢藩の営所に到着した。金子が来た理由を話し、源之助たちは刀を腰に差すと米沢藩士に面会を求めた。そして、護衛を付けられた源之助、樋口の両名が米沢藩本陣を訪ねる。

米沢藩本営は小荒井村（現・喜多方市）の「高砂屋」に置かれていた。ここにおいて、源之助と樋口の二人が米沢藩の軍事奉行・河村彦衛門、添役・佐藤武十郎に面会した。両人を経て、老職・芋川《いもかわ》大膳《だいぜん》に面会となる。芋川は、三十五人からなる部隊の将であり、越後口にも出陣していた。芋川に救会の取り次ぎを願い出たのである。

この時、軍事奉行・河村から昨日中に手代木、秋月悌次郎たちが開城を申し出たと知らされる。しかし、伝聞であり明確でない。そのため、河村は源之助たち両名の申し出に不審なところはないと芋川に述べて、駕籠五挺を用意までした。そのような時、手代木たちの開城願いが確実なものであると判明して、出発は取りやめとなる。

会津若松城開城

四ツ時半頃（午前十一時）、砲声は止んでいた。当初の使者・手代木直右衛門たちが会津若松城開城を新政府軍に伝える目的を達成したのである。開城となり、松平容保たちは妙国寺において謹慎となったという。

米沢藩士・佐藤武十郎に連れられて、町野源之助は妙国寺に赴く。この時佐藤は酒樽を献上したという。妙国寺の御座所に入れるのは一人だという。町野と樋口源助は譲り合う。籤《くじ》引きにより、樋口が容保と対面することが決まった。

樋口は城を出てから現在に至るまでの顛末を報告した。源之助は妙国寺門前において一時間から二時間程待ったという。御座所から樋口が出てきて、松平容保の現状を知らされる。源之助は樋口と共に涙を流した。現時点、容保が如何なる処分を受けるのかも不明だという。

妙国寺を出た源之助たちは、猪苗代謹慎所へと赴いた。家老たちと対面するが、その部分を『辰のまぼろし』から意訳したい。

(意訳)

「町野、樋口の両名が内藤介右衛門、梶原平馬、山川大蔵、原田対馬たちが列席している座に赴いた。山川大蔵は『二人とも戦死したかと思ったが、ここに再会できた』と大いに喜んだのである。大任を果たしたとほかの家老たち共々賞賛した。城を出てからの顛末の詳細を報告した」

(『辰のまぼろし』)

猪苗代謹慎所において、源之助が家老たちに城を出てから現在に至るまでを詳細に報告した。戦死したと思っていた開城の使者が存命であった。山川大蔵《おおくら》は大任を御苦労であったと喜んだのである。

家老たちへの報告が終わり、外に出る。すると、小出鉄之助、水島弁治の二人がいた。源之助は次のように二人に告げた。

（意訳）

「四人が大命を受けたにもかかわらず、貴方たちは旗を振って敵陣に突入していったと聞いた。そのため、この君命は我等二人で果たそうとしたのである」（『辰のまぼろし』）

それを聞いた小出、水島の両人は町野、樋口の努力に感謝して、苦労をねぎらったのである。

その後、源之助は樋口たちと別れて、父・伊左衛門と同じ家で謹慎する。開城後に謹慎した家族の人数が書かれた『旧藩御扶助被下候惣人別《きゅうはんおんふじょくだされそうろうそうにんべつ》』という史料がある。そこに、「町野源之助　弐人」と書かれており父・伊左衛門と二人であったとわかる。

民生局統治

開城翌月（明治元年〈一八六八〉十月）、若松に民生局が置かれた。簗田家の『御用留記《ごようどめき》』から、十月中に城下における戦死者の遺体埋葬を命じられたとわかる。十月中に城下における戦死者の仮埋葬も終了していた。しかし、新政府軍の記録『神保八左衛門上書《じんぼやざえもんうわがき》』からは埋葬が行き届いていなかったと読み取れる。一方で会津藩御用商人の記録『会津乱世日記』によると、十月十日くらいまでに遺体を片付けたという。会津若松城の場合、新政府軍の戦死者遺体にしても開城まで埋葬できなかった例があると記されていた。薩摩藩士が『薩摩藩士斎藤太郎談話』などで実体験記録として述べている。

そのような中、松平容保、旧会津藩士たちに対して移住の通達が下されていく。十二月に入り、滝沢に居残って会津若松を取り締まる者たちが発表された。その中に町野源之助の名前があったのである。東京、高田へと謹慎者が出発していった。樋口源助は元家老・原田対馬《つしま》と共に滝沢の御用局に同居した。源之助であるが、牛ケ墓村肝煎《うしがぼむらきもいり》・吉田伊惣治《よしだいそじ》宅へと寄留する。

吉田というと飯盛山で自刃した白虎士中二番隊士の埋葬で名が知られている。吉田家伝承によると吉田の妻が埋葬したという。自刃者数であるが、明治二年（一八六九）二月に『達控《たつひかえ》』において六人（正式には五人）と書かれた。明治三十年（一八九七）に書かれた『辰のまぼろし』『町野主水翁覚書』『町野主水実話聞書』にも六人（他所における戦死者、自刃者数含まず）となっている。ただ、明治元年（一八六八）十二月時の回想録である。柴太一郎が記録した『戦死者調書』においても自刃者が六人という。だが、開城翌月の明治元年十月に書かれた『明治元年辰十月中戦死者覚書《めいじがんねんたつじゅうがつちゅうせんししゃおぼえがき》』『戦死屍取仕末金銭入用帳《せんししかばねとりしまつきんせんにゅうようちょう》』の両史料の場合、八人となっている。

白虎隊自刃については、飯沼貞吉にて詳細を述べたい。

明治二年（一八六九）になり、源之助たちは白虎隊士の改葬を願い出る。そのような中、吉田が改葬を行おうとして咎められたという。理由は数点あり、親族や埋葬を業務とする者以外は、遺体埋葬を行ってはいけなかったからである。埋葬禁止令という誤解がここから生じたのかもしれない。埋葬禁止令の根拠は、昭和三十二年（一九五七）の町野主水の回想伝聞『明治戊辰戦役殉難之霊奉祀ノ由来』ではなく、明治三十年（一八九七）の『辰のまぼろし』に影響されたと考えられる。誰もが埋葬をできたという訳ではないという根拠史料である。

明治三十七年（一九〇四）に記録された『白虎隊士間瀬《まぜ》源七郎伝』という活字本がある。「去年九月二十二日降参になってから昨日までの戦死者の埋葬を禁められても」と書かれていた。源之助自身が『若松新聞』（大正二年〈一九一三〉）において、「白虎塚の由来」として当時の出来事を回想談話していた。「戦死者の死骸の始末は江戸へ伺い中であるから指図があるまで手を触れてはならぬの一点張り」と明治政府側の動向を述べている。埋葬を仕事とする者たち以外は触れてはならないという内容であろう。埋葬禁止令は存在しないが、改葬・埋葬にあたり規制がかかっていたとも読める。新政府軍の兵士たちが会津以外の各地で、戦死者の遺体に辱めを加えている史実もある。この二点から、手を触れてはならぬとしたものか。しかし、後年の回想録という点に注意したい。改葬については、『戊辰戦死遺骸埋葬記』に詳細に記録されている。

源之助は若松軍務局の三宮耕庵《さんのみやこうあん》と交渉して、自刃した白虎隊士たちの改葬を願い出た。そして、数刻にわたる問答の末、白虎隊士のみ改葬許可を得る。明治政府からの許可でなく「黙許」と書かれている。三宮に対して、誰でも改葬ができるようにならないのかと問いただした。すると、米沢藩を介して回答するという。

翌日、米沢藩から呼び出しを受ける。出頭したところ、小田山下等に改葬を許可するという。改葬場所に関する議論が三日間にわたり展開されて、結局、現在の七日町周辺の寺となる。つまり、阿弥陀寺と長命寺への改葬の黙許を勝ち得ることができたのだ。そのようにして、改葬が行われていくのである。二月二十四日から改葬が開始された。城内の井戸などからの改葬開始は翌三月からである。

ここで、注意するべきなのは改葬された人数であろう。阿弥陀寺にして改葬者約千三百人である。『戊辰殉難名簿』に記録されている約三千人とは、日本全国における会津藩殉難者数という点に気を付けたい。

このような中、容保の実子・慶三郎《けいざぶろう》が誕生した。様々なやり取りが源之助、原田たちと民政局で行われる。時が流れて、七月には民政局が廃止となる。民生局で悪政を行った越前藩士・久保村文四郎を帰国途中、旧会津藩士・井深元治《いぶかもとはる》たち八人が襲撃して討ち取った（詳細な史実は『愚直に生きた上巻「愚直に生きた⑩武田源三」』に掲載）。世に言う束松《たばねまつ》事件である。襲撃者の一人・五十嵐茂八《もはち》が指揮者・伴百悦《ばんひゃくえつ》に報告のため久保村の遺髪を持参する。若松城下にいた伴への報告後、五十嵐は源之助のもとに自首していく。果たして、源之助の心境は如何なるものだったのであろうか。

会津藩再興の真実

明治二年（一八六九）十一月三日、家名再興が許されて松平容大《かたはる》に陸奥三万石が与えられる。明治三年（一八七〇）一月、旧会津藩士たちの罪が解かれた。

大久保利通が斗南藩大参事・山川浩（大蔵）に移住先が陸奥で良いのか尋ねたという。『木戸孝允《きどたかよし》日記《にっき》』などから、当初の移住予定先が北海道であったとわかる。しかし、開拓使次官の任に就いていた黒田清隆の反対に遭う。そのため、旧会津藩士の北海道移住はなくなった。開拓使となり、部分的な飛び地（北海道四郡）に移住した旧会津藩士を除いてである。

移住先の藩名が決まるのは同年四月二十四日である。斗南藩と名付けられるが、藩名が今後の動向に大きく関わってくるとは思いもよらなかったであろう。

町野源之助自身、斗南移住時の秩禄処分に関する裁判に晩年をかける。この時の行政文書『旧藩士公債証書下附願』に成り行きが書かれているが後の章で述べたい。

移住先に関して、激論が展開されたと会議隊隊長・野田進が『浮世廼夢《うきよのゆめ》』に記録している。翌五月、東京において高田謹慎組の公用方・杉浦佐伯《さえき》、三澤与八《みさわよはち》、野田、東京詰の広澤安任《ひろさわやすとう》、永岡久茂《ながおかひさしげ》、会津若松から原田対馬《つしま》、源之助が協議を重ねたという。協議内容までは書かれていない。斬り合い寸前までいったと伝承されている。源之助は斗南移住に反対するべく上京したのであろうか。移住先は猪苗代か、陸奥か、決定権は旧会津藩側にはない。

浅羽忠之助《あさばちゅうのすけ》の『維新雑誌』において、源之助や旧会津藩士たちの動向が詳細に記録されている。『浮世廼夢』と同じように、源之助が抜刀したとも記録されている。これが六月十日の出来事と判明した。明治三年九月八日、元家老の山川であるが、原田、源之助、樋口（高津）仲三郎の三人を暗殺するように命じたとの噂があったことが記録されている。戊辰戦争戦死者三回忌がすすめられている世の中での実情であった。

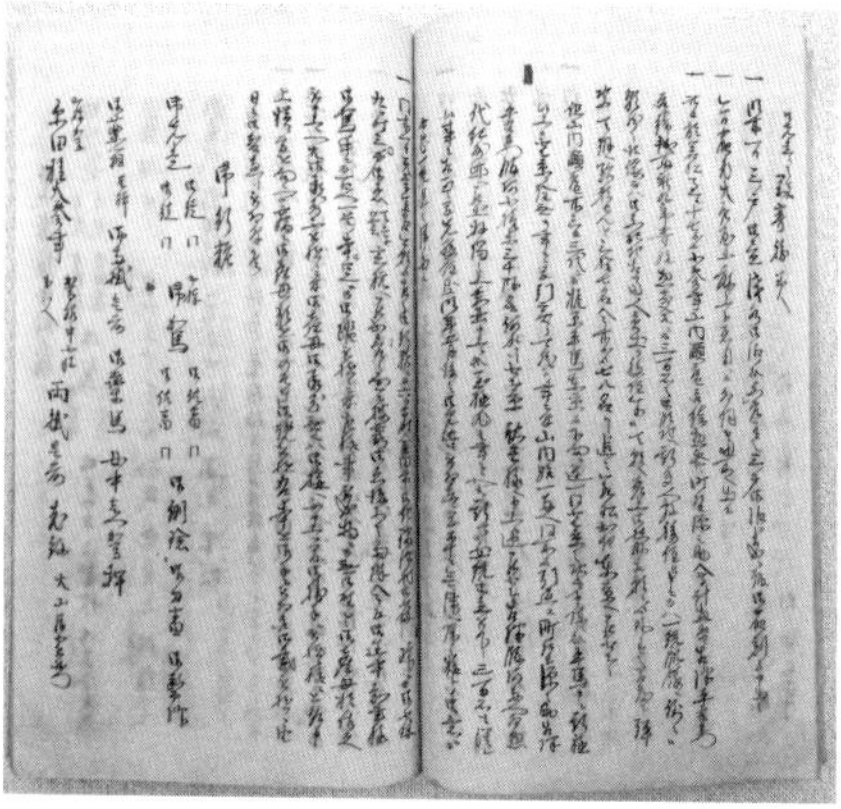

『維新雑誌』（福島県立博物館蔵）
明治３年９月21日、３万石の領地へ移住では、皆が飢餓で倒れてしまうから、適切な地への移住を政府に願い出ようとした。そして、松平容保に進言すると３万石が潰れてしまうかもしれないから、先ず移住するように御意を受ける。

一方で、同年九月十六日、岡谷繁実《おかのやしげざね》によって猪苗代五万石の嘆願文が出される。『維新雑誌』に源之助たちの動向が詳細に記録されている。九月十七日から二十一日にかけて、源之助たち総勢三十数名が会津藩領国許から上京してきていた。この時、源之助の役職が取締総督となっている。

源之助たちは陸奥三万石に旧藩領の者たちが移住すると財政的にも持ちこたえられない旨を松平容保に嘆願した。源之助たち三十人の嘆願文の存在は知られていたが、『維新雑誌』によって詳細な成り行きもわかった。

三十人を代表して旧会津藩士・相澤平右衛門《へいうえもん》、飯河小膳《いいがこぜん》の両名が紀州藩邸謹慎中の元会津藩主・容保と面会する。しかし、容保によって松平家存続、与えられた三万石も御破算となってしまう。移住して翌年五月まで様子を見るようにと言葉を賜ったと記録されていた。そして、源之助たち三十人も国許へ戻っていったのである。

斗南移住

会津若松開城後、父・町野伊左衛門は高田に謹慎している。その後、町野源之助は松平容保への直訴を経て、十月（明治三年〈一八七〇〉）に斗南へと移住していく。『旧会津藩人斗南北海道其他《きゅうあいづはんじんとなみほっかいどうそのた》移住人別《いじゅうにんべつ》』の冬起陸行に町野源之助の名前が確認できる。移住する者がいれば、代表者として世帯主の名前を記録した。当初、伊左衛門のみが斗南に移住したのではなかろうかと推測したものである。

しかし、源之助も斗南へと移住していた。『日記（会津藩記録）』という旧会津藩公用文に斗南移住者名簿が記録されている。六月十七日、源之助が田名部《たなぶ》へ移住したと書かれていた。家族三人とあり、父・伊左衛門と共に移住したとも考えた。しかしほかの二人が後妻・よしと娘・もとであり、名前が記された史料も見つかった。だが、六月時点では源之助自身は斗南へと移住していない。先に父、後妻、娘の三人の家族が移り住んだというものであろう。

ほかにも斗南移住が記録されている史料の紹介を行っていきたい。斗南藩誕生から百四十五年目、斗南会津会が『先人斗南に生きる』という記念誌を発行している。そこに、大正十四年（一九二五）九月の『下北新報』に掲載された「明治三年十月斗南ケ丘移住藩士戸主名簿」が紹介されている。そこにも斗南への移住先が記録されていた。如何なる内容なのであろうか。

明治三年（一八七〇）十月、田名部《たなぶ》（現・青森県むつ市）郊外の斗南ケ丘《となみがおか》に開墾のため移住してきた斗南藩士百七十二戸の名簿があった。そこに、町野伊左衛門、町野源之助と二人の戸主の名前が記録されている。つまり、源之助自身も父と共に斗南に移住してきていたと確証が得られる。また、この田名部への移住記録が町野家文書にも残っていたのが見つかったという。三角美冬《みすみみふゆ》女史が解読されて「『最後の会津武士』の斗南生活」『会津人群像No.41』において発表されている。その史料から、三角女史は十一月十八日までに田名部に到着したであろうと推察している。

ただ、残念ながら、斗南ケ丘の開拓は成功しない。そのためか、源之助は五戸《ごのへ》（現・青森県五戸町）へと移住していった。伊左衛門の動向であるが、『中條方治日誌』に色々と記録されている。

そのような中、明治五年（一八七二）に「明治五年青森県管轄元斗南県貫属」が編成された。世に言う「壬申戸籍」であり、源之助が五戸に移住していたと確認できる。

「上大町　高橋金六

士父伊左衛門　町野源之助　三十五　明治六年七月　若松

　　　　　　　妻　　よし　二十四　同

　　　　　　　長女　もと　三　　　同」

（『流れる五戸川続⑨おらが村の会津様』）

筆者は、町野家壬申戸籍原本を閲覧していないので、郷土史家・三浦栄一氏が『壬申戸籍』の内容を部分転載した書籍『流れる五戸川』から転載させていただいた。引用文からもわかるとおり、上《かみ》大町《おおまち》の高橋金六方に寄寓している。上大町といえば、倉澤平治右衛門《くらさわへいじうえもん》、藤田五郎たち二十数世帯が居住した地である。

この壬申戸籍から、源之助は後妻・よしを迎えていて娘・もとも数え年三才になっていたとわかる。明治四年（一八七一）に調査されたものであるから、明治二年（一八六九）中に娘・もとが誕生していたのだ。二人の家族を連れて、明治六年（一八七三）七月、会津若松に帰ってきたのである。

会津若松に戻る前の五戸における暮らしであるが、如何なるものであったろうか。『維新雑誌』に源之助が原田対馬（五郎右衛門）に宛てた書状が引用掲載されている。梶原平馬と和睦したという。また、原田対馬、源之助が殺人の指揮をしたという濡れ衣を着せられ、謹慎となった記録『永岡久茂以下十七名口供』を見つけた。源之助が斗南について語り残さなかった理由の一つかもしれない。

今までの史料からでも源之助斗南移住説にあたっては諸説があった。飯沼貞吉のように名前があっても移住していない人物もいたからである。『東奥日報』にも掲載していただいたが、次の史料が見つかり、源之助斗南移住説が不動のものとなる。

会津若松に戻ってきた源之助の戸籍部分写しが存在する。既に、壬申戸籍調査から四年経過しているが、内容的には大きな変動はない。明治八年（一八七五）六月の送籍証に次のように記録されている。

「　四月廿五日御申越ノ分

　　　実父若松県下高別居伊左エ門長男

　　町野源之助　同三十九

若松県下高昇理羊長女　妻　ヨシ　同二十八

長女　モト　同　七

合三人内男一人女二人

右ハ御中越ニヨリ前書取消更ニ送籍ニ及完」

（『明治八年明治九年　貫属使府縣送籍』）

同であるが、当該の略である。既に、父・伊左衛門と別居して、三人での新たな暮らしを始めていたと確認できる。明治八年四月、平民への貫属（本籍地）替を願い出た四百十七人の壬申戸籍（明治五年式戸籍）の写しである。既に斗南在住でないが、斗南士族である者たちの送籍証として記録された。送籍証であり、青森県から戻ってきたと確証づけるものである。

当初、源之助が五戸から戻ってきて暮らした地は、河沼郡桜町《さくらまち》村（現・湯川村）という。源之助が所有していた山を新政府軍が没収し忘れたという。そこからの収入があったため、町野家の暮らしは貧しくなることがなかったという。

源之助は福島県に寄留していたが、貫属替願いが認められて送籍を申し出たものである。そして、若松県の無禄士族へと編入となった。

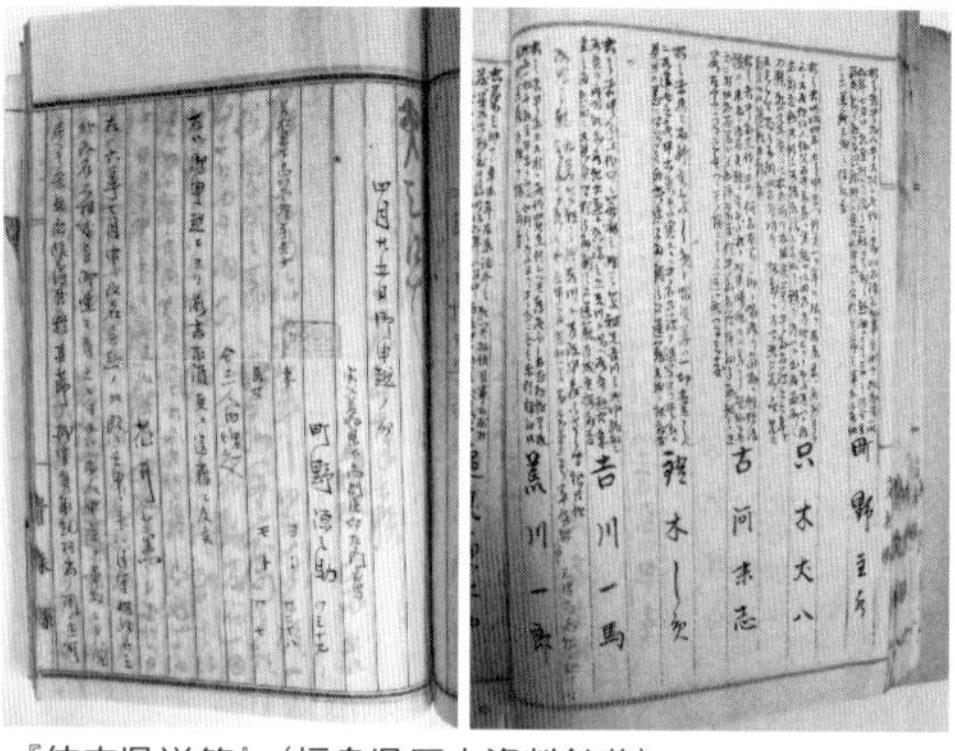

『使府県送籍』（福島県歴史資料館蔵）
明治６年７月、源之助から主水と名を改めた。明治８年時の送籍簿で、戸籍の写しのようなものである。後妻・よし、娘・もとの名前が確認できる。

会津若松城取り壊し

前章で述べた『明治八年明治九年貫属使府縣送籍』において、明治六年（一八七三）七月中に名前を主水と改めたと書かれていた。町野主水の誕生である。

この頃の戸籍写しには、町野源之助と表記されているが、各書類に町野本人の名前が主水と記録されていた。以降、源之助から町野主水と名前の表記を統一していきたい。

明治六年十二月、若松県庁が庁舎新築に取り組む。そのため、従来の会津若松城が入札によって取り壊されることになった。取り壊し中止の嘆願も明治政府は聞き入れない。

翌明治七年（一八七四）二月、若松城の入札が告示された。入札の締め切りが近づいても入札希望者は一人も現れなかったという。取り壊し前に城内で博覧会を行いたいという嘆願を当時の若松県令・澤簡徳《さわかんとく》が鎮台長官・三好重臣《みよししげおみ》に認めさせた。澤長官は、若松に戻ってきていた主水に相談したとされる。

四月十五日、主水たちにより金八百六十二円で落札が決定す

「松平容保と家臣たち」（白虎隊記念館蔵）
明治７年、戊辰戦争戦死者の七回忌で会津若松に戻ってきた松平容保を囲む旧会津藩士。殿様の右隣に町野主水が座った。

る。

　そして、四月二十日から五月九日まで、博覧会を実施する。単なる博覧会ではない。今まで、一般市民が会津若松城内へ足を踏み入れることは許されてこなかったが、誰もが本丸御殿跡まで入れるという。取り壊し前に行われた特別な催し物である。博覧会終了後、会津若松城天守閣は取り壊された。

　五月、戦死者たちの七回忌が会津若松で行われる。この時、松平容保と旧藩士たちが二枚の記念写真を残している。写真館がないものの、撮影された旧藩士名から若松において撮影されたものであろう。写真に写っている旧藩士のうち、容保以外全員が若松在住であり、福島県外に出ることを禁じられていた者もいたのである。なお、会津若松城天守閣が壊される直前に写真を何枚も撮影している。

　六月六日、河原田治部《かわらだじぶ》と共に容保が東京に帰るのを大内宿まで見送る。

清水屋事件

　若松に戻ってきた後も元斗南藩士として、町野主水も授産金を受領していた。しかし、明治政府は家禄支給打ち切りに乗り出したのである。家禄の十年分の金額に七パーセントの利子を支給するという交換条件のもとであった。旧斗南藩であるが、旧藩士全員に証明となる金禄公債証書を支給していない。この問題点から、主水たちが生涯をかけて闘っていくこととなる。

　若松における町野家の流れを解説したい。明治八年（一八七五）一月、二度目の男子・武馬《たけま》を授かっていた。町野家の跡取りにも恵まれて安心したか、父の町野伊左衛門が死去した。四年後の明治十二年（一八七九）のことである。翌明治十三年（一八八〇）、後妻のよしも他界していた。

明治十五年（一八八二）六月三十日、会津帝政党の結社届が出された。そこには、主水、原田対馬、諏訪伊助たちの名前がある。彼らにより「日本立憲帝政党主旨」が提出された。会津帝政党の場合、政府を支持していた。自由民権派の自由党とは別党である。

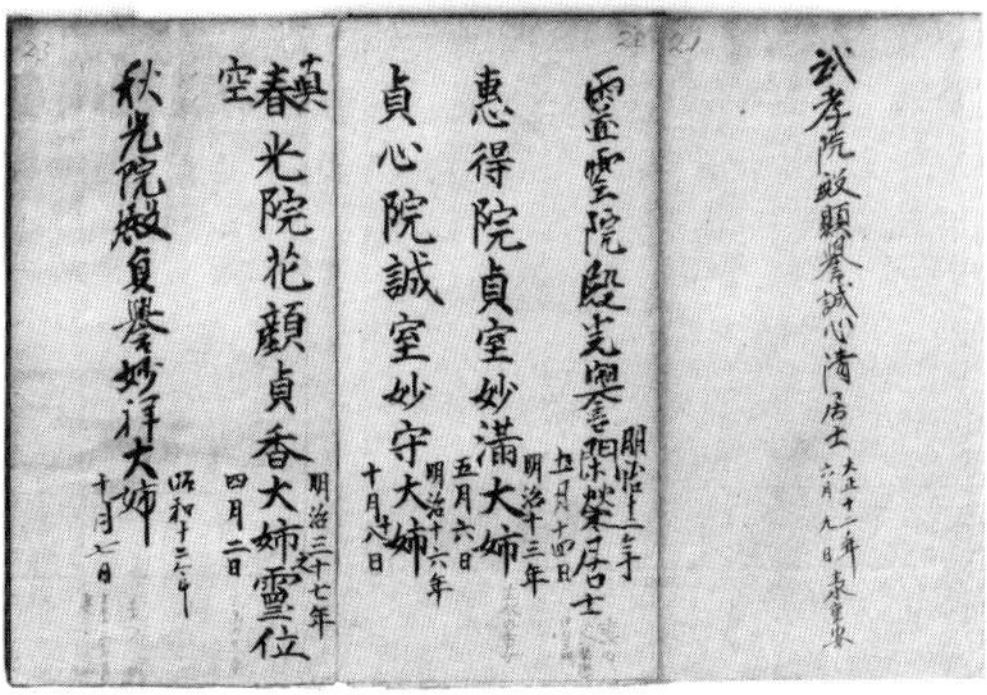

『町野家過去帳』（町野英明氏提供）
町野家過去帳であり、明治 12 年に父・伊左衛門、明治 13 年に妻・よし、明治 16 年に娘・もとが死去したとわかる。

この年、会津若松の大町四ツ角を拠点として、山形、新潟、栃木の道幅を広げて車馬でも通行できるようにした。会津六郡の郡長が住民に対して、道路幅開削業務を課した。従事しない場合、代夫賃を徴収している。その起工式が行われた八月十七日に事件が起きた。

実は、十八日、会津帝政党と対立する自由党の宇田成一《うだせいいち》たちは、道路幅開削の改善を六都連合会に提出しようとしていた。これに対して県令・三島通庸《みしまみちつね》は自由党の動向自体を圧縮しようとしていた。更に、郡長と帝政党が結託して、自由党の動きを封じようとする。ついに、十七日の夜、大町の清水屋において、両党が激突した。なお、この清水屋は吉田松陰、土方歳三、新島八重夫妻が宿泊した七日町の清水屋とは別であり、栄町（大町一之町）の藤田孫吉《まごきち》が運営する清水屋である。

筆者は、襲撃された宇田直筆の『宇田成一手稿』と福島県に残っていた『喜多方事件　証拠書類』が内容的に同一であると確認した。後者で事件勃発部分を引用紹介したい。

（直訳）

「六郡連合會臨時開設請求委員ナル宇田氏ハ榮町藤田孫吉方ニ滞泊シ翌日議員ノ集會ヲ待合セシニ其夜十一時頃六郡連合議員タル辰野宗治ナル者コノ者ハ縣會議員ニシテ六郡連合会議員ヲ兼子會津帝政党ノ一人ナリ先キ掛ケニテ町野主水小櫃弥市野村某三宅某西郷文六樋口某飯河小膳外ニ六名姓名定カナリ合セ十四名此者共ハ皆會藩士族ニシテ随分上等ノ禄ヲ食シ腕力尤モ武ケタル部類ナリ故ニ当時ニ至テモ同士族中ノ名望家ナリ突然宇田氏等ノ臥シ居タル座敷ノ戸ヲ侵シ開キ座敷ハ土蔵ノ二階ニテ一方口ナリノ者辰野首トシテ曰ク『宇田ハ居ルヤ寝ルハ早ヤシ酒ヲ出スヘシト』云侭ニ蚊帳ノ引落シタル暴行ナレハ宇田氏ハ先ツ起キ帯ヲメヽ直サントセシ」（『喜多方事件　証拠書類』）

清水屋土蔵の二階に宇田たち自由党員がいたのである。それに対して、旧会津藩士・辰野宗治《たつのむねはる》が率いる主水たち旧会津藩士十四人が襲撃した内容が『喜多方事件　証拠書類』等に記録されていた。辰野の場合、宇田と同じ役職で県会議員でもあったという。

「清水屋古写真」（個人蔵）
大町の清水屋の古写真。七日町における清水屋本店の支店のようなものである。

帝政党十四人の襲撃に気が付いた宇田は、帯を締め直そうとした。そこを、帝政党の小櫃弥一《こびつやいち》が飛び掛かり、胴を力任せに絞めたという。「殺すべし」という声が高まり、大きな棒で宇田の頭部を殴った旧会津藩士の帝政党員もいる。殴打が続こうとしたが、飯河小膳《いいがこぜん》が止めに入った。宇田の生命は自分に預けてほしいと述べて、殴打を止めさせたのである。飯河の弟子の一人が宇田だという。飯河は「自由党と称して、道路拡張工事の妨害を止めるように」と説得をする。宇田は、「人民の幸福を図ったものであろうが不幸となる可能性がある」と反論を続ける。殴打を止めたが、強硬な説得を加えて、宇田氏に改心の誓約文を書かせた。文語調のまま、発言の大意を『喜多方事件　証拠書類』から紹介させていただいた。

翌十八日に議員集会が開かれるが、宇田たち自由党員は清水屋から出ないようにと指示された。確かに、身動きはできないであろう。清水屋の本館（七日町）に、京都から新島夫妻が宿泊していた。夫・襄が宇田を見舞ったことは有名である。

その後、三島県令の圧政に対して、農民たちが決起していく。数か月後、宇田が逮捕され、農民が喜多方警察署に押し掛ける。世に言う喜多方事件であり、このあと福島事件などに発展していった。

同月中、主水たちが旧会津藩士を代表して、三島県令に飢餓の現状を述べて、授産金配布願いを出している。八月以降、主水は帝政党の窮状を県に訴える。ほかにも、主水が北会津郡長と共に拝借金依頼を三島県令に提出してもいた。三万円の拝借願いである。

主水たちの三方道路開通に至る働きは顕彰されて、「会津新道碑」に名前が記録されていた。太平洋戦争で金属が回収されて、礎石のみが阿弥陀寺近郊に残るという。
その後、主水は大沼郡長を命じられることとなる。

伊藤博文、山縣有朋とのやり取り

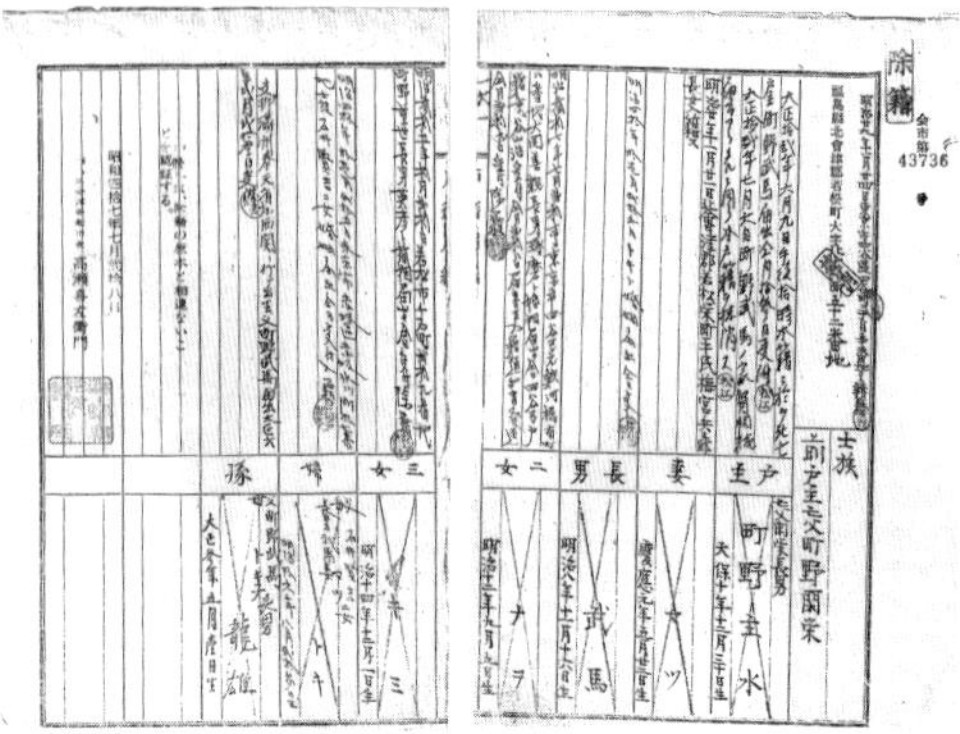

「町野家戸籍」（町野英明氏提供）
明治十九年式戸籍の形態である。三番目の妻・まつと明治 20 年 11 月に結婚したとわかる。

明治十七年（一八八四）十二月二十六日、大沼郡長となった町野主水は転任する。

主水直系子孫・町野英明氏から「大沼郡長になったのは中央から遠ざけられたからではなかろうか」と伺ったことがある。確かに、三島通庸や明治政府に対して連盟して意見を述べている。しかしながら、主水の場合、明治政府側の帝政党に属していた。更に、大沼郡長は日下《くさか》義雄《よしお》、柴太一郎なども務めあげている。元武士とはいえ、無禄であったのを郡長に取り上げられたのである。栄転としたい。大沼郡長として、中央政府に対して旧会津藩士たちへの就産金請求に動き始めてもいる。

大沼郡長となった三年後、明治二十年（一八八七）一

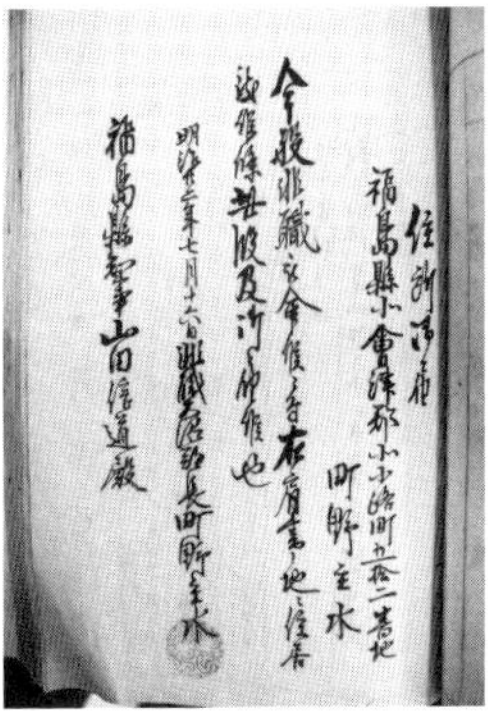

『官吏非職』
（福島県歴史資料館蔵）
明治 22 年 7 月 16 日、北小路町 52 番地への転居届を福島県知事に提出した。

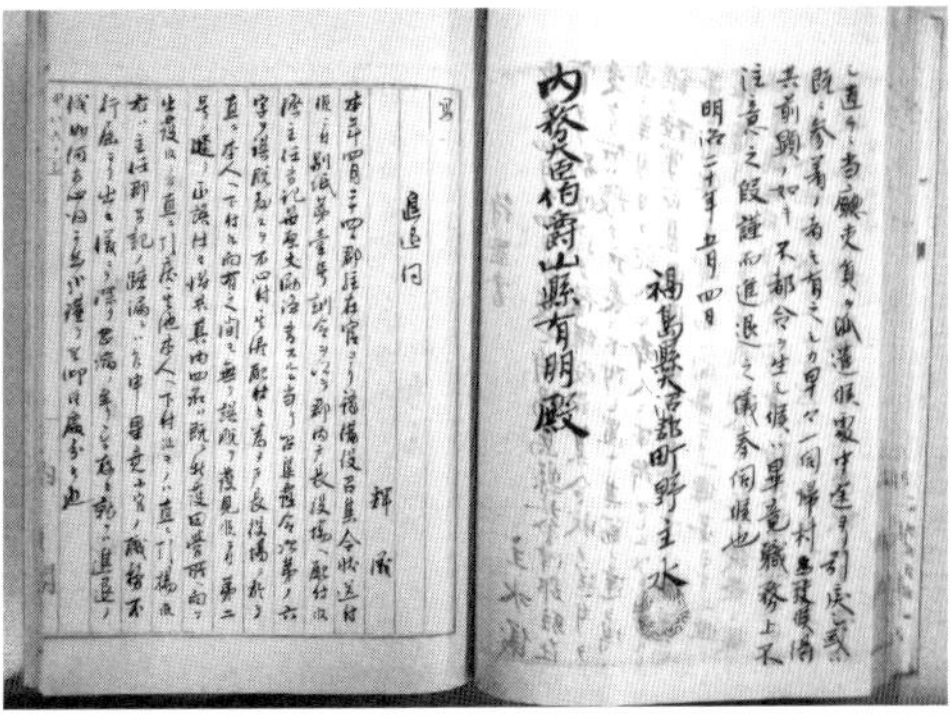

『明治二十年公文雑纂　内務省』（国立公文書館蔵）
内務大臣・山縣有朋に対して、如何なる罪を己が受けるとした待罪書。

月に主水は三番目の妻・まつを娶った。二回り以上の年の差に対して、主水自身が再婚に同意しなかったという話がある。だが、世話をする女性が必要であったことであろう。既に、明治十六年（一八八三）十月、後妻・よしとの間に生まれたもとも死去して、男手のみであったのである。

　明治二十年四月二十四日、事件が起きた。大沼郡役場が予備役の兵員の召集令状発布を誤り、召集した兵隊を出発させてしまった。まだ、召集令状を配布する時ではなかったが、各戸長に予備役の召集をかけてしまったという。担当者が「召集発令次第」を書き落としたことに起因する。そのため、仙台や新発田《しばた》に対象外である予備役の兵が出発してしまう。出発後、到着前に誤りに気が付いて、予備役兵を連れ戻したという一件である。その責務を問われて、主水の進退伺いの議論が生じたのである。

　五月四日、謹んで進退の儀を奉ると内務大臣・山縣有朋に待罪書を提出した。会津武士らしく責任を取って辞職するというものであろう。町野久吉の槍の逸話が、ここから生まれた可能性も否定できない。

六月三日、山縣は一時の不注意であり、情状酌量《じょうじょうしゃくりょう》とすると閣議にかけている。一週間後の六月十日、山縣の意見を取り入れて、不問とすると内閣で決定する。そして、その旨を主水に下す辞令案まで作成された。

しかし、主水は自分の罪を厳しく咎めるようにという。このようにして、主水と政府間でやり取りが行われた。結果的に譴責《けんせき》（戒告）処分のみで収めるよう、内閣総理大臣・伊藤博文から通達されている。六月十五日、主水は命を受ける決意をして、返書を出している。

自分の意思を貫き通すという「会津人」、「会津っぽ」を象徴するかのようでもある。

二年の月日が流れた。明治二十二年（一八八九）七月二日、内閣は主水の非職願いを認めたのである。二日後、内務大臣・松方正義《まつかたまさよし》が非職を命じる。既に、総理大臣が伊藤から黒田清隆、内務大臣も山縣から松方に移り変わっていた。明治十七年（一八八四）十二月二十六日から明治二十二年七月二日に非職となるまで、大沼郡長を務めたのである。四年七か月と歴代郡長の中において、在職期間が一番長い。

転居届を提出した主水は、会津若松へと戻っていったのである。そこで、新たな戦いが待っていた。

家禄請願

家禄廃止で金禄公債に移り変わったのは既に述べたとおりである。明治二十六年（一八九三）、町野主水たち数千人の旧会津藩士たちは明治政府に対して、公債証書の下附請願を行う。

明治二十八年（一八九五）、請願書を認めないと通達が出された。再請願も認めないという。公債証書下附請願提出時に、旧会津藩士と明治政府間で問答がかわされた。そのうちの数点を紹介したい。

（意訳）

「問・旧斗南藩士たちは公債証書下附請願の権利を棄てている。今更、請願するのは無効であろう。

答・明治六年時の布告では、斗南藩士は対象となっていない。

問・今になっても、公債証書の禄高を変更して議会へとかけてくる。所詮、私怨から出たものではなかろうか。

答・我々は、私欲情で公債証書の請願を起こしたのではない。藩禄を食したる士族なのであるから、付帯してくる権利である。そのため、権利を争うことを求める。

問・斗南三万石で一戸三石の配分を受けていた。請願が通ると信じているのか。

答・公債証書は藩高に関せず、藩の封土からの収入により公債を受けるという制則である。実収、十五万石あったものである。各戸十三石の配当は考慮せず、公債証書を下附せるべきである。

問・斗南移住前後、政府から多くの金穀を下賜している。それなのに、公債請願を行うのは不当の所為であろう。

答・確かに斗南移住にあたって、政府から多くの金穀を補助していただいた。しかし、移住にあたり膨大な費用がかかった。老若婦女を引き連れて、旧藩士は戊辰従軍時の服装で移住している。新たな服も調達できていない。このように、明治政府が補助した金穀は無効であろう。家禄に充てるべき金穀ではないものである」

（『明治廿九年　旧斗南藩復禄各郡組合会議決報告雑書』）

明治二十九年（一八九六）三月、北会津郡長・松本時正《ときまさ》が福島県知事に対して、請願進達を願い出た。主水たち三千人の金禄公債嘆願を叶えてくれるようにという。かつて、旧斗南藩士総代によって出されたものである。主水たちにしても一歩も引く訳にはいかないであろう。明治政府と旧斗南藩との問答を読めば理解できる。

それから半年後、大蔵大臣・渡邉国武《わたなべくにたけ》が旧会津藩士に対して、金禄公債の下附請願は難しいものと回答してくる。この時、渡邉が筆写した『旧斗南藩士公債証書下附請願ノ件』、原本が帝国議会にかけられた『旧斗南藩山口力三郎外五千五百二十八名ニ係ル旧斗南藩士公債証書下附請願以下三十三件』の両史料に詳細が書かれている。斗南藩が成立した年月、流れ、藩名の由来などが記録されていた。

『旧斗南藩復禄　其ノ他』（福島県歴史資料館蔵）
家禄章典処分法が施行される前年、約30万人の士族が家禄請願（金禄請願）を行った。町野主水たち旧会津藩士の動向が記されている。

そして、両記録に斗南藩名の由来が記録されていたのである。

従来の藩名由来「北斗以南皆帝州《ほくといなんみなていしゅう》」は後年に作られた逸話であり、史実でない。他説「唐太伊南皆帝州」「南斗六星」も推測に過ぎない。筆者が「北斗の南」「外南部」から名付けられたという根拠史料を見つけてきている。北斗は北海道であり、その南に位置する下北半島の意味である。南部は盛岡藩であり、外側の五戸一帯から付けられた藩名なのである。今後、誤りを訂正して世間の人に史実を知っていただくことを歴史家として行っていかねばならない。小説家と異なるのである。


十月二十一日、諏訪伊助、主水たちが北会津郡長の松本に対して、改めて公債証書の下附請願を行った。十二月に松本が福島県知事に再び金禄公債請願を願い出る。今回も、主水が動いたのである。その時の請求書や証拠書類なども福島県立歴史資料館に保管されていた。

同年十二月七日、市制施行の請願書が北会津郡長に提出された。しかし、主水は秋月胤永《たねなが》と共に市制施行反対の請願書を提出している。

翌明治三十二年（一八九九）四月一日、市制が施行される。

明治三十三年（一九〇〇）、戊辰戦争三十三回忌が会津若松で行われた。大々的な供養祭であったが、元家老・保科近悳《ちかのり》（西郷頼母）は創立委員、評議員という役職を、途中で全て放棄したのである。対して、主水たちによって、供養祭が成功に収められた。

その後も明治政府と下附請願の交渉が続いたが、取り上げられない。主水たち旧会津藩士と明治政府との決戦の火蓋が切って落とされる。戊辰戦争の仇討ではないが、戦いを挑んだのである。

復禄訴訟

明治四十二年（一九〇九）十月十一日、復禄訴訟が行われた。町野主水、海老名季昌《えびなすえまさ》の両名の旧会津藩士が総代となり、同志と紛糾して各所で集会を開いたのである。阿弥陀寺に秩禄公債事務所を置いた。当時の秩禄公債事務所看板は、会津若松城（会津若松市役所）が所有するものだ。訴訟の動向が色々な個人所有文書に記録されている。会津における訴訟文は個人所有であるが、若松在住の郷土史研究家・簗田直幸氏によって、世間に発表された。簗田氏は該当史料を活字化、『会津史談第91号』へ寄稿、会津史談賞を受賞されている。

大正三年（一九一四）に最終弁論が開かれる。そして、大正六年（一九一七）十一月十七日、復禄訴訟の中間判決が下った。

この勝訴が記録された明治政府側の史料『斗南藩判決原本』（国立公文書館蔵）を筆者が見つけて発表、新聞（デーリー東北）一面掲載となった。

『斗南藩判決原本』に主水としての名前はない。二千五百四十名の代表として、弁護士・中野健陸の名前があるのみである。代理人である弁護士たちの名前が列記されている。

判決主文を次に引用する。

「斗南藩最後ノ禄制ニ依ル士族卒（支配地陸奥国ニ移住シタル者）禄高ハ各四人扶持即チ現米七石二斗ナリトス」

（『斗南藩判決原本』）

事実として、判決文の後に次のようなことが書かれている。斗南藩士族の禄制に関する原告（旧斗南藩士族）の主張を認めざるを得ない。請願の際、原告の多数は斗南藩において、禄制未定のまま廃藩置県となった事実を認めている。明治三十三年（一九〇〇）、斗南藩士族の家禄は特別であるとして、特例の制定を議会に請願してきていた。また、原告の主張から家禄章典処分法の対象外と自認していたとわかる。斗南藩においては、士族の家禄制定があったとしても原告の主張どおり禄制ではないと行政裁判所側が記録しているのであるから。

判決では開墾地における四人扶持の場合、異なると説明書きされている。開墾成功の暁に増禄に充てるという注釈も確認できた。

明治政府側の主張を退けて、旧会津藩側の主水たちの全面勝訴となったのである。一審制のため、判決に同意できなくても上告は認められない。

しかし、主水の場合、無禄のため秩禄処分対象外となっていた。主水たちは追訴する形式で、二十年後の大正九年（一九二〇）十一月十五日に勝訴を勝ち取ったのである。原告のうち二十五人しか名前が記録されていない。斗南在住者を除いて、無禄となると、更に判決は後年となる。主水の場合、恩給は受け取れなかった。権利放棄というよりも斗南から移住した旧藩士たちの場合、諦めざるを得なかった。勝訴した旧斗南藩士たちに対して、秩禄として金三百三十七円が支給された。支給する被告は、大蔵大臣・高橋是清《これきよ》である。

主水率いる旧斗南藩勢は、秩禄公債を巡り、明治政府に勝ったのである。勝訴翌年の大正十年（一九二一）、主水たちは阿弥陀寺内に復禄公債事務所を置いていた。そのためか、同年五月二十九日に旧斗南藩士の復禄功労者への位牌を作成する。勝訴をみることなく死去していった同志たちへの追悼ということかもしれない。

阿弥陀寺境内に復禄記念碑が建てられるのは、主水死去後の話である。

最後の会津武士

少し、時を遡りたい。大正二年（一九一三）、町野主水が会長となり、会津弔霊義会《ちょうれいぎかい》が設立された。戊辰戦争戦死者供養（弔霊）のための団体である。

大正三年（一九一四）九月に財団設立願いを出したものの、認められなかったという。大正四年（一九一五）二月に再び設立願いが出されたが、同じ結果に終わる。翌大正五年（一九一六）七月に内容を改めて、諦めずに設立願いを提出した。

「晩年の町野主水写真」
（町野英明氏提供）
明治 40 年 6 月、弟・重世と同じ場所で撮影されている。

そして、戊辰殉難者五十年祭典が行われた大正六年（一九一七）になり、内務大臣・後藤新平から設立許可が下りたのである。

五十回忌である大正六年に五十年の祭典が会津若松城御殿跡で執り行われた。式典の最中、雨が降ってきたという。関係者が「テントにお下がりください」と主水に言った。この言葉を聞いた主水が「武士に対して、下がるとは何事ぞ」と怒鳴ったという。既に、主水の耳が遠くなってきたからだという。この有名な逸話は、歴史作家・中村彰彦著『その名は町野主水』においても世に広まったであろう。

ただ、当日は雨天であったのは史実であり、次のように記録されている。

「前日の快晴に引き換え雨蕭々、五十年前を偲ぶ涙のようであった」

（『明治戊辰戦役考　会津阿弥陀寺編』）

主水の趣味は骨董品や刀剣収集であったという。主水の晩年を孫の故町野龍雄氏が書き残している。その文章群を曾孫の町野英明氏が『孫から見たお爺さん』という一冊の小冊子にまとめられた。非常にユーモラスであり、興味深い内容である。町野英明氏に数点、転載許可をいただいており、次に箇条書きに表記していきたい。

足撫でじいさん

「祖父主水は土蔵の蔵で寝た。我々は別の屋敷で寝たが、時々主水の命令で泊まりに行く。すると私の足をいつまでも撫でている。それじゃ返って寝られないので『もういいよ』と祖母の「まつ」に言う。「まつ」が主水の耳もとで通訳して、もういいのだと言う。そのころはもう耳が遠かった。するとますます一生懸命撫でる。祖父はもっとしてくれと催促を受けたのだと思ってそうするのだ。しまいに主水は怒ってしまう。そして再三祖母と押し問答の末暫らく了解して足を撫でるのを止めるといった状況であった」

（『孫から見たお爺さん』）

祖父からしてみれば、孫は可愛い限りであったろう。息子・武馬には厳しかったのか、絶対に頭が上がらなかったという。

孫の故龍雄氏が幼い頃、「お爺さんは戦に弱いね」と戦に負けたからと本心を述べたという。すると、主水は「うーん」と唸って食事を取らなかったという。孫の一言にまいってしまったデリケートな祖父というところであろう。

好きと答えて叱られたこと

「町野主水は病床にあった。ある日お呼びがかかったので祖父のところへ行くと、『父と母とどちらが好きか』という質問をいきなり受けた。考えたけれども判らない。そのころはどちらも同じくらい好きだったのである。

そこで『どちらも好き』と答えた。すると『そういう時は父の方が好きと言うものだ』と叱られた。主水に叱られたのは後にも先にもこれ一回だけである」　　（『孫から見たお爺さん』）

やはり、主水にしてみれば息子・武馬が如何に思われているのか知りたかったのであろう。主水は人の何倍も取り組んでいくようにと遺訓を残しているという。それだけ、努力家ということであろう。冬季、赤い毛布を頭からかぶっていたという。北小路の名物であったという。主水の場合、医者嫌いであり医者が様態を尋ねても「おしえない」との一言だという。

だが、誰にでも最期の時は来る。病床にあっても短刀を枕元に置いていたという。時々、短刀を額に乗せた。そうすることにより、気分が良くなるという。危険だからと家人が短刀を抜けないようにする。すると、主水が怒り出して抜けるようにしたという。次に孫の故龍雄氏による大正十二年（一九二三）六月九日の臨終立ち合いを引用紹介したい。

「大正十二年六月九日が主水の命日である。その日、主水は看病の者や家人を全て部屋から去らせた。人々は別室に控えていた。しばらくすると枕元に置いてあった鈴の音がした。用のあるとき人を呼ぶために置いてあったものだ。皆が急いで部屋に入って見るとやや微笑を堪えたような顔で息を引き取っていた」　　（『孫から見たお爺さん』）

無禄の若輩から禁門の変や戊辰戦争における激戦、維新後の大乱を生き抜き、代表職にまで上り詰めているのである。愚直なまで生真面目に生きた会津藩士・町野主水の一生であった。

エピローグ

町野主水は葬儀の話が世に知られている。果たして本当か、少々、他記録を紹介したい。

主水の通夜を孫の故町野龍雄氏が記録している。それによると、お通夜で芸鼓を呼んで派手に行ったという。確かに、通夜は明るく死去した人を送るべきものであろう。

葬儀は、主水本人が遺言を残していたという。自分自身の遺体を薦《こも》包みにするように遺言していたという。遺言を『会津戊辰戦争』から引用したい。

「今や命日夕に迫る。願くば遺骸を菰に包み葬儀を簡にし、槍を棺側に立つべし」

（『会津戊辰戦争　第三版』）

確かに、戊辰戦争後の改葬時に遺体を薦（菰）で包んで埋葬している。それに、習おうとした可能性が高い。会津弔霊義会において、次のように記録されている。

「遺言に葬式の事の指示があり、莚で包み縄で縛って葬式を出せ」

（『戊辰殉難追悼録』）

だが、棺を作ってはいけないという遺言はなかったという。そのため、棺の上から薦をかぶせたのだという。

『会津戊辰戦争』であるが、死去から四年後である昭和二年（一九二七）に改訂加筆された。そこに主水の遺言、葬儀の紹介が引用紹介されている。『会津戊辰戦争』の著者・平石弁蔵も葬儀に参列しており、体験談に次のように書かれている。

「著者も其葬儀に列せしが、簡素なる葬列の先頭に槍を立て蕭々として先咎融通寺に至る。沿道之を見るもの故人の意中を察し嘆称せざる者なかりし」

（『会津戊辰戦争　第三版』）

【協力】

阿部綾子、大塚由良美、小野孝太郎、栗原祐斗、高橋健助、高橋勢一、飛沢雅人、中村彰彦、成田陽子、芳賀公平、早川広中、早川廣行、野口信一、間島勲、町野英明、三浦栄一、三角美冬、会津弔霊義会、会津武家屋敷、会津若松市史研究会、会津若松市役所、会津若松市立会津図書館、会津若松市歴史資料センター、阿弥陀寺、宮内公文書館、桑名市博物館、群馬県立公文書館、国立国会図書館、国立公文書館、白虎隊記念館、福島県庁文書法務課、福島県文化振興財団、福島県歴史資料館、東京大学史料編纂所、米沢市立図書館、早稲田大学図書館（敬称略）

【引用・参考文献】

『町野主水実話聞書』「町野主水、町野武馬、町野重世、松平容保古写真」「町野家戸籍」「町野家過去帳」町野英明氏所有／『勤書扣』町野英明氏所有・三角美冬女史提供／『会津藩京都御用所江戸・会津御用所往復書簡他諸記録控』『会津藩江戸御用所会津御用所往復書簡仮綴』早稲田大学図書館蔵／『幕末会津藩往復文書』会津若松市役所／『維新階梯雑誌』宮内公文書館蔵／『結草録』『若松記』『会津藩戦争日記』『若松記草稿』東京大学史料編纂所蔵／『累及日録』『会津藩朱雀四番士中組戦争調書』『京都合戦記』『辰のまぼろし』『町野主水翁覚書』『暗涙の一滴』『戦死屍取仕末金銭入用帳』『旧会津藩人斗南北海道其他移住人別』『清水屋』『戊辰五十年祭の記念絵葉書』『南部移転人別帳』会津図書館蔵／『旧藩御扶助被下候惣人別』会津若松市役所蔵／『役名禄高住所明細　安政六年』『会津士魂風雲録』『武侠世界』『戊辰殉難名簿』『宇田成一手稿』『旧斗南藩士公債証書下附請願ノ件』国立国会図書館蔵／『戊辰殉難追悼録』「会津弔霊義会の設立許可願、許可書」『先人の思いを後世に』会津弔霊義会／『雪冤一弁附録』『維新雑誌　七』福島県立博物館蔵／『七年史』北原雅長編・啓成社／『米沢戊辰実記』米沢市立図書館蔵／『会津戊辰戦史』会津戊辰編纂会・マツノ書店／『明治元年辰十月中戦死者覚書』（個人蔵）／「下北新報」『先人斗南に生きる』下北会津会編／（『流れる五戸川続⑨おらが村の会津様』三浦栄一編／『明治八年明治九年　貫属使府縣送籍』『明治十一年　旧斗南藩士授産金受領書』『喜多方事件　証拠書類』『金禄公債證書下附請願之儀ニ付稟請願』『明治廿九年　旧斗南藩復禄各郡組合会議決報告雑書』『官吏進退』『明治三十一年至三十三年　若松市制施行書類』福島県歴史資料館蔵／「町野家土地台帳」法務局／『太政類典草稿』『旧斗南藩山口力三郎外五千五百二十八名ニ係ル旧斗南藩士公債証書下附請願以下三十三件』『斗南藩判決原本』『明十五年公文別録福島県人民暴動一件』『明治二十年公文雑纂　内務省』『明治二十二年官吏進退』「旧藩士公債証書下附願」『明治三十五年　公文雑纂』国立公文書館蔵／『永岡久茂以下十七名口供』防衛研究所戦史研究センター蔵／「旧会津藩士族公債公債訴出請願意見ノ再問書」個人蔵／『明治戊辰戦役考　会津阿弥陀寺編』相田泰三編・丸八商店／『会津戊辰戦争　第三版』平石弁蔵編／『歴史通「最後の会津武士　町野主水奮戦記」』中村彰彦著・ワック出版／『歴史春第70号「闘将が語る戊辰戦争」』三角美冬訳著、『会津人群像№41「「最後の会津武士」の斗南生活」』三角美冬著・歴史春秋社／『歴史春第44号「白虎隊士埋葬の秘話」』前田宣裕著・歴史春秋社／『青森県史　資料編　近世6「旧斗南藩士による斗南移住及び廃藩前後の記録」』阿部綾子著・青森県発行／『会津戊辰戦争史料集「明治戊辰戦役殉難之霊奉祀ノ由来」』宮崎十三八編・新人物往来社／『会津人群像№3「戊辰戦争秘話『浮世廼夢』」』佐藤一男訳・解説　歴史春秋社／『会津史談第91号「会津復禄下附訴訟の勝利の軌跡」』簗田直幸著・会津史談会／『孫から見たお爺さん』町野龍雄著・町野英明編／『会津人群像№35「愚直に生きた⑫武田源三」』伊藤哲也著・歴史春秋社

三章・愚直に生きた⑮

山本覚馬

はじめに

山本覚馬は京都府会議長、同志社大学臨時総長を務めて世に名を残した。ＮＨＫ大河ドラマ「八重の桜」で広く世間に名を知らしめている。今回、『管見』原本、覚馬の孫の言動など新たに見つかった史料の紹介を行っていきたい。

佐久間象山と彦根遷都計画

ＮＨＫ大河ドラマ「八重の桜」放送前から山本覚馬を調べて活字化してきたのは、鈴木由紀子女史、吉村康氏、故竹内力雄氏の三方であろう。先人の研究をもとに、新史料を含めて覚馬の生涯を追っていきたい。

元治元年（一八六四）二月、覚馬は京都守護職勤番《きんばん》を命じられ上京となる。前年の文久三年（一八六三）十一月に会津藩国許で『守四門両戸之策《しゅしもんりょうとのさく》』という海防論を建白している。その内容から、覚馬が京都詰に必要とされたのであろう。会津藩領に妻・うら、数え年三歳の峰を残しての上京であった。

京都に到着後、大砲方の任務に就いている。林権助《ごんすけ》という会津藩大砲隊の指揮を任せたら右に出る者

「会津出身の同志社在校生と覚馬、新島夫妻」
（同志社社史資料センター蔵）

はいない人物の部下として着任した。

覚馬であるが、林と共に江戸で佐久間象山《しょうざん》、勝海舟などから西洋砲術を習っており、他藩の人物との交流も頻繁である。上京時の覚馬であるが、学問において蘭学を中心に身につけており、武術では弓・馬・槍・居合術の技量を体得していた。

覚馬上京年月は、大正期にまとめられた『大禮贈位内申事蹟書《たいれいぞういないしんじせきしょ》』、明治二十六年（一八九三）に『同志社文学』に書かれた「山本覚馬翁略伝」からも確認できる。ということは、前年に行われている天覧の馬揃《うまぞろえ》に参加していなければ、八・一八の政変で火縄銃を使用したということもない。

覚馬入京の翌月、江戸留学時の砲術の師である象山が京都入りとなる。同年五月十三日に象山は、覚馬配属の黒谷における大砲隊訓練を視察するなどしていた。

ほかにも、覚馬は洋学所を開いてもいる。そして、多くの藩士に蘭学や砲術を教えていた。洋学所の教授方仲間で、会津藩公用人・広澤安任《ひろさわやすとう》という有能な人物がいる。上京してきた象山は、京都放火の噂が絶えない長州藩勢に対抗策を練った。孝明天皇の安全を考慮して、彦根への遷都を画策したのである。広澤の口伝をまとめた『牧老人広沢先生小伝』、象山の上司が書き残した『一誠斎紀実《いっせいさいきじつ》』において、彦根遷都が具体的に記されている。象山は公用人の広澤、大砲方頭取《とうどり》の覚馬と密談し、国許の松代藩にも彦根遷都をもちかけた。彦根遷都後、江戸へ都を移そうとするものである。覚馬と象山は、彦根遷都について話し合ったであろう。

そのような中、六月五日に池田屋事件が起きる。会津藩配下の新選組が池田屋に潜伏していた長州側浪士たちを御用改め、取り締まりをした一件であった。

翌六日、覚馬は松代藩邸に赴いている。池田屋事件を象山に報告したものであろう。そのことは、象山が日記『佐久間象山公務日記』に書き残していた。

同月二十八日の公卿方への投げ込み文に、覚馬が象山と彦根遷都を密議したと記録されている。数日後の七月二日、覚馬は会津藩の公的使者として、象山を訪問している。公的使者であるが、公用人としてではない。

佐久間象山暗殺

佐久間象山であるが、禁門の変の一週間程前（七月十一日）に暗殺されてしまう。象山暗殺を聞いた山本覚馬は、真っ先に暗殺現場（木屋町通）に赴いたという。十三日、象山の葬儀に参列する。そのような中、象山の弟子は、覚馬に象山の遺児・佐久間恪二郎《かくじろう》を預けた。弟子・北沢正誠《きたざわまさなり》の記録において、葬儀に来た覚馬に涙を流して、「自分にもしもの時、後を覚馬に託す」（『滞京日記』）と象山から言われていたと述べている。そのため、覚馬に恪次郎を委ねたものであろう。

この頃、長州藩勢が京都に攻め上って来ている。覚馬は恪二郎を連れて戦に臨めない。そのため、七月十七日に面識のある新選組を訪問した。かつて、象山と共に新選組屯所を訪問している。覚馬は恪二郎を客分として預かってほしいと依頼した。だが恪二郎の身の上を聞いた局長・近藤勇は入隊を勧めたという。

元治元年（一八六四）九月十二日、象山の遺児・恪二郎は、国許の母親に宛てた手紙において、覚馬に新選組を紹介された旨を書き送っている。恪二郎の書状から、覚馬によって京都に残り、父の仇を討つように諭されたと確認できる。この書状の中に、恪二郎が局長・近藤勇に実情を話して、如何なる言葉を受け賜わったかが書かれている部分がある。そこを引用紹介したい。

（引用）

「此の人にひそかに此の度の凶変をかたり、御身の上をもかたり申候に、近藤先生大に感嘆し、いかにも世話いたし、万々仇をうち得さすべし、万一仇討の節は自分もすけ太刀いたし」（『佐久間恪二郎書簡』）

近藤勇は事情を聴くと、感嘆して仇討を

「佐久間恪二郎」（真田宝物館蔵）
右から佐久間象山、妻・順、息子・恪二郎の親子三人の写真。順は、勝海舟の実妹。

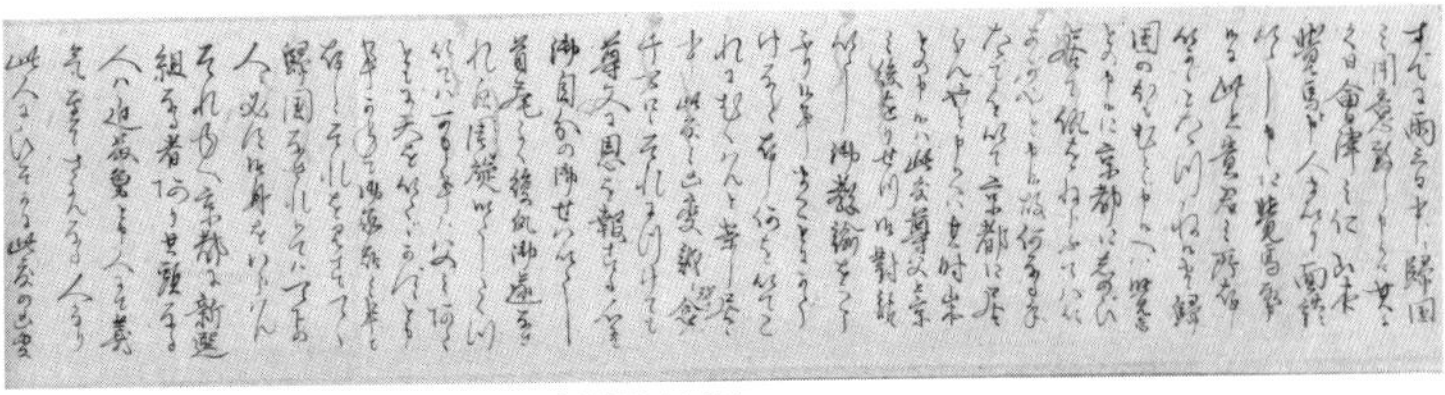

「佐久間恪二郎書簡」（横浜市歴史博物館蔵）
佐久間恪二郎が母・順に宛てた手紙で、山本覚馬や新選組についても書いている。

行う時は助太刀を行うと述べたのである。それのみでなく、養子・近藤周平と共に自分の周辺警護の任に就けたという。そして、恪二郎は三浦敬之助《けいのすけ》と改名して新選組に入隊したのである。後に、禁門の変、天王山の戦いでも新選組の隊士として戦っており、それらを国許の母へと報告したのである。話が戻るが、佐久間象山が暗殺されたことにより、覚馬も一翼の単を担っていた彦根遷都は頓挫する。

そのような中、池田屋事件顛末が長州の国許へと伝えられた。そして、長州藩勢が京都へと進行していくのである。

禁門の変

長州藩勢来襲に備えて、会津藩勢は各地に布陣した。林権助率いる大砲隊の打手頭取として、山本覚馬は竹田街道へと出張していた。大砲隊は二手に分かれたが、覚馬は九条河原《くじょうかわら》に残っている。元治元年（一八六四）七月十八日暁、京都御所の方角から大砲の砲撃音が聞こえてきたのである。夜が明けて十九日となり、長州藩勢が御所に攻め込んできたのである。覚馬は京都御所へと急ぎ戻った。覚馬は、蛤御門に押し寄せた長州藩勢と戦う。長州藩勢は京都御所へ砲撃を仕掛け、御所内部に入り込もうとしてきた。長州藩勢を押し出すため、覚馬は一歩も引くわけにはいかない。薩摩藩勢の応援もあり、覚馬たちは、長州藩勢を退かせている。この時の動向を『維新階梯雑誌《いしんかいていざっし》』から引用紹介したい。

「大砲隊山本覺馬幷ニ荒川桃澤等始大砲ニ而打破りし塀ゟ討入候れハ賊狼狽邸内ノ樓上其他所へ迯」

（『維新階梯雑誌』）

長州藩勢が占拠した高い塀に囲まれた鷹司《たかつかさ》邸に対して、覚馬は壁に砲撃を加え打ち壊した。覚馬が鷹司邸に一番乗りで突入して、長州藩勢を追い払ったと『会津藩往復文書』にも記録されている。

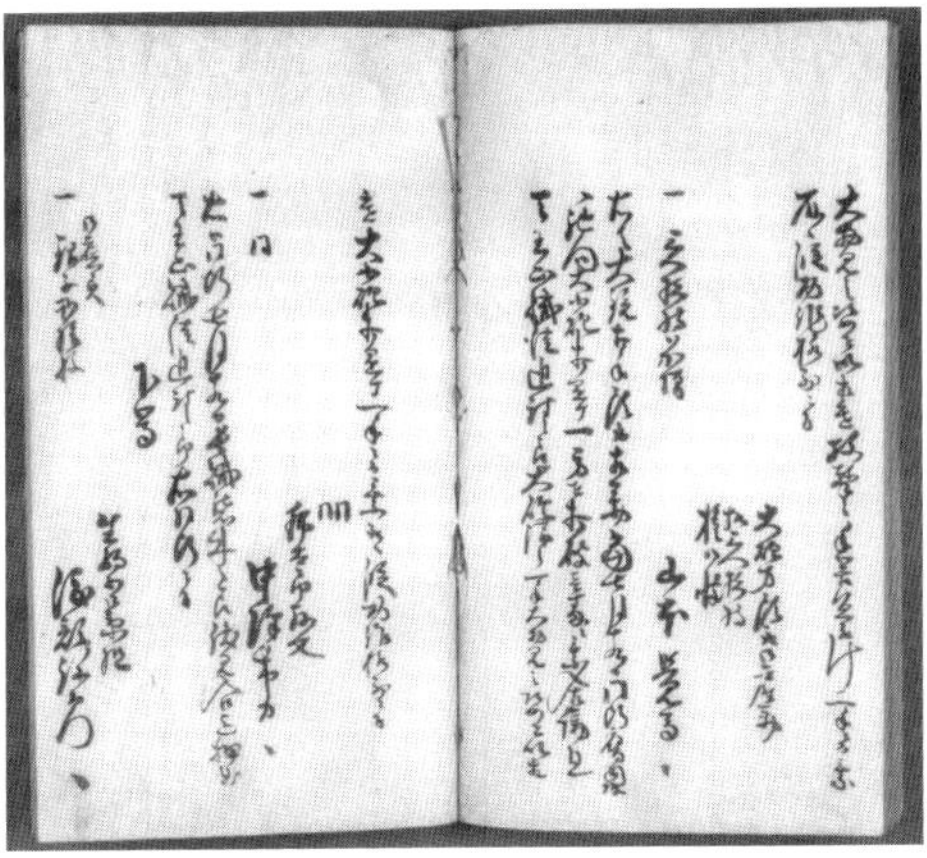

『会津藩京都御用所江戸・会津御用所往復書簡他諸記録控』（早稲田大学図書館蔵）
山本覚馬が所属する大砲隊の動向が記録されている。

他藩の援助もあり、覚馬率いる部隊も蛤御門から出て、長州藩勢を山崎、橋本から天王山まで敗走させた。翌二十日、天王山の山中に追い詰めた長州藩勢を麓から大砲隊を率いて臼砲《きゅうほう》で砲撃していく。天王山から橋本へと追撃戦にも参加したのである。戦に敗れた長州藩勢であるが、国許に撤退していった。二十四日、戦に勝った覚馬は京都へと凱旋している。しかし、何故か、恩賞がほかの藩士より少なめと告げられた。

また、覚馬が禁門の変において、眼を負傷したという当時の記録は存在しない。眼を患ったという回想はあるが、負傷したという記録は見当たらないのである。広澤安任が明治二十二年（一八八九）にまとめた

『近世盲者鑑《きんせいもうしゃかがみ》』という書籍に覚馬失明が少しながら書かれている。部分引用すると「療治ニ長崎ニ趣キ」とあるが、長崎に行くのは慶応二年（一八六六）になってからである。数年間、眼を患ったまま放置したというのは考えられない。

次に覚馬が新選組に預けた恪二郎がどうなったのかを述べていきたい。

佐久間象山遺児と新選組

元治元年（一八六四）九月十六日、新選組副長・土方歳三が勝海舟に書状を出した。山本覚馬から預けられた象山遺児・三浦敬之助（恪二郎）の現況報告である。

（意訳）

「会津藩士・山本覚馬に頼まれて、甥の三浦啓之助を新撰組に引き取り、佐久間象山先生の仇を色々と配慮して探索しました。最近、判ったのは長州側の仕業だというものです。姓名もわかっていますが、先日の禁門の変で行方不明となっています」

（「佐久間修理復仇ニ関シ新撰組土方歳三ヨリ海舟先生宛書状」）

土方は象山暗殺が長州藩主側の命令によるものと勝への手紙に書いた。実際の襲撃者であるが、肥後藩士・河上彦斎《かわかみげんさい》だろうとされている。ただ、暗殺ではなく洋装者を無礼打ちにしたのだという。これは、第三者の目撃記録があり信憑性が高い。

十二月二十四日、覚馬は禁門の変の恩賞として三人扶持加増となる。確かに恩賞は多くない。一番槍と同じ働きをしたが、負傷していなかったからであろう。中澤帯刀と共に少額の恩賞となった。

慶応二年（一八六六）五月、『維新階梯雑誌』『世話集聞記《せわしゅうぶんき》』において、覚馬は他藩士と共に大砲隊に属していたとわかる。まだ、失明はしていなかったのであろう。

同年七月五日、幕臣・勝が上京してきていた。覚馬に対して、亡くなった義弟の象山の遺児・敬之助が世話になったとして、金子を贈っている。ただ、覚馬一人ではなく、新選組副長・土方たちと共に受け取ったものである。

象山親子、覚馬、勝の間柄について、勝の玄孫《やしゃご》・高山《こうやま》みな子女史から次のような言葉をいただいた。勝であるが、「恩を受けたら次の世代に返すという言葉がある。当人同士のやり取りに留めないところでもある。覚馬の義弟・新島襄と勝との交流から少しの人間関係でも重んじる人物」と感じられるという。勝にしてみれば、甥である敬之助が覚馬に世話になっている。そして、覚馬の義弟・新島の資金運営や墓碑銘での接点があると述べられたのであろう。

同月二十四日、覚馬は在京中の勝のもとを尋ねている。覚馬は多くの他藩の人物とも交流があったが、勝訪問は公用人としての任務ではない。明治期になり、覚馬の履歴作成時に「公用人」と書かれたに過ぎない。明治政府は、禁門の変後の覚馬について、「公用人となり朝幕列藩の間に奔走し」（『大禮贈位内申事蹟書』）と記録している。だが、覚馬が公用人になった根拠史料は存在しない。明治二十六年（一八九三）に書かれた『山本覚馬翁略伝』が公用人になったという出どころであろう。公用人と同じような対外交渉を行ったことから誤って書かれたと考えられる。

二日後の二十六日、覚馬は会津藩士たちと勝を訪ねて、戦談義をしている。勝は第二次長州征伐の停戦交渉を成立させてきていた。覚馬は情勢を勝本人から伺ったものとなる。

この時、覚馬自身であるが、すでに目の治療に追われている。また、長州征伐失敗により西洋式新式銃が必要と考慮したであろう。この二点から長崎訪問を行うものとなった。次に詳細を述べていきたい。

小銃購入交渉と眼の治療

慶応二年（一八六六）九月二十八日、山本覚馬が勝海舟を訪問して時勢を論じている。長崎への出発は勝訪問以降となる。

近畿大学名誉教授・荒木康彦氏は『近代日独交渉史研究序説』において、長崎出発を「山本が長崎へ発ったのが1866年11月6日（慶応2年9月29日）から1867年1月（慶応2年12月）の間」と記している。やはり、勝を訪問して、長崎行きを報告したというもので間違いないであろう。

このように、長崎へ赴いた覚馬であるが、会津出身の名医・古川春英《ふるかわしゅんえい》を通じてオランダ人医師ボードウィンを紹介してもらう。翌慶応三年（一八六七）二月の会津藩京都詰から江戸詰への報告文に古川を尋ねた旨が記録されている。『幕末会津志士伝』において、「四十で眼を病み」と書かれている。

そして、「蘭医のボードウィンの診察を受けた」と書かれてもいた。伝承が入り混じっている記録文であり注意が必要だが、長崎行きの時期の記録は信用できる内容であろう。かくして、覚馬は小島養成所に入院して、ボードウィンから治療を受けたとされる。しかし、時既に遅く、失明は時間の問題であった。「その地の医師これを診して、『これは無理に目を労せしものなれば』とて匙を投げたり」(『山本覚馬翁逸事』)とまで記録されてもいる。

だが、覚馬が長崎に赴いた本来の目的は眼の治療ではない。大砲方として、新式銃の購入に乗り出してきたのである。

二月二十五日、京都から江戸へ密書が出された。『維新階梯雑誌』に記録されており、覚馬の動向やドイツの武器商人カール・レーマンとの談話が把握できる。次に内容を紹介していきたい。従来は三月に長崎から戻ってきたとされてきたが、二月が正しいと『維新階梯雑誌』からわかる。

覚馬、中澤帯刀の両名が長崎からレーマンと同船して大坂に戻ってきた。そして、新発明という元込銃七挺、鉄砲買い入れを京都詰めの家老たちに報告する。新式銃一挺で従来の破壊力六人分に相対することが可能という。同月四日、家老・田中土佐玄清《はるきよ》が京都を発ち兵庫へと赴いた。そして、六、七日と田中がレーマンと交渉したと『維新階梯雑誌』に記録されている。交渉に成功した田中は八日に兵庫を発ち、十日には京都に戻ってきている。

この部分は『史跡雑纂二』(日本史籍協会)にも同一の記録が書き写されていた。だが、『維新階梯雑誌』からの引用紹介を行いたい。

「前段之元込銃千挺ハ右代料前銀五分一ト見込五千両被遣候而御注文ニ相成候旨覺馬帯刀へ御差圖ニ相成」

（『維新階梯雑誌』）

元込銃千挺を一挺が銀五分の五千両で、レーマンに発注することになった。それは、覚馬、中澤に対して、田中が指図したというものである。なお、注文したシュンドナールドゲウェール銃は世界初の元込式ボルトアクションであったという。ゲウェールはオランダ語で小銃を意味するという。シュンドナール銃はすなわち管式ツンナール銃（ドライゼ銃）のことである。これら、銃に関しては銃砲研究家・高橋一美氏から教授いただいた。

さて、二日間にわたるレーマンと田中とのやり取りは「対話書」として記録されている。長文になるので、田中からの主な質問を次に箇条書きしてみたい。

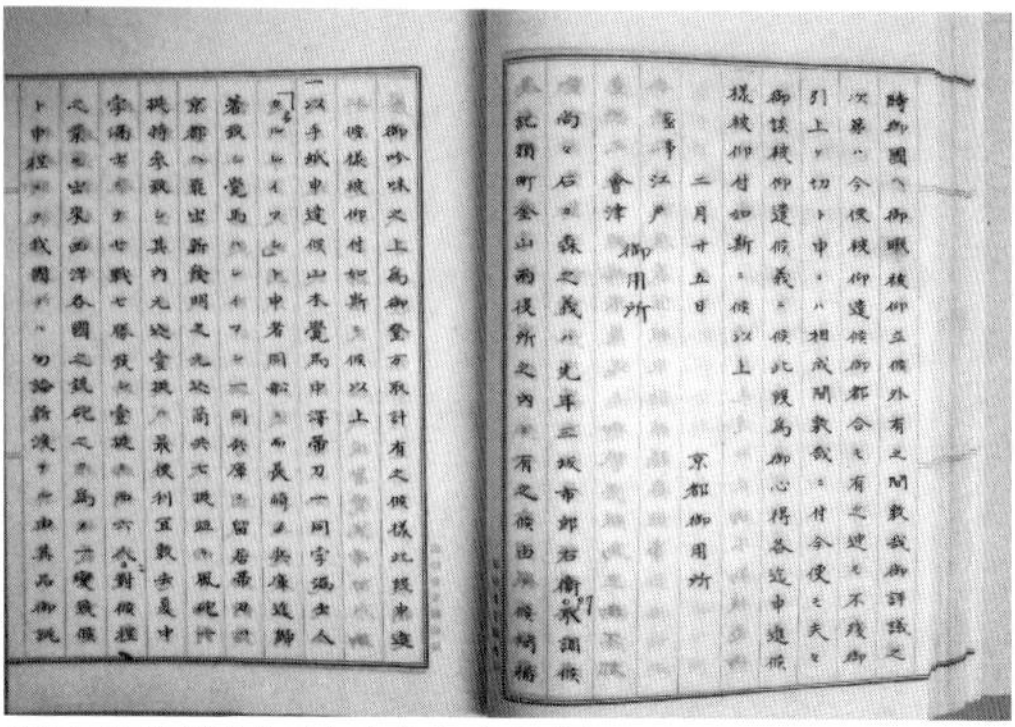

『維新階梯雑誌』（宮内公文書館蔵）
慶応３年２月、家老・田中土佐とカール・レーマンとの対談。世に言う「対話書」である。

士農工商の割合、所領を預かる者たちへの配分、雇っている者への一日の賃金、農民や商人からの税制割合、死者埋葬を職業とする者がいるか、レーマンに女の子供が長崎にいるというが本当か、今年の博覧会などに出すものについて、石炭の利は如何なるものか、ロシアの軍艦来船について如何に思うか、ロシアにて新たな港が造られたが如何なるものか、農業用具は日常の生活に役立つものか、馬を如何に飼っているか、会津藩所領もある蝦夷地開拓を如何にすればよいか、川蒸気船を用いて金銀採掘は如何なるものか、というものである。

当初は、レーマンに対して、外国の情勢を尋ねた質問であった。前年、ロシアと樺太の領地などの話し合いが行われている。そのためか、ロシアに対する質問に重きが感じられた。そして、レーマンは会津藩も派兵している蝦夷地、樺太の開拓方法も造船所を設ければ良いと回答している。二十年前、筆者が倉澤平治右衛門《くらさわへいじうえもん》の自筆回顧録を調べた時、レーマンの造船計画が出てきた。何故、兵庫造船所が上手くいかなかったか、当時は知る由もない。

レーマンと会津藩とのやり取りが維新から十数年後まで、日本全体を巻き込む争いになるとは想定外であったろう。この維新後の騒動に対して、覚馬、田中に責任があるとは思えない。田中はレーマンを「沈静詳密で宜しき人物」(『維新階梯雑誌』)と評している。

レーマン商会との裁判

慶応三年(一八六七)三月二十五日(新暦四月二十九日)、ドイツ人貿易商カール・レーマンに山本覚馬、中澤帯刀は紀州藩のために小銃三千挺の契約を結んで前渡し金一万両を渡した。四月一日(新暦五月四日)、次に会津藩のために小銃千三百挺の契約を結び前渡し金六千五百両を支払っている。

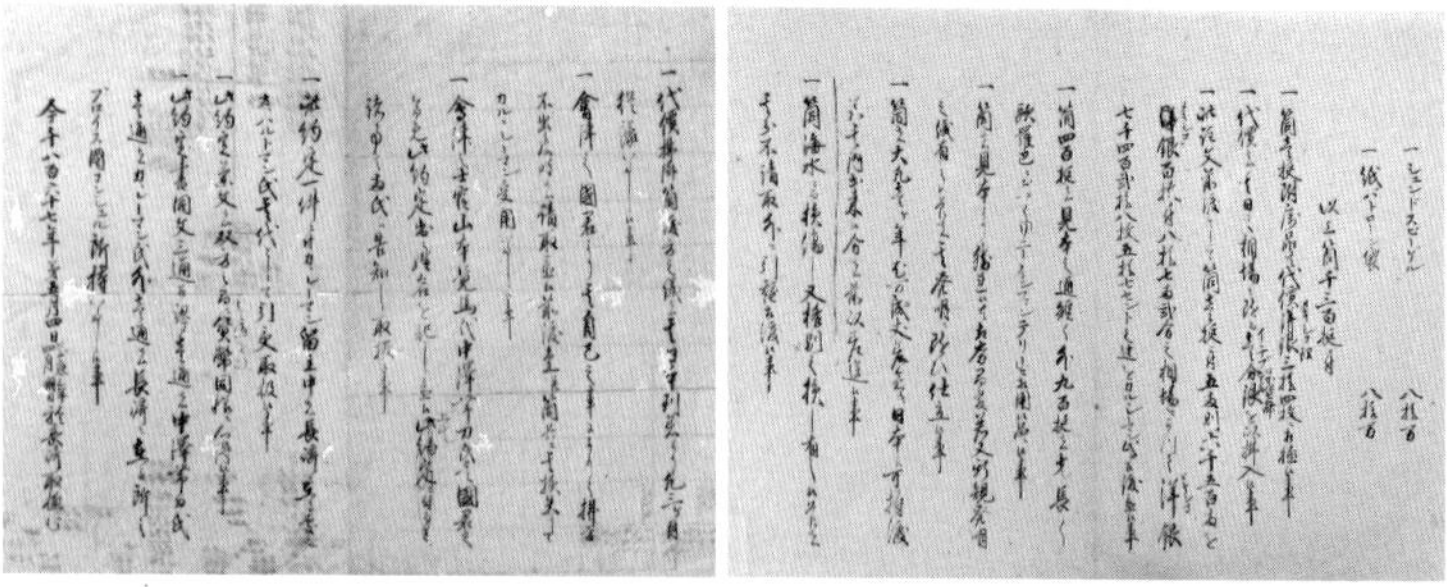

『会津藩小銃購入約定書案』（シーボルト記念館蔵）
慶応３年５月、会津藩とレーマン商会との間で結ばれた契約の約定証書。

ただ、山川健次郎は『山川健次郎博士遺稿』において、「会津藩では大金であり、山本覚馬に大任を任せたとは考えられない。数十挺のことでなかったのか」という内容を書き残している。覚馬の場合、家老・田中土佐への紹介であり、交渉の任にあたったわけではない。それを考慮すれば納得できるであろう。ただ、当時の会津藩が六千五百両を支払うというのは無理であろうという意見もある。前渡し金であり、全額支払ったわけではない。

四月八日（新暦五月十一日）、レーマンが覚馬に対して、銃の契約が上手くいったという手紙を送っていた。この手紙から、覚馬が長崎にいなかったとわかる。そして、レーマンは、覚馬へプレゼントしたい銃を中澤に渡している。覚馬は京都に戻り、中澤が交渉の最後まで長崎にいたというものであろう。

そのようにして、当初の交渉が成功して、小銃千三百挺の前渡し金六千五百両は支払われたと考えたい。レーマン商会が受け取ったという請取書《うけとりしょ》も現存する。

同日中、中澤が長崎においてレーマン商会に銃の料金の一部三百三十四両を送っていた。覚馬が支払わせたものであろう。これが大

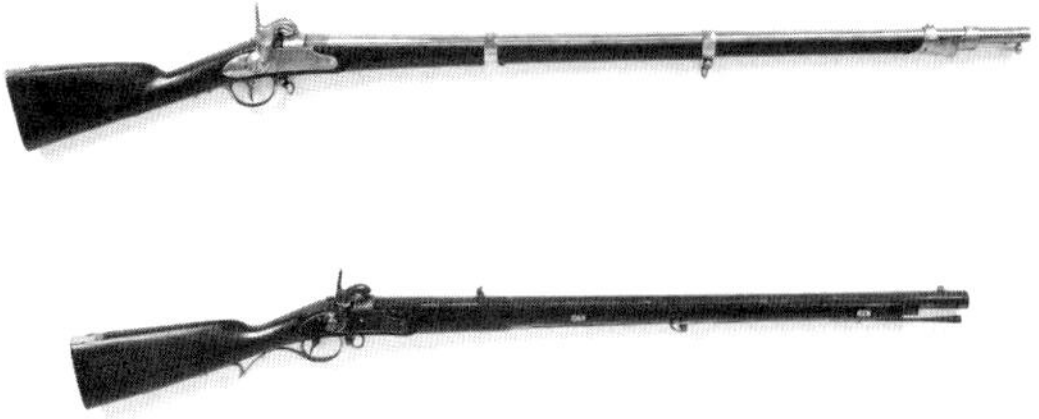

「ゲウェール銃とヤーゲル銃 」（会津新選組記念館蔵）
幕末期、会津藩も新式西洋銃の輸入を計ったが、戊辰戦争に間に合わなかった。

きな騒動へと発展していく。

　七月、旧会津藩邸から会津藩士・足立泉《あだちいずみ》が為替で三百三十四両を受け取った。そして、会津藩御用達の商人松永喜一郎《まつながきいちろう》に支払っている。だが、松永がレーマンに支払おうとしない。当初購入する予定の小銃千三百挺の場合、銃が届く前に戊辰戦争が終わっていた。だが、前述の銃の代金（三百三十四両）請求は戊辰戦争後も行われていく。維新後の騒動であるが、先に表記しておきたい。

　明治二年（一八六九）二月、レーマンが足立、松永に対して、三百三十四両分の支払いを求めた。そして、商人の松永がレーマンに訴えられる。明治三年（一八七〇）二月になっても支払いが遅延していた。覚馬も事情を聴かれるが、裁判には出頭していない。盲目となった覚馬の相方、中澤が一人で対応したものであろう。『独逸人レーマンより旧會津藩足立泉相手取小銃代金一件』（長崎歴史文化博物館蔵）において、「旧会津藩中沢帯刀事武田信愛《たけだのぶよし》」と書かれている。武田信愛と改名後、中澤はレーマンとの裁判に臨んでいった。

　レーマンは、旧会津藩の代金未払い分を日本国に対して請求していく。その流れを箇条書きにしてみたい。

・明治三年三月　レーマンが足立、松永に対して、小銃代金三百三十四両の支払いの訴訟を起こした。
・明治三年十月　足立が十二月まで代金支払いの猶予期間を願い出た。
・明治四年十一月　長崎県外務局は、レーマンに対する証書と引き換えに支払うとした。
・明治六年　レーマンが司法省に訴える。
・明治七年　司法省裁判所と長崎県令の間でやり取りが行われた。
・明治八年十一月　足立はレーマンに対して、銃の代金を収めている。
・明治九年九月二十九日　レーマンが訴訟を取りやめた。

覚馬自身、この裁判の流れは把握していた。『明治十一年中　諸官往復　簿書掛』において、明治十一年（一八七八）二月四日に覚馬が槇村正直《まきむらまさなお》に宛てた押印入りの手紙が綴られている。ここから、内容を確認できる。槇村に対して、訴訟事件における通達を承知したという内容であった。それにより、この裁判一件は終わったのである。

坂本龍馬殺害から大政奉還

さて、長崎から京都へと戻ってきた山本覚馬の動向に話を戻したい。

京都において、薩摩藩は長州藩と倒幕の密約を結んでいた。間もなく、慶応三年（一八六七）十一月十五日に両藩の不仲を取り持った土佐藩の郷士・坂本龍馬と中岡慎太郎が殺害される。龍馬が襲われた当日、覚馬は新選組局長の近藤勇と共に、翌朝まで酒を飲み談合していた。覚馬は目が不自由であったため、近藤宅へはお供の者がついてきていた。現在、龍馬を殺害したのは京都見廻組の佐々木只三郎たちということが明確になっているが、かつては新選組が行ったのではないかとも伝えられている。

何故、近藤が覚馬たちと酒宴の席を設けたかである。前日十四日は、十一月分の手当（現在の月給）が支払われた翌日であった。これについては新選組の史料『金銀出入帳《きんぎんでいりちょう》』から確認できる。

この夜、覚馬と共に近藤を訪問した永岡清治という会津藩士がいる。永岡が『旧夢白虎隊《きゅうゆむびゃっこたい》』という回想録に龍馬が殺害された当日を書き残している。当年春、覚馬が近藤から三善長道《みよしながみち》の新刀拝領の依頼を受けた。永岡の父が上京時、三善長道を二振り持参したという。次に『旧夢白虎隊』から意訳引用したい。

（意訳）

「十一月十五日、父と覚馬翁と共に、七条の邸に近藤勇を尋ねた。近藤勇は刀を拝領するとおおいに喜び、酒を飲み歓談する」（『旧夢白虎隊』）

覚馬たちが会津虎徹《こてつ》と称される三善長道を近藤に

「永岡清治古写真」
（白虎隊記念館蔵）
坂本龍馬が殺害された当日、覚馬と供に近藤勇を尋ねた会津藩士の一人。

届けたのである。近藤が虎徹を好んだのは世に知られている。池田屋事件後の恩賞も会津虎徹の三善長道を拝領したと『会津藩庁記録』『維新階梯雑誌』などに書かれている。

覚馬たちが近藤と別れて帰路に就いた途中、油小路《あぶらのこうじ》において会津藩士と会う。そこで、坂本、中岡が殺害された話を知る。下手人は佐々木か近藤かわからないともいう。それを聞いた覚馬は「只今、近藤には会ってきた。それ故違う」(『旧夢白虎隊』)と述べている。襲撃実行犯は佐々木率いる京都見廻組であったが、当時は誰が行ったか不明確であったという。

やがて、王政復古の大号令が下されていく。会津藩内も武装派と恭順派に分かれて、激論を交わすことになる。覚馬の場合、恭順派となっていた。この時、松平容保は御所警備から離れて、二条城へと移ってきている。そして、容保の御前に覚馬が呼び出された。意見を聴くためであろう。この時の動向を会津藩士・水島純が「廣澤先生山本先生に関する懐舊談」『会津会会報第八号』で回顧している。該当部分を次に意訳紹介したい。

(意訳)

「二条城内はもめており、あたかも戦争中の様です。容保が覚馬に尋ねごとをしている最中、その席に来た人がいました。覚馬先生は盲目であり、誰なのかわかりません。黙って、その人の話を聴いていました。容保に対して、『昨日から、各藩の公用人を尋ねたところ、幕府を助けるという意見は十五、六藩が同意しました』と申し上げたのです。その声は手代木直右衛門でした。この手代木が申し上げた内容は、覚馬の意見と合いません。容保の御前から覚馬先生は退いて、ほかの部屋で如何にしたら良いものか思慮にふけったのです。

突如、覚馬先生の側に一人の藩士がきました。怒った様子であり、荒々しい言葉で『覚馬、覚馬』と呼びながら、『貴様はこのような形勢に陥った現在でも、薩長が悪くないというのか、如何なものか』と言う者がいました。ですが、覚馬先生は目が見えませんでしたが、その声から高津仲三郎に間違いない。覚馬先生は『高津か』と聞き返して、高津が返答しようとします。すると、『意見が異なるものと論争しても仕方がない。さぁ〜さぁ〜行こう』と述べて、高津を連れ去った人がいます。この人物が佐川官兵衛でした」

（「廣澤先生山本先生に関する懐舊談」『会津会会報第八号』）

水島純の目撃談であるが、覚馬の意見が聞き入られなかったと述べている。そして、回顧録の次に、公用人にその人ありとされた手代木直右衛門《てしろぎすぐえもん》、猛将の佐川官兵衛、勇士の高津仲三郎と二条城の一件で登場した三人の藩士を評している。『旧夢白虎隊』においても、二条城へと呼ばれた旨が書かれており、史実であろう。二条城へと招かれたが、失明して一人では歩けなかったというのである。登場した人物から、十二月十日の出来事であろう。

そのような中、会津藩は京都から大坂へ引き揚げていく。覚馬は盲目であり、京都に残ったという。水島の回顧録においても、身体が不自由のため京都に残ったと記録されていた。盲目となり、身動きができなくなったという意味であろう。

同月十四日、大坂において、容保はカール・レーマンからの面会願い出を許した。レーマンは、「サキッテハ。コケライノ。マイツタトキ。チョウタイモノ。アリカトウ」（『維新階梯雑誌』）という謝礼を述べている。まだ、銃は届いてはいなく、前金しか支払っていないのであるが。

捕縛された山本覚馬

慶応四年（一八六八）一月、鳥羽・伏見の戦いから戊辰戦争へと発展する。山本覚馬の弟・三郎が負傷して江戸で死去したのは述べるまでもない。会津藩国許へは、覚馬戦死の誤伝が伝えられたとされる。実際の覚馬は如何であったのか。

会津藩は婦女子や負傷者などの場合、前年の十二月十日までに国許へと引き揚げていた。しかし、覚馬は京都に残っていたのである。鳥羽・伏見の戦いが勃発後、洛中から離れようとした。『旧夢白虎隊』によると「小田時栄に助けられて小川町の宅を出て江戸へと向かった」と書かれている。また、利生町《りせいちょう》の小田家には寄留していない。覚馬の後妻となる小田時栄《おだときえ》が面倒を見ていたというものであろう。だが、覚馬は京都市街から遠く離れられないまま、薩摩藩兵に捕縛されてしまう。

その時の記録文が薩摩藩側によって作成されている。今まで、筆者も旧来の会津史と同じよう、大坂で捕縛されたと活字化してきた。だが、真実は違ったようである。次に該当史料を紹介したい。

（大意）

「辰正月三日巳來京大坂にて

生捕三十七人
（内四人の名前）
右正月四日夕鳥羽街道にて生捕
（中略）
四人（生け捕り四人の名前略）
右正月十八日大坂にて生捕
二十人
但會津は名前不相記大坂にて生捕即入牢
會津
山元角馬
右の外重罪梟首する者五人」
（『薩藩出軍戦状』）

「山元角馬」と書かれているのは、「山本覚馬」の当て字である。この記録から、捕縛当初の覚馬は首を刎ねられる五人に含まれていないとわかる。

薩摩藩による捕縛者名であるが、引用の中略部分には、七人の名前が書かれていた。一月十八日に大坂において生け捕られたのは、中略中の幕臣四人、会津藩士たち二十人である。二十人というのは、覚馬や五人の重罪者とは別の二十人という点に注意したい。旧来から「諸説あり」とされてきた部分

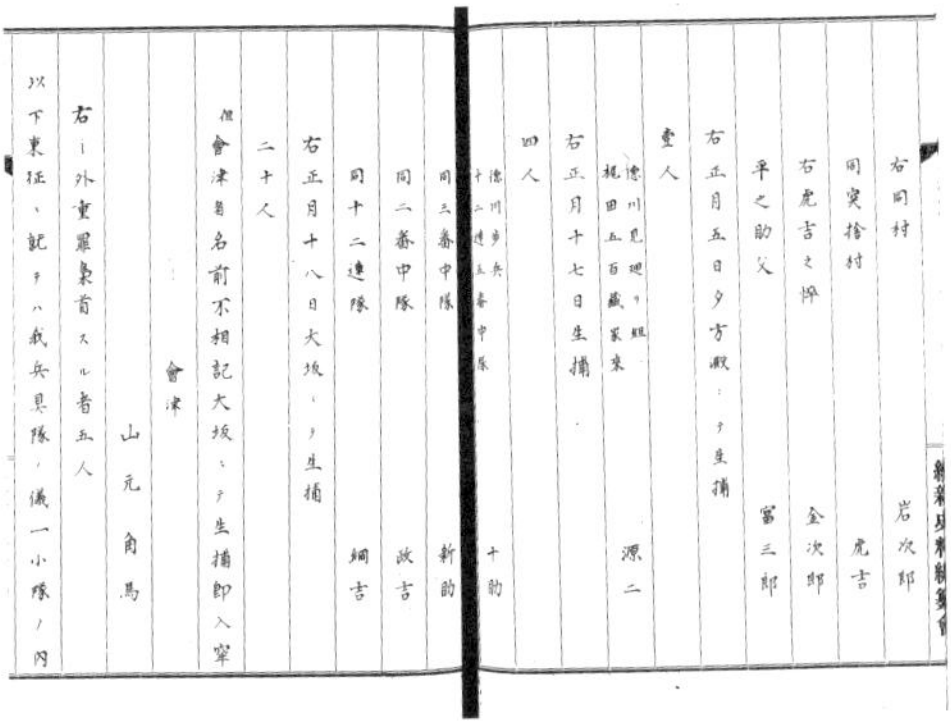
右同村　岩次郎
同実捨村　虎吉
右虎吉之悴　金次郎
平之助父　富三郎
右正月五日夕方戦ニテ生捕
壹人
徳川見廻リ組 桃田五百蔵家来　源二
右正月十七日生捕
四人
徳川歩兵十二連五番中隊　十助
同三番中隊　新助
同二番中隊　政吉
同十二連隊　綱吉
右正月十八日大坂ニテ生捕
二十人
但會津ハ名前不相記大坂ニテ生捕即入牢
會津
山元角馬
右ノ外重罪梟首スル者五人
以下東征ニ記テハ載兵具隊ノ儀一小隊ノ内

「川路利良正之進届書」『薩藩出軍戦状　八』
（東京大学史料編纂所蔵）
慶応４年１月、薩摩藩による生け捕り者名簿が記録されており、覚馬の名前が確認できる。

である。このように、『薩藩出軍戦状《さっぱんしゅつぐんせんじょう》』において、覚馬が捕縛された場所は明確ではない。大坂で捕縛されたと書かれたのが、覚馬以外の者たちとわかるのみである。だが、覚馬本人が『時制之儀ニ付《じせいのぎにつき》拙見申上候書付《せっけんもうしあげそうろうかきつけ》』（以降、『時制之儀ニ付』と表記）において、「滞京」と記録させている。つまり、大坂（現・大阪府）にいたとは考えられない。

ほかにも、山本覚馬研究家である故竹内力雄氏により、捕縛された場所が書かれた史料が引用紹介されている。『山本覚馬覚え書』という論文で発表されていた。

薩摩藩兵に捕縛された覚馬は、京都の薩摩藩邸の牢舎に閉じ込められていく。覚馬と共に捕縛された四人であるが、同じ会津藩士や京都見廻組や新選組隊士などである。この『鹿児島県史料　忠義公史料』に捕縛場所、日時が書かれていたのである。

「　　　　　　　　　　　山本覚馬

右辰正月九日於蹴上召捕」

（『鹿児島県史料　忠義公史料』）

つまり、九日に京都黒谷の南に位置する蹴上《けりあげ》（蹴上村）において捕縛されていたのである。やはり、大坂まで盲目の覚馬が従軍というには無理があったというものであろう。新政府軍の記録に、黒谷に攻め込んだ時は誰もいなかったと書かれていた。そのことからも、覚馬は大坂方面へ向かう途中の蹴上で捕縛されたとわかるのである。

覚馬の葬儀時、弟子を代表して浜岡光哲《はまおかみつあき》が『山本覚馬翁略伝』を朗読した。それによると、確かに蹴上で捕縛されたとなっている。会津側の記録と異なるのは、伏見から山科を経て入京しようとして、蹴上において捕縛されたという点であろう。

さて、大坂から京都へと進軍した旧幕府側であるが、薩摩藩を追い払うのが目的である。攻め込むというものではない。果たして、覚馬は会津藩勢を止めるために入京したであろうか。例えば、山本覚馬研究家・吉村康氏は御香宮《ごこうのみや》の南西、現在の大坂町にて、覚馬が捕縛されたのではと筆者宛の質問状で論じられている。蹴上において捕縛されたというのは誤りないものであろうが、二説ありのままで良いとも考えたい。

『山本覚馬翁略伝』によると、覚馬は薩摩藩でも西郷隆盛、小松帯刀《たてわき》をはじめとする人物たちと交流があったという。そのため、覚馬を穏便に取り扱うよう指示が出されたとされている。覚馬が語り残した『時制之儀ニ付』においても、西郷たちに意見を述べたと記録されている。

ここで、蹴上の位置について紹介したい。蹴上は三条通り（東海道）粟田峠の入り口に位置していた。粟田峠であるが、近江から山科を通り洛中へと入る京都の北の玄関である。

覚馬たち五人は斬られるところであったが、「薩人に知己ありて、漸く死を免れる」（『大正四年敘位贈位』）と書かれている。『時制之儀ニ付』に書かれている薩摩藩士・淵邊直右衛門《ふちべなおえもん》と旧知であったというものであろう。

会津藩家老の弟であっても、釈放前日に斬首となった藩士（武川信臣《むかわのぶおみ》）もいた。覚馬と同じく薩摩藩邸牢舎に監禁された者たちも生き地獄を味わったであろう。ただ、獄中において、覚馬の間が設けられており、別扱いとされていたと記録されてもいる。獄中において、覚馬は、後世に残る意見書『管見』を明治政府へと提出するに至る。

『管見』の提出

慶応四年（一八六八）三月、山本覚馬は薩摩藩邸の同牢舎内にいた会津藩士・野澤《のざわ》鶏一《けいいち》に『時制之儀ニ付』を聞き書きさせて作成したとされてきた。果たして、そうであろうか。これについても述べていきたい。

覚馬は『時制之儀ニ付』を薩摩藩に提出した。会津藩と旧幕府の謝罪を書き記し、「万国公法」にならって公明正大に裁いてほしいと嘆願した内容である。その部分を『山本覚馬傳』（京都ライトハウス）に掲載されている意訳部分を転載したい。

「幕府は勿論、当藩・桑名藩におきましても決して他意はなく、国事を憂慮する余り事件に及んだのでありまして、単なる傍観の徒とは相違もあろ

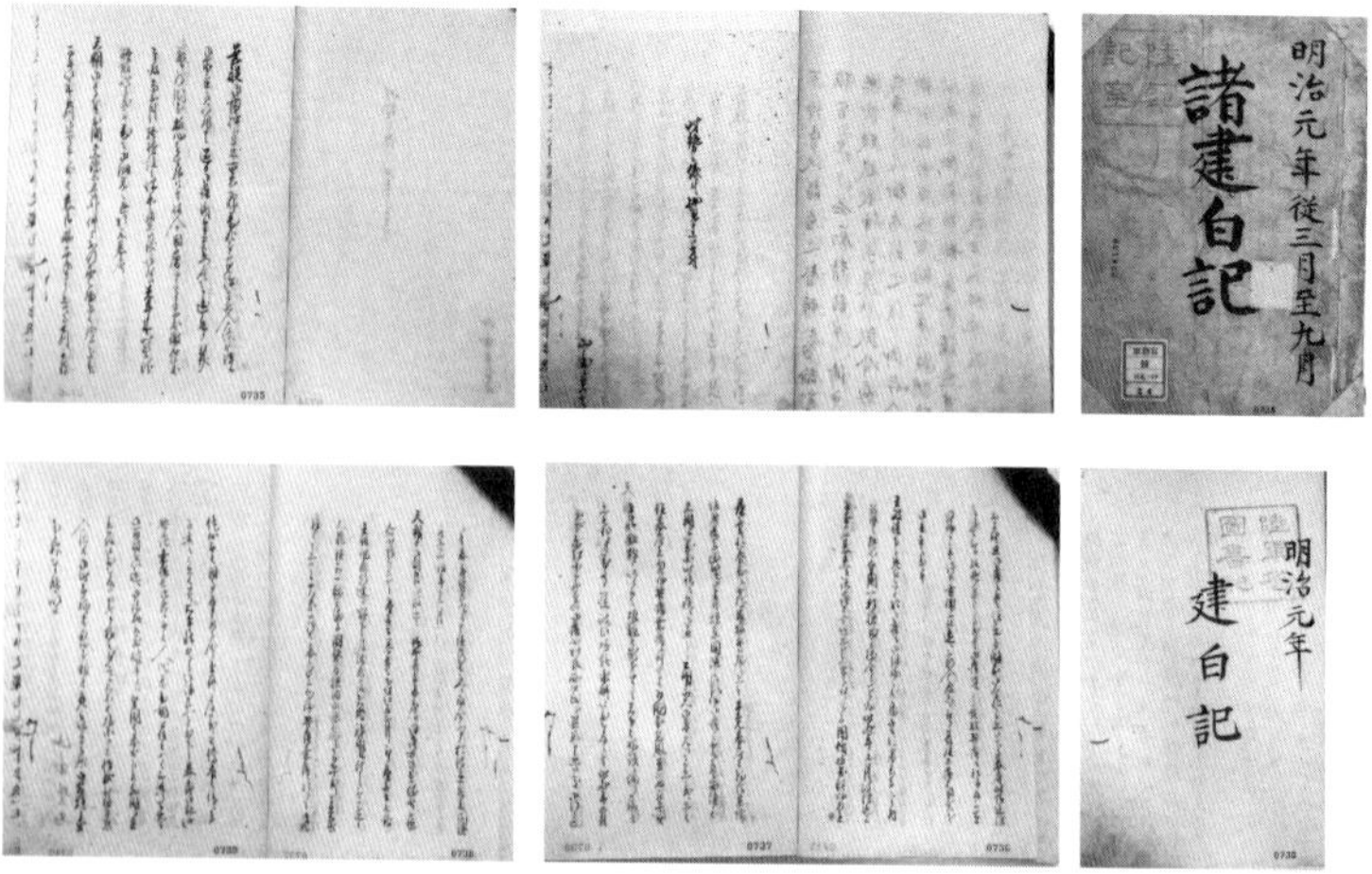

「時制之儀ニ付拙見申上候書付」『明治元年従三月至九月　諸建白記』
（防衛研究所戦史研究センター蔵）
山本覚馬が会津藩、旧幕府の謝罪嘆願を願い出た書状である。

うと思われますので、この辺の事情はとくと御諒察願いたいと存じます。当藩・桑名藩に対しても憎まれることなく、『万国公法』のように公明正大なお取り扱いをもって速やかにとりしずめて頂き、確乎とした皇国の基本が成り立ち、かつは諸外国ともならび立ち得ますよう存ずる次第であります」

（「時勢につき意見を上申する書」『山本覚馬傳』）

青山霞村《あおやまかそん》がわかり易く、意訳表記した部分を転載させていただいた。まだ、会津藩領へと新政府軍が攻め込む前であり、会津側にしても恭順の意を棄てていない時である。

「私心を離れて、建言する」と続きに書かれている。公明正大な取り計らいを望んだというものである。書名に「拙見」とあるが、当時は使われていなかった表記だ。それ程、自分を遜《へりくだ》った表記で名付けた点からも覚馬の心情が伺える。

四月三日以降、軍務官治療所の頭取から覚馬の預かり先を移すように東京の政府に願いが出されていく。しかし、政府からの応答はない。この時、『時制之儀ニ付』が明治政府に提出されていたのであろう。

五月に盲目の覚馬は、『管見』という建白書を聞き書きさせて製作した。『管見』はほかの資料に例えるならば、「新政府綱領八策」「五カ条の御誓文」で、当時としては両方と比較しても見劣りがしない内容であろう。『管見』は「政権」「議事院」「学校」「変制」「撰史」「国体」「建国術」「製鉄法」「貨幣」「衣食」「女学」「平均法」「醸酒法」「条約」「軍艦国律」「港制」「救民」「髪制」「変拂法」「商律」「暦法」「時法」「官医」など二十三策から成り立っていた。やがて、覚馬は薩摩藩牢舎から仙台藩邸の病院に移る。その時点で覚馬は『管見』を「御役所」と宛名書きして、新政府に提出したとされてきた。しかしながら、『管見』原本に御役所宛ての依頼文は書かれていない。後年、書き足されたものとわかる。

『管見』であるが、青山が記した『山本覚馬傳』に掲載されたのが、昭和三年（一九二八）になってからであった。同志社大学内において、『管見』の写本『山本覚馬《やまもとかくま》建白《けんぱく》』が見つかったのも昭和五十七年（一九八二）になってからである。『山本覚馬建白』は『管見』を栗原只一から醍醐《だいご》忠順《ただおさ》が慶応四年（一八六八）八月に筆写、翌明治二年（一八六九）六月、島津《しまづ》久徴《ひさなる》が書き写したものだ。『山本覚馬建白』の場合、『時制之儀ニ付』が組み込まれている。『管見』と『時制之儀ニ付』は別の書である。つまり、『管見』が書かれたのは慶応四年五月が正しい。

令和になるまで、同志社大学図書館、同志社社史資料センター、いずれからも『管見』原本は行方不明という回答をいただいている。同志社大学図書館所有の『山本覚馬建白』、個人所有の筆写本の二点のみ複写資料が確認されていた。個人所有の筆写本であるが、写された年月も書かれていない。いずれも写本であり、従来は原本は行方不明とされてきた。

この『管見』原本を『明治元年従三月至九月　諸建白記《しょけんぱくき》』（防衛研究所戦史研究センター蔵）において、筆者が確認できた。発見の経緯であるが、防衛省防衛研究所が所有していた白虎隊関係（日向内記の息子）史料の閲覧を行ったことによる。防衛研究所で史料探索していたら見つかったという偶然の産物であった。

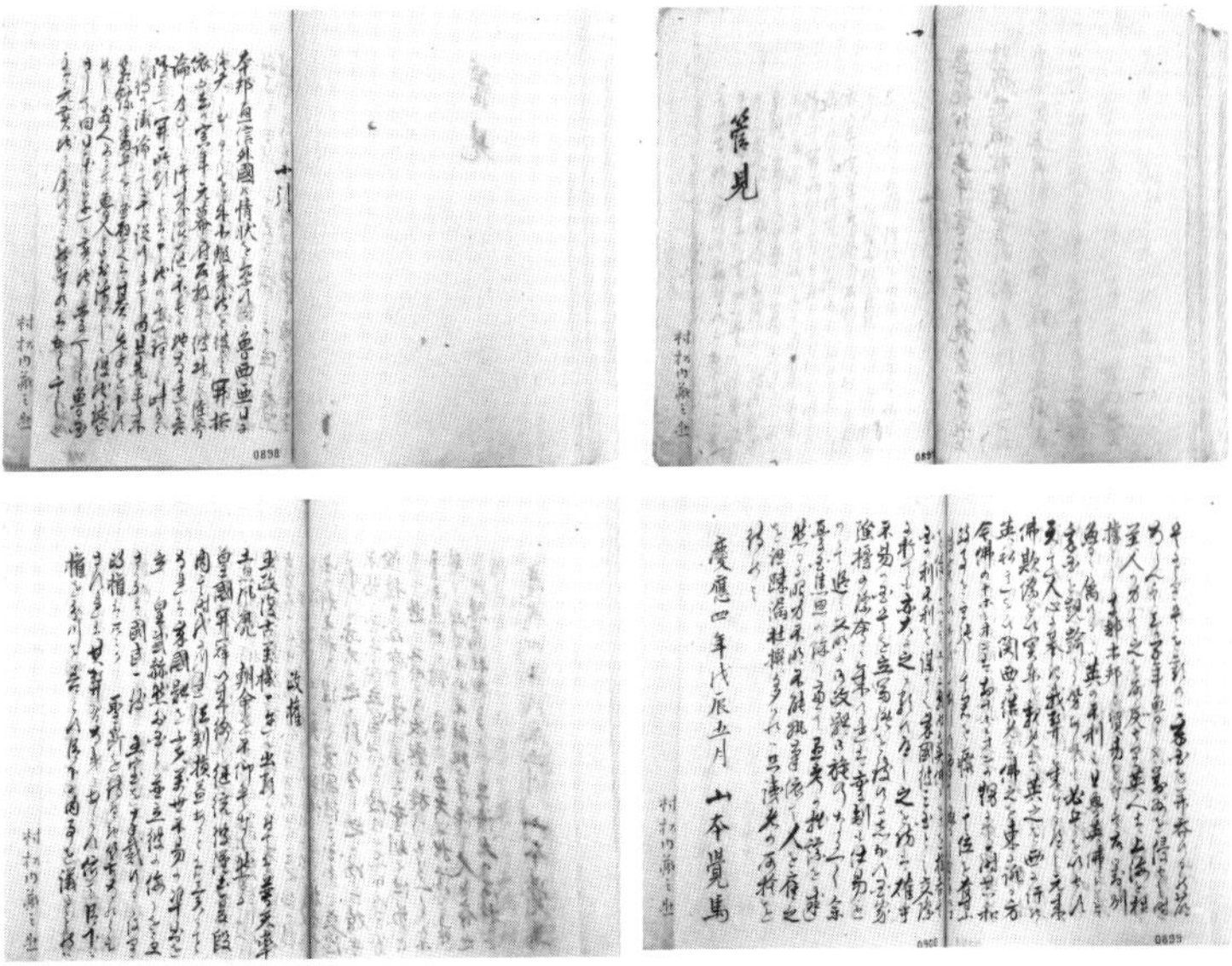
管見

慶應四年戊辰五月　山本覚馬

『管見』『明治元年従三月至九月　諸建白記』（防衛研究所戦史研究センター蔵）
新政府が新たに国を統治するにあたり、従来と異なる改革二十三策を立案して建白した。この『管見』原本は、筆者が見つけて令和元年に新聞発表している。

『明治元年従三月至九月　諸建白記』の場合、近年まで閲覧は不可能に近かったと思われる。太平洋戦争終結までは、軍部が公開することはしない。太平洋戦争後もアメリカ軍に没収されて、閲覧は不可能である。昭和三十三年（一九五八）四月、アメリカから旧日本軍の記録文が返還されてくる。

前置きが長くなってしまったが、『明治元年従三月至九月　諸建白記』の場合、紙質や筆跡から『時制之儀ニ付』『管見』原本が綴られたとわかる。写本ではなく原本なのだ。これについては、防衛研究所史料室の史料専門官からも教授いただいている。

『諸建白記』の場合、多くの意見書が集められて綴られている。その各意見書の大きさ、紙質、筆跡など全て別のものだ。これは、原本確認を行うと把握できる。明治政府が意見書を筆写したということはあり得ない。

『管見』原本の場合、六月に覚馬が明治政府に宛てて、表記した部分は含まれていない。同志社大学の『管見』末に書き加えられている小引《こびき》、要するに序文が最初に書かれていた。

従来から疑問であったことは、覚馬と共に野澤が謹慎場所を移したという根拠がない点である。だが、『鹿児島県史料　忠義公史料』において五月二十九日、軍務官に捕縛者が引き渡されたと記録されている。野澤であろうとされる会津藩領分百姓・英齋《えいさい》たち五人の捕縛者である。

野澤の場合、『時制之儀ニ付』を筆写していないのが正しいであろう。当然、『時制之儀ニ付』が『管見』の前文として記録されたのではない。

『明治元年従三月至九月　諸建白記』の綴り順から、五月五日から八日までに『管見』が作成、提出されたとわかる。『諸建白記』の場合、提出年月日順に綴られており、次の建白書が出された五月八日以前に『管見』が明治政府に提出されたものだからである。これにより、『管見』が書かれた時、野澤は覚馬と共にいたと確定できる。

『管見』の紹介

『山本覚馬傳』『山本覚馬建白』二点と『明治元年従三月至九月　諸建白記』に綴られた『管見』原

本の違いであるが、大きいものではない。『山本覚馬傳』の場合、「撰史」が欠落している。『山本覚馬建白』は「暦法」「時法」の順番が逆になっていた。また、『時制之儀ニ付』と合本となり、小引が最後に来てしまっているという点には注意したい。筆写時の誤りであろう。

『管見』であるが、もう一点着目する点がある。従来は、青山霞村著『山本覚馬傳』と『山本覚馬建白』にのみ含まれていると述べた点を思い出していただきたい。筆者の場合、今回、防衛研究所において、『管見』原本を見つけた。同年、同志社女子大学の吉海直人《よしかいなおと》特別任用教授が古書店で『管見』筆写本を見つけられて、会津若松城でも展示を行っている。防衛研究所の『管見』原本と筆跡を比較すると同一人物のものであろう。吉海教授が見つけられた『管見』筆写本であるが、明治政府に『管見』原本提出時、控えとして手元に取っておいたのではないかと推測する。ただ、誰が書いたかについて再び触れたい。『時制之儀ニ付』と『管見』の筆跡は明らかに異なる。『時制之儀ニ付』の著者が誰なのかもいまだ明確ではないのである。

既に述べたように『管見』著者であるが、野澤ではなかろうかと言われてきている。当初、従来の説は伝承に過ぎないのではないかと考えた。しかし、色々と判明していく。野澤の子孫・田﨑公司《たさききみつかさ》氏と連絡が取れたのである。田﨑氏は大阪経済大学准教授であり、幕末維新期の民衆を研究課題とされている。野澤直筆の書の写しもいただいたが、字体が類似しているように感じられた。しかし、野澤には癖字の筆跡が見受けられる。

そして、田﨑氏は『管見』の原本については、野澤の筆記後、清書されたと聞いているそうなので

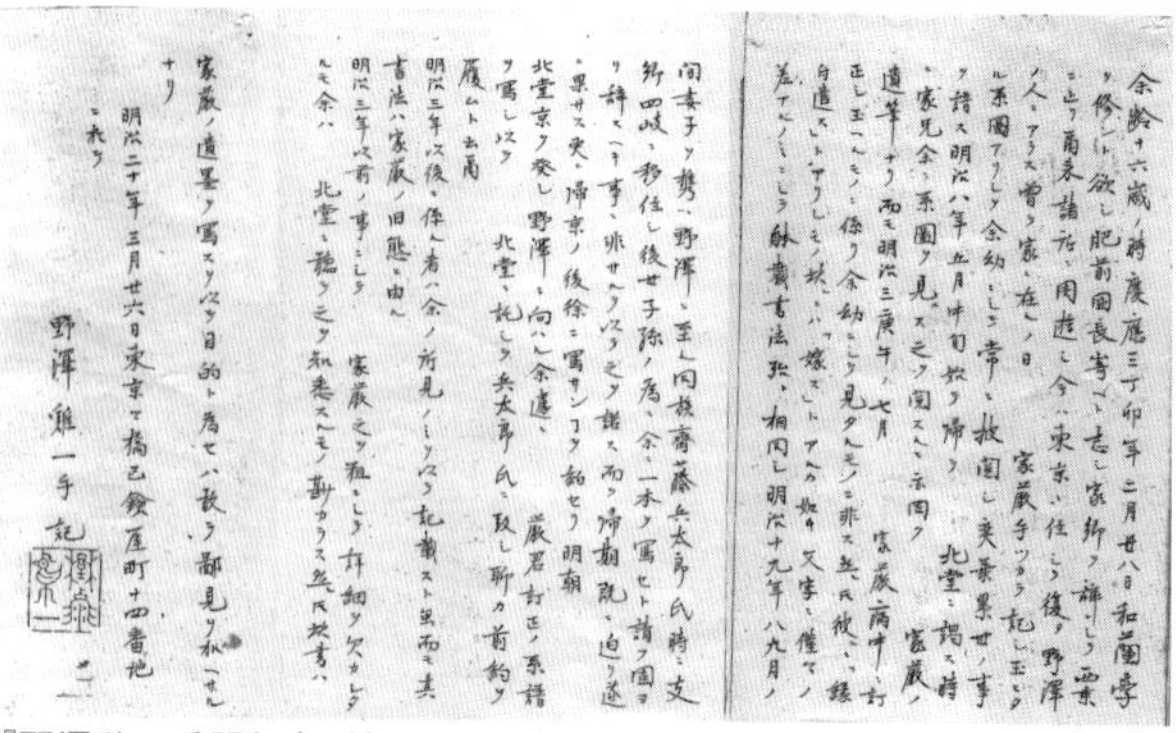

『野澤鶏一手記』（田﨑公司氏蔵）
野澤鶏一直筆の履歴書。御子孫・田﨑公司教授からの画像提供。

ある。また、複数の者が覚馬の言葉を筆写したと伝わっていたという。田﨑氏から「野澤は成果を独り占めすることを嫌う性格でした」とも伺っている。確かに、『時制之儀ニ付』は野澤の筆跡ではない。『管見』の場合、野澤が下書きをして他者が清書したと判断したい。

『管見』について述べてきたが、全文の内容紹介を行うとなると膨大な文字数になる。それは、NHK大河ドラマ「八重の桜」放送時に出版された書籍をお読みいただきたい。『管見』の小引（前書き）の場合、多く紹介されていない。次に小引の直訳、意訳、解説を表記紹介していきたい。

（直訳）

「小引

本邦通信外国乃情状を察するニ魯西亜日ニ強大ニ到るへくを外北蝦夷地を彼らか開拓依而去る寅年元幕府取扱ニて彼北の経界論ニ及ひしニ従来混茫不毛の地な連ハ各隆定ニ開所領とセ去申此の道理ニも叶届くと彼の議論ニて其説行連し内且先年来箱館へ番兵を置譬へバ碁ニ先手を下須如し或人曽て魯人と對話セしニ彼地球をさして曰日本も遂ニ黄地ニ亦るへしと魯国ハ元黄地ニ

属するものなればかく言しニ是ニよ里之を観れハ我国を并呑する乃萌ならんか去ル子年魯よ里対州を侵セし時英人の力ニて之を取戻せ里英人は上海根據とし志那本邦と貿易をなす故対州魯ニ属するニハ英の不利之且露英佛とも我国を覬覦する勢あれとも必兵を以セズ天意人心ニ基き我弊ニ乗するべし元来拂欺僞を以関東ニ親免出英之を西ニ訐き英私意を以関西ニ結免ハ拂之を東ニ誹る方今拂のナホレオンは前ナホレオンの甥ニて一時共和政治を主張し主君を廃し主位を奪ふ誠実を以なすにあらす曽て魯よ里トルコを侵しセハステホルニ戦時ニ英佛トルコを援各其国の利不利を謀らん我国彼彼三国との交際ニ於ても亦大ニ之ニ類すべし之を防ニ確乎不易の国是を立冨強を致すニ志かす国家駭擾の際會ニ乗す連ハ変制も仕易ものニて追々文明の御政體御施行なるへく余憂国焦思の餘り兼て愚考の拙議を述然るニ眼カ不明不能執事依て人を雇之を認踈漏杜撰多ハれハ只識者の取捨を待のミ

慶応四年戊辰五月　　　　山本覚馬」

（意訳）

「外国の情勢を察するところ、ロシアは強大になり樺太を開拓して南下してきました。そのため、安政元年以来、幕府は境界線について交渉を行っています。従来から不毛の地であり、お互いに開拓して所領とすれば道理にも叶うものでしょう。先年これらの交渉を行って、箱館に番兵を置いてもいました。碁で例えると、先手を打つようなものです。ある人がロシア人と対話すると、地球儀を指して『日本も黄地（アジアの一部）になるべき』と述べました。旧来のロシアは、黄地に属していたから述べたのでしょう。これらから、我が国を併合しようと思い始めたのでないでしょうか。元治元年にロシアが対馬を侵攻した時、イギリスの力をもって取り返しました。イギリスは上海を拠点として中国本土と貿易を行っています。そのため、対馬がロシアの領土となると不利になるからです。

ロシア、イギリス、フランスと日本の隙を狙っていましたが、兵を用いようとはしません。世の中の考えとして、我が国の内乱に乗り込もうとしていたのです。元来、フランスは偽りをもって東の幕府に取り込み、イギリスは西の薩摩藩と結びついていました。

現在のフランスにおけるナポレオン（ナポレオン三世）は、前のナポレオンの甥にあたります。一時は第二共和制を主張して、王政を廃止しながら皇帝の職に就いており、誠実でなく信用ができません。そして、ロシアがトルコに侵攻してクリミア戦争（セヴァストポリの戦い）が起きました。その時、イギリス、フランスは自国の損得を考慮してトルコを支援しました。これは、我が国と三か国との交流においても類似する点があります。これを防ぐには、揺るがない国策を立てて富国強兵を志すべきでしょう。日本が騒乱時の現在であれば、制度も変えやすくなります。文明による政治形態がされるよう、私は日本の将来を思い心を悩ましておりました。愚考でありますが、眼が見えないため他者に書いていただきました。ずさんで、手落ちが多いかもしれませんが識者に取り上げられるのを待つのみです

慶応四年戊辰五月　　山本覚馬」　　（「管見」『明治元年従三月至九月　諸建白記』）

（解説）

覚馬が『管見』を明治政府に提出するにあたり、現在までのロシア、イギリス、フランスの動向などが述べられている。ロシアの樺太支配、対馬占領事件を例に挙げて、注意を促すような文意が書かれている。また、クリミア戦争におけるロシアによる侵攻が強調されて、イギリス、フランスも自国の利益のために戦ったと解説されている。現在の日本において、旧幕府がフランス、薩長がイギリスを頼っていることも憂いでいる。フランスのナポレオン三世の動向内容から、幕府が頼っていたフランスを信用できないと述べたものであろう。

戊辰戦争終結後、新たな国策を立てて、日本を変えていくべきだとした。そして、二十三策を新政府へと提出したものである。自分は盲目で、他者に代筆してもらったため誤字脱字があるであろうが、取り上げてほしいと大願したものである。

この二十三策の内容は同志社大学図書館所蔵の『山本覚馬建白』が各書で紹介されている。故高橋國男氏から「山本覚馬建白」『会津人群像№19』の訳文掲載の経緯などを伺っていた。絶版となったが、わかり易くお薦めの紹介文である。

二十三策であるが、箇条書きに簡略紹介のみ行いたい。

「政権」・天皇制のもと、三権分立を計る。

「議事院」・大小からなる議事院の二院制を提案する。

「学校」・学校設立の推進。

「変制」・法を改めていき、刀剣を廃止すべきとした。
「撰史」・武士階級以外からの人材抜擢推進。
「国体」・四民平等と兵制改革を論じる。
「建国術」・他藩を例に挙げて、農業推進を唱える。
「製鉄法」・反射炉を設けて、鉄材を普及させるべきとした。
「貨幣」・紙幣での対外貿易を薦めている。
「衣食」・肉食の推進。
「女学」・女性への学術推進。
「平均法」・分割相続の推進。
「醸酒法」・米酒から麦、葡萄酒へと切り替えるべきとした。
「条約」・外国の軍艦入船を規制する規定が必要とした。
「軍艦国律」・軍艦の建造は、政府のみが行うべきとした。
「港制」・開港する神戸港の整備。
「救民」・遊女場は廃止せず、性病を防ぐため診断を受けさせるという。
「髪制」・結髪を止めて、西洋と同じようすべきという。
「変拂法」・公の許可を得られて、僧になるようにすべきという。
「商律」・対外貿易時、船などの損失に対し商法で定めるべきとした。

「暦法」・外国と同じように一年三百六十五日で、四半期ごとにすべきという。

「時法」・時刻を西洋に習うべきとした。

「官医」・外国の医術の推進。

これが、覚馬が提出した『管見』の内容である。

最後に、『管見』原本が見つかった時に福島民友に掲載された識者からのコメントを転載したい。

同志社社史資料センター・小枝弘和《こえだひろかず》調査員は「日本の近代化に向けた意見を、有名な坂本龍馬の船中八策的にまとめている」、同志社女子大学・吉海《よしかい》特別任用教授は「見つかった文献が防衛研究所に収められるまでの経緯が解明されてほしい。写本との比較研究が進むことで、管見の正しい内容が明確になる」（『福島民友』二〇一九・九・二十四）と述べられている。

山本覚馬釈放となる

さて、『管見』を政府に提出した後の動向に戻りたい。『管見』提出の翌月、慶応四年（一八六八）六月十八日に山本覚馬は軍務官治療所（京都の仙台藩邸）へと移っていった。『大禮贈位内申事蹟書』においては五月と書かれているが、六月が正確であろう。この時の名簿が『鹿児島県史料　忠義公史料』に記録されている。それによると、桑名藩士・山崎幸一郎、会津藩士・松本清次郎、覚馬、幕臣・波多野小太郎、遠山専之丞の五人が軍務官へと引き渡しとなり、旧仙台藩邸へと移っていったと確認できた。移った後、岩倉具視が『管見』を読んだとされている。『大正四年　叙位贈位』に「後岩倉具視ノ知ル所トナリテ大事ノ諮詢ヲ受ク」と書かれており、岩倉が『管見』を聞き知ったというもので良いであろう。

京都における病院関係の史料（中野操文庫《なかのみさおぶんこ》・青木家文書『諸届伺申立一件留』）にも覚馬を如何にするか記録されている一文が確認されている。七月四日、覚馬の取り扱いについて尋ねたものであった。病人であり、如何に対応するべきかという。

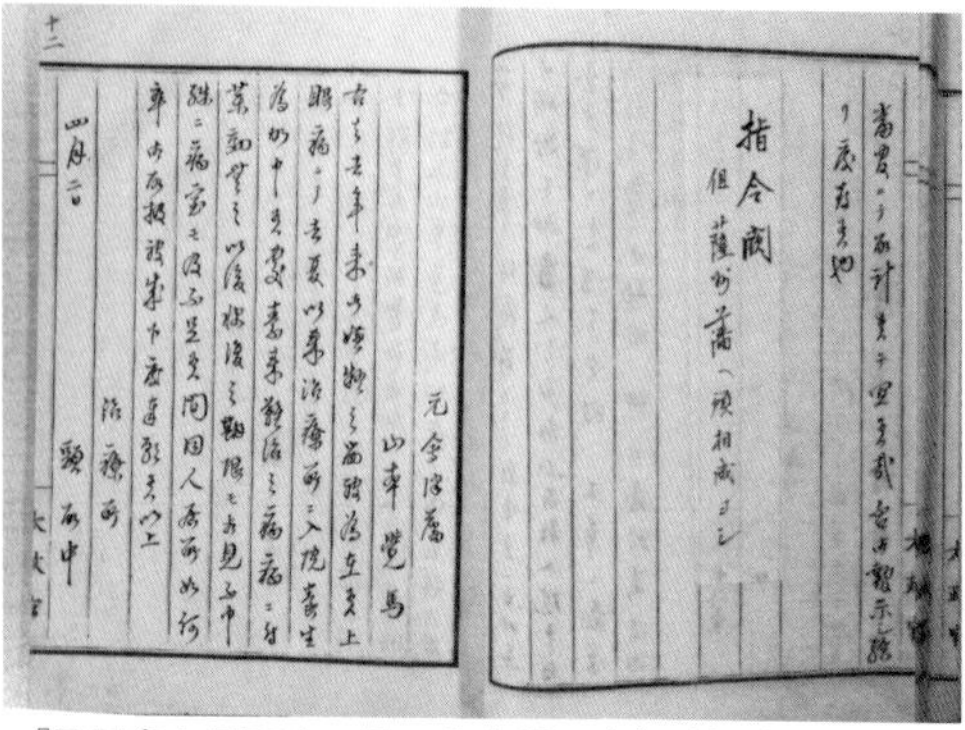

『己巳自七月至十二月　公文録　京都兵部省之部』（国立公文書館蔵）
明治２年、山本覚馬の預かり先について京都府と軍務官（後の兵部省）とのやり取り。

会津藩領にいた覚馬の家族についても触れていきたい。九月二十二日、会津藩領において、会津若松城開城となり戊辰戦争終結となる。この時、会津領では、覚馬の父・権八は戦死していた。母・佐久、嫁・うら、娘・峰、妹・八重夫妻たちが塩川村で謹慎となる。これは、会津弔霊義会が所有していた『旧藩御扶助被下候惣人別《きゅうはんおんふじょくだされそうろうそうにんべつ》』において確認されたのである。その後、覚馬の家族たちは米沢へと移住した。覚馬義弟・川崎尚之助《しょうのすけ》に砲術を学んだ米沢藩士・内藤新一郎宅に寄留したのである。「八重の桜」放送前に会津歴史考房主宰・野口信一氏により、寄留の根拠史料となる『元斗南藩貫属各府県出稼戸籍簿《もととなみはんかんぞくかくふけんでかせぎこせきぼ》』が発見された。対して、京都の覚馬であるが、如何にして暮らしたか当時の記録がない。仙台藩邸跡に置かれた治療所において、翌年へと年越しとなる。

翌明治二年（一八六九）四月二日、治療所から軍務官に対して、覚馬の預かり先について依頼文が出された。覚馬であるが、治療所に入院してきたが、盲目が治る見込みはないという。病室も不足してきており、退院していただきたいと記録されている。旧会津藩への預かりも議論されたが、何も進まなかった。

そのような中、七月八日に官制改正が行われて、軍務官から兵部省へと組織名が改められていった。翌八月になっても、覚馬の取り扱いが決定されない。八月九日、兵部省が預かり先を如何にするものか国に掛け合うが、良い返答は得られない。そのような中、同月十日に詳細事項が決められていなかったが、薩摩藩にお預けとなった。これは、『太政類典《だじょうるいてん》』『公文録《こうぶんろく》』などに記録されており、明治政府が覚馬の処分について着目したというものであろう。

ただ、薩摩藩から釈放された年月が明確でない。伝承によると中京区二条大橋西詰に寄留していた頃でもある。この時も小田時栄に世話になっていたというのが通説であろう。

翌明治三年（一八七〇）三月二十八日、京都府の食客《しょっかく》で採用と決まる。翌四月七日、その旨が兵部省に報告された。京都府で活躍するのは先の話であり、改めて述べていきたい。

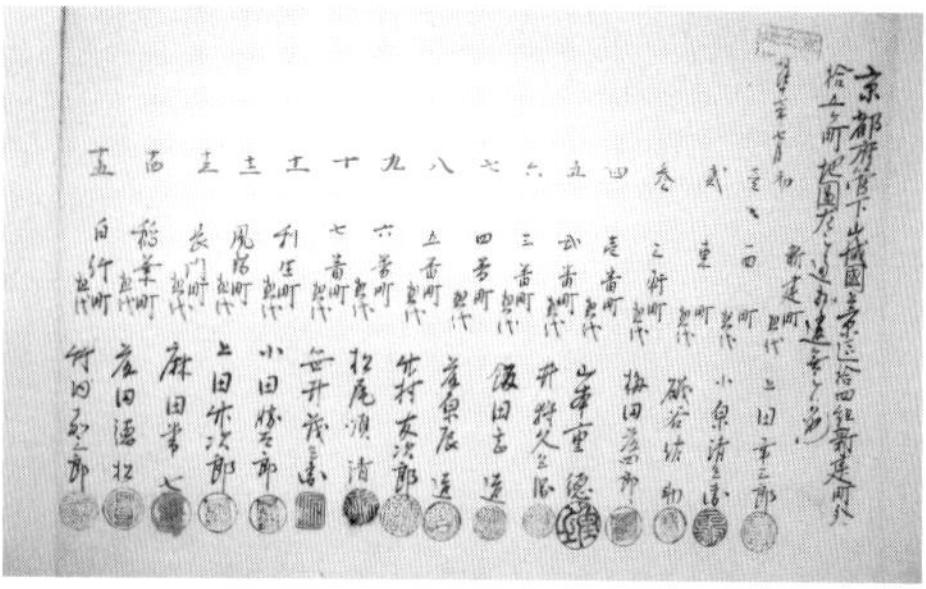

『上京区地籍図　上京区第 14 組』（法務局蔵）
小田勝太郎が利生町総代（名主）と書かれており、
時栄が名家の出身とわかる。

山本覚馬の家族たち

京都府食客となったのだが、兵部省の誰が決めさせたかである。時を同じくして、兵部大丞《ひょうぶたいじょう》から京都府大参事に着任した河田左久《かわたさく》馬《ま》が関連したと考えて良いであろう。京都府知事となる槇原正直との接点もこの辺からであったとされる。さて、山本覚馬の家族たちの動向について紹介したい。

慶応年間から覚馬の世話をしてきた京都の女性・小田時栄について説明していきたい。NHK大河ドラマ「八重の桜」で詳細に触れられている覚馬後妻である。明治四年（一八七一）、時栄が覚馬の三女・久栄《ひさえ》を産んだ。ただ、誕生年月は不明である。

時栄であるが小田勝太郎の妹、前戸主・隼人四女で、嘉永六年（一八五三）五月七日生まれと戸籍からわかる。慶応四年（一八六八）、数え年十六歳の少女が覚馬の面倒を見始めたという。

時栄については、徳富蘆花《ろか》研究家・丸本志郎氏が小田家御子孫から教授を受けて、旧来の誤りを正していた。詳細は触れていくが、時栄の出身が元芸者という誤伝などを訂正したのである。丸本氏は『山本覚馬の妻と孫』という書籍を執筆されて、時栄の出生の真実を世に広められた。時栄の戸籍、覚馬の孫・山本平馬の戸籍の画像掲載も行われている。勝太郎であるが、京都では名主であった。それは、筆者も『上京区地籍図』などから確認できている。つまり、時栄は名主の妹で間違いはない。

米沢に移住していた覚馬の家族たちに触れていきたい。明治四年（一八七一）七月、覚馬は妹・八重や母たちを京都に呼びよせる。八月三日、山本家は米沢を出発して京都に向かったと『明治《めいじ》三《さん》庚午《かのえうま》御触書《おふれがき》』からわかる。この史料において、覚馬の妻・うらが離縁して、斗南へ赴いたと書かれている。そのため、妻・うらは上京してきていない。後年の記録文であるが、「正妻は遠く隔てた京都へ移住することを好まないといって離婚を求めたので離婚した」（『山本覚馬傳』）と書かれている。会津と無縁の地である京都に正妻・うらが行きたくないというものであろう。正妻・うらが時栄と覚馬の関係を知っていたか否かは不明である。

そして、妹・八重の苗字であるが、戸籍下書き（『明治三庚午御触書』）に山本と記録されているのが確認できる。明治三年（一八七〇）十月中に斗南へと向かった川崎尚之助と

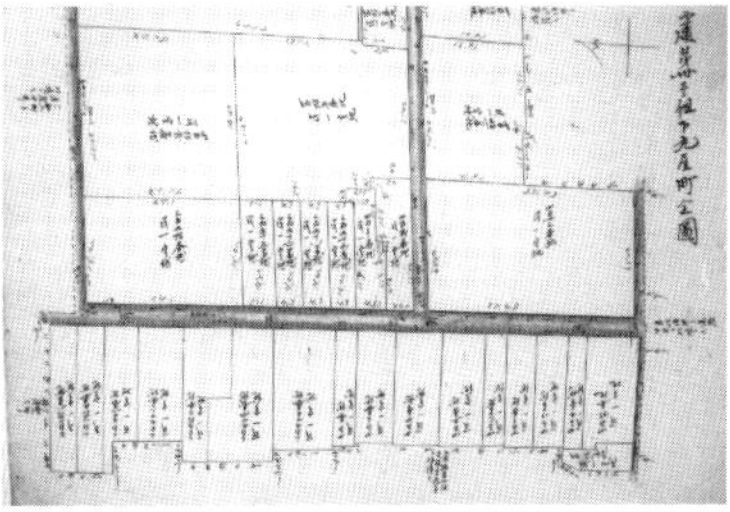

「下丸屋町全図」『上京区地籍図　上京区第 31 組地図』（法務局蔵）
山本覚馬宅の地籍図。

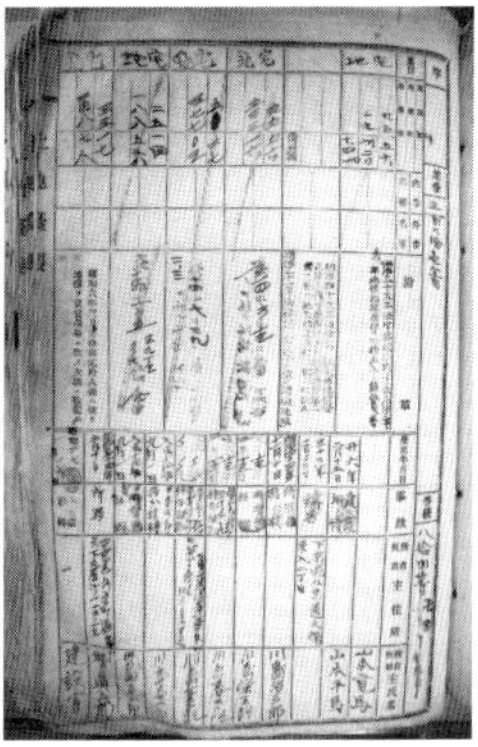

「上京区河原町二条上ル二町目下丸屋町」『土地台帳』（法務局蔵）
山本覚馬が入手した河原町の土地台帳。

離別していたというものであろう。明治五年（一八七二）には政府が改名禁止令を出しており、元の川崎姓に戻れなくなっている。

米沢から家族を呼び寄せた覚馬であるが、時栄たちと共に河原町通《かわらまちどおり》三条上ル下丸屋町《しもまるやちょう》に新居を構えたというものであろう。ほかにも会津藩領から、永岡清治《ながおかせいじ》が覚馬宅に寄留してもいる。

覚馬が入手した土地に関しても紹介していきたい。相国寺《しょうこくじ》の史料「借用地証状」によると、薩摩藩が約七千坪を文久二年（一八六二）から二十年間、借用許可を得たと確認できている。だが、明治五年（一八七二）二月に借地を返却するようにと太政官の布告が出された。そして、五月に元鹿児島士族・池田春苗たちに約五千八百坪を二千二十二円で払い下げると決められている。しかし、覚馬は『旧藩々邸奉還《きゅうはんはんていほうかん》並《ならびに》売却件《ばいきゃくのけん》』に記録されているとおり、下丸屋町で居住する土地のみを入手していたのだ。

では、後に同志社敷地となる土地はどうしたのであろうか。時が飛ぶが、藩邸売買一件について触れたい。新島襄の登場は先のことだが、止むを得ないであろう。明治八年（一八七五）六月、覚馬所有地となっていた薩摩藩邸跡地を新島に譲ったというのが通説である。新島の同志社大学の土地入手経緯が書かれた明治、大正、昭和期の史料を時系列に紹介したい。

明治期であるが、新島が相国寺門前の山本覚馬所有の地（開拓社名義所有）を買い求めようとしたという。それに関することが『同志社英学校記事』『同志社英学校沿革』（同志社大学同志社社史資料センター）などにおいて触れられている。

当時（明治八年八月二十三日）の新島直筆書状となると、『私学校開業、外人教師雇入ニ付京部府へ認再願出ノ書』という史料に成り行きが書かれている。新島が相国寺門前の開拓社所有地を入手しようとしたが、資金上の関係で手が付けられない。同じ相国寺門前の土地を入手して、仮学校を建てたい旨を申し出たのである。同日、新島と覚馬の二人が『私塾開業願稿』を京都府に提出する。だが、これらの史料において、覚馬が出資者と書かれていない。

大正七年（一九一八）に松浦政康氏（元同志社女学校校長）が『同志社ローマンス』（警醒社《けいせいしゃ》書店《しょてん》）という書籍をまとめていた。そこに、「旧会津藩士山本覚馬翁が所有されたのを、五百餘円にて譲り渡されたそうである」と同志社敷地の由来として紹介されている。

昭和三年（一九二八）に刊行された『山本覚馬傳』においては、「同志社の敷地は薩摩屋敷の敷地が売り物に出ていることを、濱岡光哲氏が先生（覚馬）に告げ、先生がそれを買っておいたものである」と書かれている。全く信用できないと断言できないが、根拠となる証拠史料ではない。大正、昭和の記録は後に作成されたものと注意するべきであろう。

同志社大学同志社社史資料センターの故竹内力雄氏、小枝弘和氏が論じられているとおり、池田から新島に土地が渡るまでの経緯は不明である。新島と池田が購入した土地が同一と推定しても結論は出ない。

私見だと、覚馬は河原町の土地を明治六年（一八七三）四月に入手したのみであり、新島の背後にいる開拓社に約五千八百坪を紹介したというものではなかろうか。残念ながら想定の域を出ることは叶わない。

小野組転籍事件

時を少し遡って、山本覚馬の動向に話を戻したい。明治五年（一八七二）一月、京都府に出仕を命じられる。食客ではない正式採用というものであった。京都府博覧会開催にあたり尽力したのであろう。

明治維新後、都は京都から東京に遷された。それに伴い、明治六年（一八七三）四月に京都豪商・小野組は槇村正直大参事（後の京都府知事）に東京へ転籍を願い出た。槇村が小野組の要求を無視したため、訴訟されるという事件が起きたのである。槇村は京都裁判所に拘禁されるまでに至った。槇村が自分たちに罪は及ばないであろうと裁判所からの出頭命令を無視したため、京都裁判所が、槇村の動向に懲役判決を下している。「槇村拘留事件書類」『岩倉具視関係文書』において覚馬が述べているように、民事から刑事に裁判が移ってしまったのである。

槇村が小野組転籍を認めなかった理由であるが、豪商が拠点を

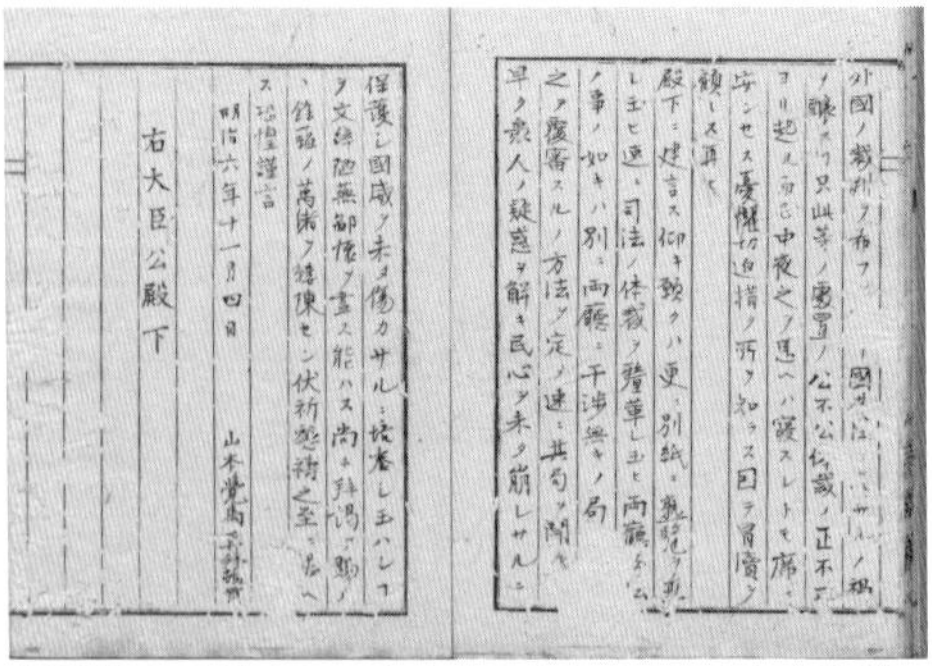

『槇村拘留事件書類　岩倉家文書』（国立公文書館蔵）
山本覚馬が槇村正直の釈放を岩倉具視に願い出た書状。

東京に移すと京都の経済力が劣ると判断したためである。強引な政策を押し付けた槇村が、罪を問われて東京に監禁となった。そして、覚馬が槇村の釈放を求めて、京都から東京に赴いたのである。妹・八重に世話になりながら、槇村釈放に全力を尽くしていく。

上京した覚馬は八重に背負ってもらい内閣府関係者を巡った。覚馬と岩倉具視、江藤新平とのやり取りが記録された公文録を確認してきている。筆者はNHK大河ドラマ「八重の桜」放映時、岩倉具視文書中の「槇村拘留事件書類」(『岩倉具視関係文書』)という公文録を『会津史談第87号』に掲載した。国立公文書館には小野組転籍事件に関する史料が多量に現存する。当時、公文書館における原本撮影が不可能であったからか、業者に撮影を発注したのである。まだ、「槇村拘留事件書類」は活字化されていないと思っていた。しかし、山本覚馬研究家の故竹内力雄氏が『山本覚馬覚え書』において紹介していたのである。約二十年前の同志社大学における論文であり、現在まで知り得なかった次第である。現況は色々と変わっていく。令和元年度から『岩倉具視関係文書』がオンライン公開されるに至った。『岩倉具視関係文書』であるが、自宅のパソコン等から自由に閲覧可能となっている。「槇村拘留事件書類」の中で裁判の流れが箇条書きになっている部分を次に引用紹介していきたい。

「一六月廿三日京都裁判所ヨリ裁判不服ニテハ上告ノ法ニヨリ控告可致書通

一七月十三日司法省ヨリ京都府知参事適律差出

　同十八日伺之通御裁下

一七月廿一日京都府ヨリ判裁不服ニ付上陳書正院へ上達ス

八月十八日右上陳書ニ御指令
一七月廿九日長谷部知事ヘ処刑京都裁判所ヨリ達ス
一八月廿四日御請書贖金官納
一八月五日槇村参事処刑京都裁判所ヨリ達ス
同十七日御請書贖金官納」
（「槇村拘留事件書類」『岩倉具視関係文書』）

覚馬は八重に背負われながらも、政界の各人宅を訪問した。木戸孝允《たかよし》、江藤などの政府要人宅である。木戸の思慮と反対に、司法卿・江藤は槇村の誤りを絶対に許さないという。よって、槇村の罪は不動とされたのである。しかし、覚馬の苦労が報われていく。

海外から、岩倉が帰国してきた。岩倉率いる使節団が米国、欧州を視察してきたのである。岩倉の留守中、政府内では征韓論（朝鮮出兵）の議論が交わされていた。そして、帰国した岩倉と江藤たちが、征韓論を巡り激論を交える。征韓論で敗退した江藤が辞職したのだ。そして、岩倉は槇村を釈放させた。江藤の後任・旧土佐藩士の福岡孝弟《ふくおかたかちか》は、岩倉の行動に対して辞職してしまう。岩倉は、十月二十五日に槇村の釈放の命を下したのである。

十一月中に覚馬は、岩倉に書状を出して京都に戻っていく。そうすると、山本八重と川崎尚之助が再会できたであろうか。幕末史研究家の故好川之範《ゆきのり》氏は、斗南の野辺地《のへじ》に尚之助が移住したと書き記された『旧斗南藩士族名籍便覧』を見つけられている。尚之助は野辺地から上京してきていた。『会津会会報第二十号』に書かれているとおり、尚之助は鳥越《とりごえ》に移り住んでいる。それが、十二月以降ということは、『開拓使公文録』に記録されている。尚之助が東京の浅草元鳥越明神において、八重と再会したという話は如何なものであろう。少し、流れを解説していきたい。

尚之助が貿易違約一件により、東京に呼び寄せられていた。この時、尚之助が寄留していたのが東京府第一大区五小区本石町《ほんごくちょう》の山田和三郎宅である。そこで、名越勝治《なごしかつはる》という人物に預けられていた。尚之助が鳥越明神裏通りの川村三吉宅に転居してきたのが十二月以降である。

東京在留により、膨大な額がかかったのは小野組関係者の記録からわかる。覚馬に負担するだけの費用は補えたであろうか。前月十一月中に覚馬、八重は京都に戻ったであろう。十二月時に、覚馬の東京における動向が確認できる記録は見当たらない。本石町において、尚之助と八重が再会したと確定できる史料も存在しない。やはり、尚之助と八重の鳥越における再会は逸話であろう。その後、尚之助が明治八年（一八七五）三月に死去していくのは述べるまでもない。

覚馬が京都に戻った翌月の十二月、槇村に対して判決が言い渡される。槇村が罰金を支払って釈放となり、事件は解決したのであった。

地方税徴収布達事件

既に紹介したが、山本覚馬は新島襄と共に同志社における活動に力を出していく。ただ、誰が新島を覚馬に紹介したかである。会津側では、勝海舟と言われてきている。対して、同志社側では木戸孝允という。勝海舟子孫・高山みな子女史に尋ねたところ、覚馬を新島に紹介したのが誰か、確証できる史料はないという。これも諸説ありで良いであろう。また、キリスト教、同志社大学に関する事柄について、詳細は同志社側が詳しいので触れることはしない。

「槇村京都府知事」
（同志社社史資料センター蔵）
槇村正直の記念写真

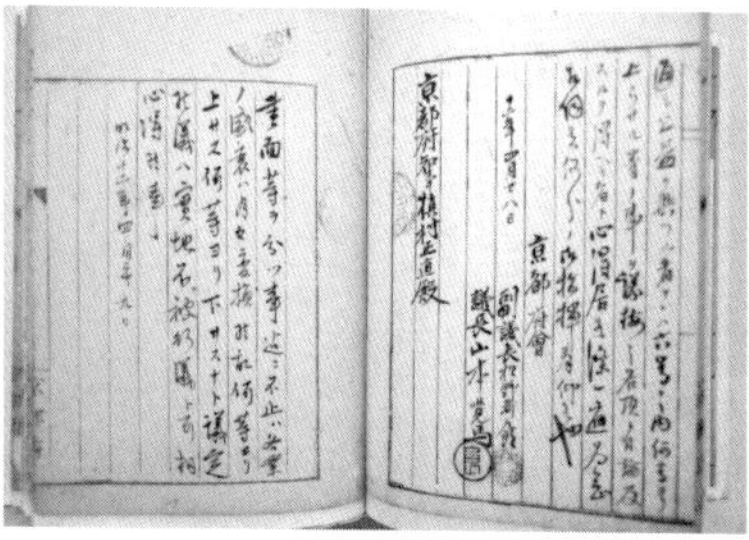

「地方税徴収議案に付伺」『明治十二年　府会一件』（京都府立京都学・歴彩館蔵）
明治12年4月28日、山本覚馬が槇村正直に第1回府会時の地方税賦課について意見する。

明治十年（一八七七）、槇村正直が京都府知事に着任した。だが、同年十二月二十七日に覚馬は京都府から罷免されてしまう。

明治十一年（一八七八）、国は府県に議会を置くよう府県会規則を制定した。翌十二年（一八七九）三月、京都府でも府議会選挙が行われていく。そこで、覚馬が立候補したのである。有権者が限られていたが、五十一票獲得して上位当選となった。そして、初代議長に覚馬が選ばれたのである。妻の時栄に背負われての議場入場だったという。

京都府会議録が残されており、覚馬たちの動向なども記録された。この京都府会での諸動向は、山本覚馬研究家・吉村康氏が「心眼の人〈会津びと山本覚馬〉京を駆ける」『会津人群像№19』において詳細に紹介されている。第一回目の京都府会で地租と戸数割で税金を割り当てると定めていた。ここまでは問題がなかった。槇村が第二回府議会において、追徴布達《ついちょうふたつ》を行った。覚馬たち議員は何も知らされていない。槇村は議会を無視して、税を追加徴収しようとしたのである。そのため、地方徴収税を巡り、覚馬と槇村の間で議論が交わされていく。だが、槇村から適切な回答は返ってこない。覚馬は更に上の内務卿・松方正義《まつかたまさよし》へと指示を求めていった。明治十三年(一八八〇)五月二日には、そのように動くと槇村に通達も出している。

六月十四日、覚馬は内務卿・松方に伺い文を提出したが返答がない。内務卿というのは、現在の内閣総理大臣というところであろう。二週間後、二度目の伺い文を出したが梨の礫である。『第十三年京都府第貳百壹號地方税徴収布達事

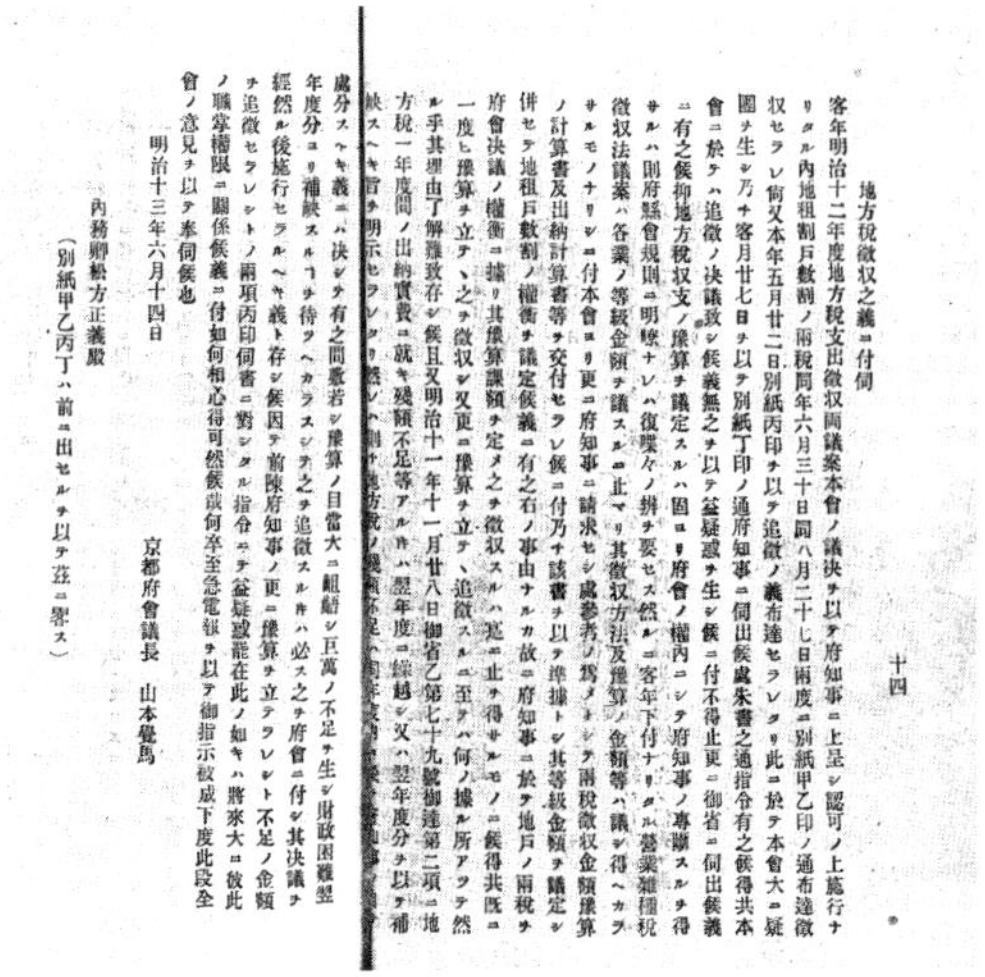
地方税徴収之義ニ付伺　十四
客年明治十二年度地方税支出徴収両議案本會ノ議決ヲ以テ府知事ニ上呈シ認可ノ上施行ナリタル内地租割戸数割ノ両税同年六月三十日同八月二十七日両度ニ別紙甲乙印ノ通布達徴収セラレ尚又本年五月廿二日別紙丙印ヲ以テ追徴ノ義布達セラレタリ此ニ於テ本會大ニ疑團ヲ生シ乃チ客月廿七日ヲ以テ別紙丁印ノ通府知事ニ伺出候處朱書之通指令有之候得共本會ニ於テハ追徴ノ決議致シ候義無之ヲ以テ益疑惑ヲ生シ候ニ付不得止更ニ御省ニ伺出候義ニ有之候抑地方税収支ノ豫算ヲ議定スルハ固ヨリ府會ノ權内ニシテ府知事ノ専断スルヲ得サルハ則府縣會規則ニ明瞭ナレハ復喋々ノ辨ヲ要セス然ルニ客年下付ナリタル營業雑種税徴収法議案ハ各業ノ等級金額ヲ議スルニ止マリ其徴収方法及豫算ノ金額等ハ議シ得ヘカラサルモノナリシニ付本會ヨリ更ニ府知事ニ請求セシ處参考ノ為メトシテ両税徴収金額豫算ノ計算書及出納計算書等ヲ交付セラレ候ニ付乃チ該書ヲ以テ準據トシ其等級金額ヲ議定シ併セテ地租戸数割ノ權衡ヲ議定候義ニ有之右ノ事由ナルカ故ニ府知事ニ於テ地戸ノ両税ヲ府會決議ノ權衡ニ據リ其豫算課額ヲ定メ之ヲ徴収スルハ正ニ止ヲ得サルモノニ候得共既ニ一度ヒ豫算ヲ立テ、之ヲ徴収シ又更ニ豫算ヲ立テ、追徴スルニ至テハ何ノ據ル所アツテ然ル乎其理由了解難致存シ候且又明治十一年十一月廿八日御省乙第七十九號御達第二項ニ地方税一年度間ノ出納實費ニ就キ殘額不足等アル時ハ翌年度ニ繰越シ又ハ翌年度分ヲ以テ補缺スヘキ旨ヲ明示セラレタリ然[illegible]處分スヘキ義ニハ決シテ有之間敷若シ豫算ノ目當大ニ齟齬シ巨萬ノ不足ヲ生シ財政困難翌年度分ヨリ補缺スルヿヲ待ツヘカラスシテ之ヲ追徴スル時ハ必ス之ヲ府會ニ付シ其決議ヲ經然ル後施行セラルヘキ義ト存シ候因テ前陳府知事ノ更ニ豫算ヲ立テラレシト不足ノ金額ヲ追徴セラレシトノ両項丙印伺書ニ對シタル指令ニテ益疑惑罷在此ノ如キハ將來大ニ彼此ノ職掌權限ニ關係候義ニ付如何相心得可然候哉何卒至急電報ヲ以テ御指示被成下度此段全會ノ意見ヲ以テ奉伺候也

明治十三年六月十四日　京都府會議長　山本覺馬

内務卿松方正義殿

（別紙甲乙丙丁ハ前ニ出セルヲ以テ茲ニ畧ス）

『第十三年京都府第貳百壹號地方税徴収布達事件ノ顛末』（京都府立京都学・歴彩館蔵）
明治13年、知事が行った追徴について内務卿へ出した伺い文。

件ノ顛末』に流れが記録されており、『山本覚馬傳』にも引用されている。内務卿側は覚馬の伺い文であるが、単なる意見の申し出のみとして捉えるとした。

十月十六日、臨時議会が開かれた。そこにおいて、槇村側は知事を通さず、内務卿（国）に提出した伺い書を却下すると回答している。槇村が税の追徴布達を取り消すが、改めて追徴議案を提出するとした。その旨、槇村は代理書記官に命じて、議会に提出させたのである。

このようになるまで、覚馬が何もしなかったわけではない。二十八日、覚馬と槇村が対談を行っているのである。覚馬が演説会を行うにあたり、許可を求めた時のやり取りであった。そこにおいて、覚馬は槇村に勇退を勧めたのである。確かに、槇村の在職十年は長い。まして、槇村は病にて倒れてもいる。覚馬の提案に対して、槇村は了解したという内容なのだ。これは、『大坂日報』などに記録されている。

かくして、元老院議官を命じられた槇村は知事職を退き、中央に異動していったのである。それに伴い、覚馬も議長職を辞した。追徴議案を議会に提出させることに成功したからであろう。京都府会無視を妨げることができたのであった。

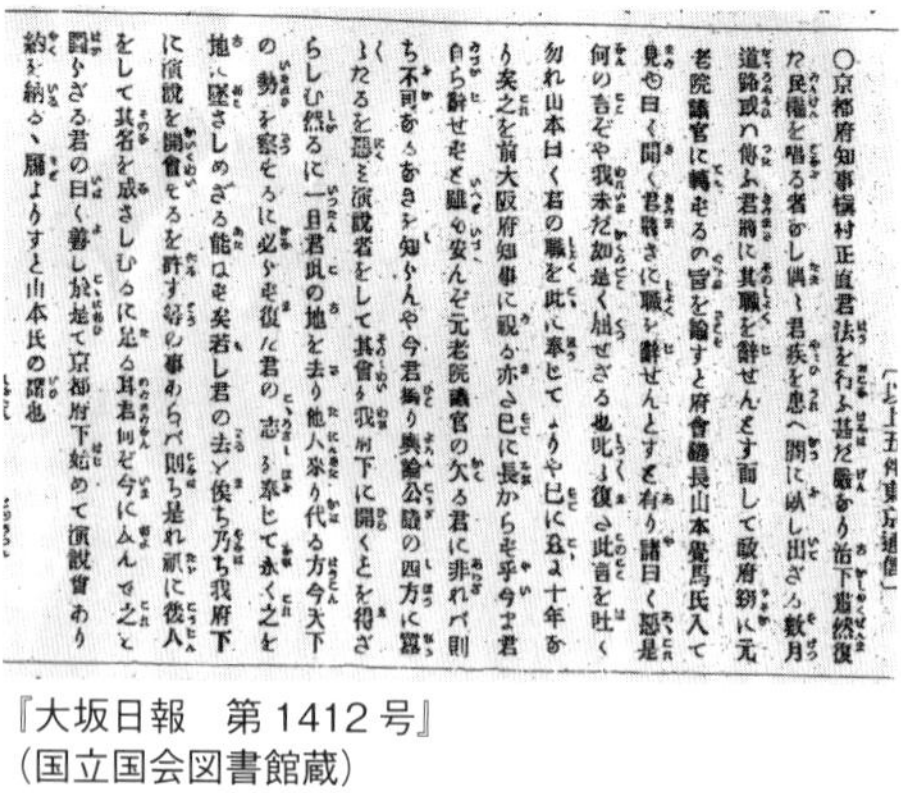
（十月廿五日東京通信）
○京都府知事槇村正直君法を行ふ甚だ厳なり治下靡然復た民権を唱ふる者なし偶ゝ君疾を患へ間に就し出ざる数月道路或ハ傳ふ君将に其職を辞せんとす而して政府将に元老院議官に轉ぜるの旨を諭すと府會議長山本覺馬氏入て見ゆ曰く聞く君職さに職を辞せんとすと有り諸曰く恐是何の言ぞや我未だ如是く拙せざる也叱ゝ復る此言を吐く勿れ山本曰く君の職を此に奉じて より已に殆ど十年なり矣之を前大阪府知事に視ぶ亦る已に長からざ乎今ま君自ら辞せざと雖も安んぞ元老院議官の欠る君に非ればル則ち不可なるあきを知らんや今君独り輿論公議の四方に囂ゝたるを悪ミ演説者をして其會を我府下に開くとを得ざらしむ然るに一旦君此の地を去り他人来り代る方今天下の勢を察ぞるに必らず之復ん君の志ろ奉じて永く之を抛ハ墜さしめざる能ハざ矣若し君の去ど僕ち乃ち我府下に演説を開會ぞるを許す行の事あらバ則ち是れ祇に後人をして其名を成さしむるに足る耳君何ぞ今に於んで之と図らざる君の曰く善し於是て京都府下始めて演説會あり納を納る、願よりすと山本氏の説也

『大坂日報　第 1412 号』
（国立国会図書館蔵）
明治 13 年 10 月 28 日、山本覚馬が槇村正直に勇退を迫ったことが記録されている。

山本覚馬の家族と死去

明治十四年（一八八一）五月二十日、山本覚馬の娘・峰が伊勢（横井）時雄に嫁ぐ。時雄であるが、横井小楠の息子であり、後の同志社三代目社長となる。翌明治十五年（一八八二）、時雄夫妻が会津若松、米沢を、新島襄夫妻と共に訪問したのは述べるまでもない。

二年後の明治十七年（一八八四）七月、峰が長女・悦子《えつこ》を産む。翌明治十八年（一八八五）、覚馬が商工会議所の会長となる。京都府の商工振興を担ったものであろう。それに対する評価についても最後に述べたい。

明治十九年（一八八六）二月十二日、覚馬と時栄が離婚した。離婚理由は不明である。時栄が浮気をしたというが根拠史料がない。後年、小説家・徳冨蘆花《ろか》の『黒い眼と茶色の目』のモデルにされている。だが、この話は小説であり、本当の話ではない。離婚の根拠原因が出てくるまで憶測の域は出ないであろう。

その後の時栄は堺市、神戸市を転居したが、一族の末裔も行方がわからないと述べた。そのためか、海外に渡ったという話まで見受けられる。吉村康氏が『新島八重の生涯』（歴史春秋社）において、時栄が晩年暮らした住所が書かれた論文を掲載されている。『同志社校友同窓会報』にが「東京（日本橋区新葭東萬河岸一四）」に住んでいたという当時の同志社における記録を紹介され

「中嶋茂千代と山本久栄」
（同志社社史資料センター蔵）
右が覚馬の三女・久栄。

たのであった。記録された年月から、時栄が昭和元年（一九二六）まで存命であったとわかるものであろう。

明治二十年（一八八七）一月二十日、六時に峰は、長男の平馬《へいま》を産んだ。覚馬にしてみれば、初めての男の孫である。だが、喜ぶ間もなかったであろう。出産から一週間後の二十七日、峰が死去してしまったのだ。子供を産むために京都に戻ってきており、覚馬に見守られての死去であったであろう。横井家墓碑に「横井峰子」と刻まれているが、「伊勢峰子」での死去が正しい。まだ、時雄が伊勢から横井へと苗字を戻していなかったからである。

同年十一月、時雄は再婚する。再婚相手・豊《とよ》の孫が世界的ピアニストの故横井和子女史である。和子女史の自叙伝「わが心の自叙伝」（『神戸新聞』）において、時雄の後妻・豊の言動が記録されていた。和子女史の祖母・豊が先妻の子供二人の面倒を見たというのである。覚馬の孫である悦子と平馬は、横井家において育てられていった。対して、覚馬の娘・久栄であるが徳富健次郎という同志社の学生との恋愛関係を取り消されてしまう。徳富健次郎、後の徳富蘆花である。

明治二十二年（一八八九）一月、新島襄は横井時雄に手紙を出している。そこに、覚馬親子は従来

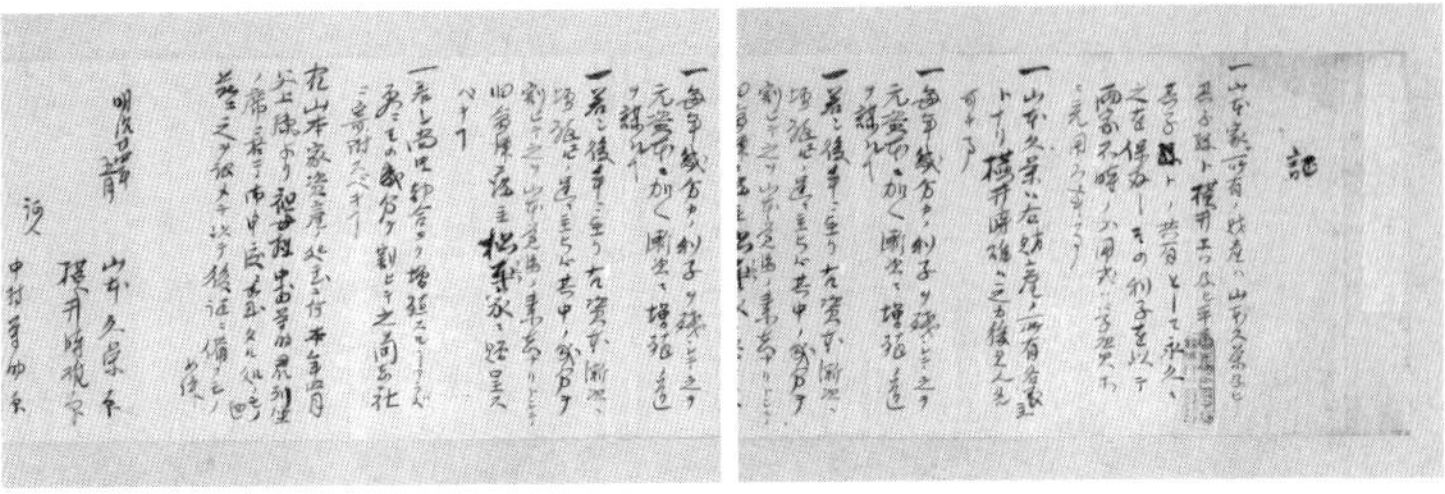

『山本覚馬遺言状稿』（同志社社史資料センター蔵）
山本覚馬が死去の前年に書き残させた遺言状。伊勢時雄が代筆している。

と変わりないと触れている。心配しないように書いたのであろう。だが、久栄の我儘、将来どうなるのか心配しているとある。他史料であるが、久栄の手紙を読むと強い意志が感じられる。そこを、我儘と表記したのであろう。病を患っていたのを心配した表記だったのかもしれない。

この新島襄の手紙に気になることが書かれている。次に引用紹介したい。

「北堂よりおゑつ様、平馬君の写真、御遣わし下され候ところ、おゑつ様の御顔が何となく穏和に相成り、大人も顔容に相似て参り候」

（「伊勢〔横井〕時雄宛」『新島襄の手紙』）

「山本覚馬(表)」
(三沢市先人記念館蔵)
平成24年、三沢市先人記念館で見つかった山本覚馬の写真。

まず、北堂とは時雄の母である。「おゑつ」は悦子であり、平馬と共に覚馬の孫である。新島であるが、悦子の写真を受け取った感想を書いてもいる。悦子の顔が死去した姪・峰に似てきたという。現在、新島が受け取った平馬たちの写真は行方不明である。

明治二十四年（一八九一）五月、時雄の代筆により覚馬の遺言状が書かれる。山本家の財産は娘・久栄、孫の横井悦子、平馬の共有物とされた。久栄に全ての所有管理、平馬を後見人としてもいる。だが、悦子のその後の動向は不明とされてきた。横井家の明治十九年式戸籍にも記録されていない。また、横井家墓碑にも名が刻まれていないのだ。戸籍改正時の更新であるが、様式変更から十年間の猶予が与えられる。だが、明治二十二年（一八八九）の横井へと改姓時の戸籍が最古のものであろう。当初、時雄の苗字が「伊勢」と戸籍に書かれている点に注意したい。この戸籍、横井和子女史が蘆花研究家・丸本志郎氏に渡されて、『山本覚馬の妻と孫』に掲載されている。覚馬は遺言状に「横井悦子」と書かせているが、他家に養女に行っていた可能性があると考えてしまう。後年、他家に嫁いだと伝えられてきていた。だが、覚馬の孫・悦子、平馬、娘・久栄も元気に過ごしていたのは誤りでなかろう。久栄は神戸英和女学校を卒業して、京都に戻ってきていた。

このようにして、翌明治二十五年（一八九二）十二月二十八日、覚馬が自宅において死去した。禁門の変従軍、レーマンとの交渉、『管見』提出、小野組転籍事件対応、同志社設立、京都府会議長職務、商工会議所会長職務など波乱万丈に満ちた生涯を愚直に生き切ったのである。

エピローグ・山本覚馬の娘や孫たち

山本覚馬死去後の娘・久栄、孫・悦子、平馬のその後について紹介したい。久栄であるが、覚馬死去の翌明治二十六年（一八九三）に後を追う如く若くして死去してしまった。徳冨蘆花との叶わなかった恋愛など有名である。久栄死去後の葬儀通知が『日出新聞《ひのでしんぶん》』に掲載されていた。次に引用紹介したい。

「故山本覚馬二女久栄義脳膜炎症ニ罹リ居候処療養不相叶廿日午前九時三十分逝去致候間　此段御報知申上候

戸主　山本平馬

親戚　新島八重

追而廿二日午前八時河原町天主教会堂ニ於テ葬式執行若王子墓地ニ埋葬仕候」

（『日出新聞』明治二十二年七月二十六日）

「横井家の人々」（一）『熊本市史編さんだより』　覚馬の孫娘・永井（横井）悦子と子供。

脳膜炎であるが、現在の髄膜炎である。何かしらに感染して死去したのであろう。療養をしていたということから、軽い病気とは考えられない。病床にて、他界したとわかるであろう。新聞欄に、平馬が戸主と書かれている。後見人のようなものに悦子の名はない。覚馬の妹・新島八重の名が後見人に記されていた。

悦子であるが、（学校法人）女子学院の協力も得られて、その後の様子がわかってきている。明治三十九年（一九〇六）、二十二歳にて女子学院（後の東京女子大学）の高等科を卒業していた。卒業から二年後の『明治四十一年度　同窓誌』から「清国安東縣掘割第一銀行　旧横井　永井ゑつ子」と居住地、夫の勤務先などが判明した。つまり、悦子は二十四歳になるまでに、永井定次という人物に嫁いでいたのである。第一銀行の場合、日露戦争終結翌年の明治三十八年（一九〇五）六月に清国の安東《あんとう》県出張所が設けられた。そのため、夫永井が安東県の第一銀行に勤めたというものであろう。

また、久栄と付き合っていた徳冨蘆花も山本家と関わりがある。そして、蘆花を調べていくと、覚馬の孫たちの動向が日記に記録されていた。次に紹介していきたい。

大正四年（一九一五）六月二十三日、峰の長女（覚馬の孫）悦子が蘆花宅を訪ねてきたという。悦子の苗字が「永井」となっている。夫・永井の対外方針失策により、男子二人（長男・八歳）、姑と共に千駄ヶ谷《せんだがや》に転居して暮らしているという。弟・平馬は愛宕《あたご》の署長をしているが、後妻に子供がいないという。つまり、明治四十四年（一九一一）生まれの自称・覚馬子孫・山口格太郎の場合、平馬の子でないとなる。なお、平馬は警察署長ではなく、勤務先が明確ではない。

悦子の話に戻りたい。悦子の女子学院卒業式において、蘆花が講演しているという。悦子から「母に似ていますか？」と蘆花に尋ねている。悦子は近眼鏡をかけており、叔母の海老名宮に似ていると思ったという。しかし、蘆花は「似ている」と返答した。この時の年齢を「十八で今治に往った時、お悦さんは二歳だったから、ことし三十二だ」（『蘆花日記一』）と蘆花は記録している。蘆花が十八歳の時、今治《いまばり》教会の横井時雄を手伝いに行っている。その時、悦子は二歳であり、数えて現在は三十二歳となるという意味である。悦子は「叔父さん」と蘆花を言うが、時雄と蘆花が従弟の血縁関係からの呼び方であろう。

悦子は、蘆花に対して「次は何を書かれますか」と尋ねてもいる。悦子は（大意）「新島八重が母を可愛がりました。私は機嫌を取らなかったり、言うことを聞かなかったので可愛がられなくなりました」（『蘆花日記一』）とも述べている。蘆花自身、悦子が「何しにひょっくり来たのやら」と書き残しているほどである。そして、悦子の帰途を見送った。蘆花は「お悦ちゃんの背には死んだ叔母の影がある」と悦子の叔母・山本久栄を回想している。蘆花の初恋の人、故久栄であった。

約半年後、悦子と平馬の義母、横井豊が蘆花宅を訪問した。そこで、蘆花は悦子が訪ねてきたことを話したという。豊が訪ねてきた理由は執筆の依頼であった。だが、蘆花は断っている。豊は『黒い眼と茶色の目』における蘆花の記憶力を褒めた。小説であるが、内容

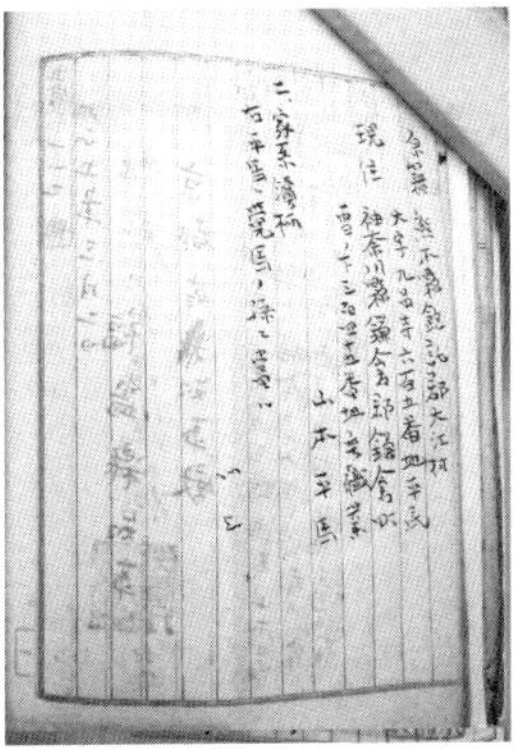
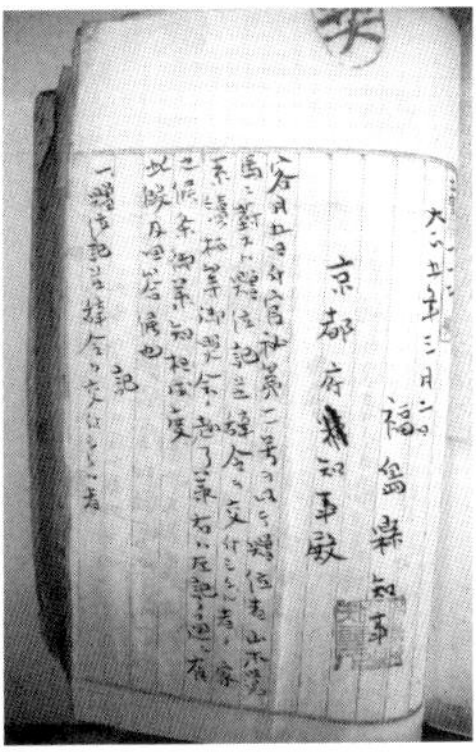

『大正四年　贈位敍位一件』
（京都府立京都学・歴彩館蔵）
山本平馬が父・覚馬の贈位記等を受け取ったことが記録されている。ここに、平馬が覚馬の孫で、養子という証明がされている。平馬の本籍地、現住所が書かれている。

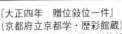

も史実に近かったのであろうか。だが、『不如帰』のように悪女を仕立てている実例があり、『黒い眼と茶色の目』の内容全てがオリジナルとは信用はできないであろう。

さて、平馬の話に時間を遡って戻りたい。平馬であるが、明治三十二年（一八九九）十一月十三日には下京区五条通大橋東入二丁目に転居していった。時が流れて大正三年（一九一四）一月、八重が同志社総長・原田助に宛てて、平馬について触れた手紙を出している。その内容であるが、現在の平馬は東京で暮らしているというものである。これは、明治政府が覚馬の血縁者を探していたものではなかろうか。

覚馬は翌大正四年（一九一五）、従五位を追贈されたのである。従位理由として「文化風教ノ為貢献シタル者」と記録されている。また、「京都新政ノ経略」（『大正四年　贈位敍位一件』）と纏められた内容から、京都府会の議長や商工会議所会長としての功績が評価されたものであろう。ここで、問題点が生じる。覚馬の贈位記と辞令を受け取る者が見つからないというのである。如何にして探したのか、福島県知事から京都府知事に対して、平馬の情報が寄せられる。時に大正五年（一九一六）三月二日である。平馬の本籍地等を引用紹介したい。

「鎌倉雪ノ下教会」『鎌倉雪ノ下教会伝道開始70年記念誌』（雪ノ下教会提供）
山本平馬が暮らした雪ノ下教会の古写真。平馬死去翌年、強制疎開で取り壊される。

「　記

一贈位記並辞令ヲ交付シタル者

原籍　熊本県飽託郡大江村

大字九品寺六百五番地平民

現住　神奈川県鎌倉郡鎌倉町

雪ノ下百四十五番地無職業

山本平馬

二家系続柄

右平馬ハ覚馬ノ孫ニ當ル

以上」

（『大正四年　贈位敍位一件』）

平馬は神奈川県鎌倉市で居住していた。無職となっているが、居住した地は鎌倉雪ノ下《ゆきのした》教会となっている。現在も続いている教会だが、平馬の消息記録は存在しないという。鎌倉雪ノ下教会に同じ山本姓で、死去年も近い人物がいた。しかし、子孫が別人と述べるのであるから何も言えない。平馬が暮らした鎌倉雪ノ下教会であるが、太平洋戦争の疎開時に取り壊されたという。

平馬の動向が最後に記録されていたのは、叔母・八重の葬儀であろう。昭和七年（一九三二）六月十八日、八重の葬儀が同志社で取り行われた。自宅から同志社への出棺式は次のとおりである。廣津《ひろつ》

「山本平馬」（個人蔵　丸本志郎著『山本覚馬の妻と子』㈱まるもと　47頁から転載）山本覚馬の孫で養子となった平馬の写真。故丸本志郎氏が故横井和子女史から拝領して、『山本覚馬の妻と子』に掲載したものである。

旭《あさひ》（八重の孫）に続いた霊柩《ひつぎ》は、黒い布に白い花が覆われた状態である。それを一族の廣津友信、速水藤助《はやみとうすけ》が同志社に送る。その後に平馬が続いた。新島邸を出発したのが、午前十一時半である。同志社大学の栄光館で行われた社葬の写真が現存するが、誰が平馬か断定はできない。

『同志社九十年小史』において、昭和十九年（一九四四）七月に平馬が死去により山本家が絶えたと書かれている。確かに山本家は絶えた。しかしながら、覚馬の曾孫たち（悦子の息子）が実在した記録が見つかっており、行方を追っていきたい。

【協力】

猪飼隆明、岩佐やす、浦出卓郎、大出俊幸、菊地明、故髙橋國男、高橋一美、高山みな子、故竹内力雄、田﨑公司、丹治隆宏、飛沢雅人、成田陽子、野口信一、早川廣中、早川広行、故広津みどり、布施智子、本田真也、間島勲、吉田幸弘、吉海直人、故好川之範（敬称略）

会津若松市立会津図書館、会津新選組記念館、鎌倉雪ノ下教会、京都府立京都学・歴彩館、宮内庁宮内公文書館、国立国会図書館、国立公文書館、真田宝物館、シーボルト記念館、女子学院資料室、東京大学史料編纂所、東京都公文書館、同志社社史資料センター、同志社大学図書館、長野市教育委員会文化財課、長崎歴史文化博物館、白虎隊記念館、福島県歴史資料館、福島民友社、福島民報社、防衛研究所戦史研究センター、北海道立文書館、法務局、三沢市先人記念館、横浜市歴史博物館、市立米沢図書館、早稲田大学図書館特別資料室

【引用・参考文献】

『大禮贈位内申事蹟書』『世話集聞記』『近世盲者鑑』『太政類典』『「槇村拘留事件書類」岩倉具視関係文書』『庚午自正月至七月　公文録　京都府之部』『己巳自七月至十二月　公文録　京都兵部省之部』『明治廿九年　恩給　文

官扶助料　二十九』『任官履歴書』『大正四年叙位贈位』国立公文書館蔵／「一誠斎紀実」真田宝物館蔵／「佐久間恪二郎書簡」横浜市歴史博物館蔵／『維新階梯雑誌』宮内庁宮内公文書館蔵／『会津藩京都御用所江戸・会津御用所往復書簡他諸記録控』早稲田大学図書館蔵／『近代日独交渉史研究序説』荒木康彦著／『幕末会津志士伝』『史跡雑纂二』『旧夢白虎隊』『大坂日報』『神戸新聞』『日出新聞』国立国会図書館蔵／『田中玄清事実』『山川健次郎博士遺稿』『旧藩御扶助被下候惣人別』『元斗南藩貫属各府県出稼戸籍簿』『他邦活計人別』『旧会津藩人斗南北海道其他移住人別』会津若松市立会津図書館蔵／『独逸人レーマンより旧會津藩足立泉相手取小銃代金一件』長崎歴史文化博物館蔵／「廣澤先生山本先生に関する懐舊談」『会津会会報第八号』『会津会会報第二十号』会津会／『福島民友』二〇一九・九・二十四／『明治三庚午御触書』市立米沢図書館蔵／『旧斗南藩士族名籍便覧』個人蔵／『日記（会津藩記録）1』『開拓使公文録』北海道立文書館／『野澤鶏一手記』『野澤鶏一履歴書』田﨑公司氏蔵／「当府士族足立泉儀長崎寄留中ドイツ人レーマンハルトマン商社より会津藩に係る小銃代価云々の件」「野沢鶏一海外旅券下付願の件」『公文書　件名　府市』東京都公文書館／「約定書1」シーボルト記念館蔵／『牧老人広沢先生小伝』『公務日記』『滞京日記』『七年史』『久保三郎日記』「佐久間修理復仇ニ関シ新撰組土方歳三ヨリ海舟先生宛書状」『薩藩出軍戦状』『鹿児島県史料　忠義公史料』『会津達』東京大学史料編纂所蔵／『同志社英学校記事』『同志社英学校沿革』『私学校開業、外人教師雇入ニ付京都府へ認再願出ノ書』『私塾開業願稿』「原田助宛書簡」「伊勢峰告別式説教」『山本覚馬遺言状稿』「同志社社史資料センター所有画像データー」『同志社九十年小史』同志社社史資料センター蔵／『時勢之儀ニ付拙見申上候書付』『管見』防衛研究所戦史研究センター蔵／『山本覚馬建白』同志社大学図書館蔵／『諸届伺申立一件留』中野操文庫・青木家文書／『上京区地籍図』『土地台帳』法務局蔵／『諸官往復書』『明治五年　官員進退録』『官職進退』『明治十一年中　諸官往復　簿書掛』『明治十二年　府会一件』『明治十二年　京都府会日誌』『旧藩々邸奉還並売却件』『第十三年京都府第貳百壹號地方税徴収布達事件ノ顛末』『京都府下民政資料雑纂』『宅間家文書』『人民指令』『大正四年　贈位叙位一件』京都府立

京都学・歴彩館蔵／『山本覚馬傳』青山霞村著・社会福祉法人京都ライトハウス／「わが心の自叙伝」『神戸新聞』横井和子著／『蘆花日記一、二』徳冨蘆花著・筑摩書房／『女子学院　同窓会名簿』『明治四十一年度　同窓会誌』女子学院資料室／『ラストサムライ山本覚馬』鈴木由紀子著・ＮＨＫ出版／『山本覚馬の妻と孫』丸本志郎著・かもがわ出版／「心眼の人〈会津びと山本覚馬〉京を駆ける」吉村康著・「山本覚馬建白」髙橋國男著『会津人群像№19』歴史春秋社／『新島八重の生涯』吉村康著・歴史春秋社／『八重の桜・襄の梅』本井康博著・思文閣出版／「山本覚馬覚え書（一）～（五）」「二本松邸に関する史料」竹内力雄著、「今出川キャンパスに関する一考察」小枝弘和著『同志社談叢』同志社大学／『同志社ローマンス』警醒社書店／『新島襄の手紙』同志社編・岩波文庫／「横井家の人々の思い出（一）」横井和子著・熊本市史編纂委員会／『新選組史料大全』菊地明・伊東成郎・KADOKAWA中経出版BC／『会津史談「会津烈女・八重の生涯（一）～（三）」』伊藤哲也著・会津史談会、『歴史春秋「八重と覚馬と尚之助（一）～（三）」』伊藤哲也著・歴史春秋社、『歴史読本　幕末京都志士日誌「山本覚馬京都日誌」』伊藤哲也著、『歴史読本　幕末戊辰戦争全史「新島八重と幕末会津をめぐる史料発掘情報」』伊藤哲也著・新人物往来社、『会津人群像№33「愚直に生きた⑩川崎尚之助」』伊藤哲也著・歴史春秋社

四章・愚直に生きた⑯

飯沼貞吉

はじめに

旧来より、飯沼貞吉について多くの方々が調べてこられた。近年では郷土史家・冨田国衛《とみたくにえ》氏、前田宣裕《まえだのりひろ》氏の研究で多くのことがわかってきた。子孫の飯沼一元《かずもと》氏、会津歴史研究会会長の井上昌威《よしたけ》氏たちの活字本も注目されているようだ。

今回、開城まで新旧諸史料を用いて触れていく。開城後から恩給請願まで新史料を多く紹介したい。

『會津第四号』（仙臺會津会青年会刊　会津若松市立会津図書館蔵）
大正４年、『會津第四号』に掲載された退職後の飯沼貞雄。

誕生から白虎隊結成まで

安政元年（一八五四）、会津藩士・飯沼猪兵衛《いへえ》一正《かずまさ》（四百五十石）の次男として会津若松城下で誕生した。幼き頃の名を加納貞吉という。そのためか、『維新階梯雑誌《いしんかいていざっし》』における自刃者名簿には加納貞吉と書かれている。次男であるため別姓を名乗ったという。また、明治十九年式戸籍で、誕生年を嘉永六年（一八五三）から安政元年（一八五四）に訂正している。

十歳の時、藩校・日新館に入学すると二経塾一番組に編入された。十五歳で止善堂という上級学校に進学している。「幼き頃から賢く、鋭敏果敢な性格であった」と『飯沼貞雄を偲ぶ』（飯沼貞雄顕彰会）において記録されている。ただ、父から兄に従うよう育てられたが、中々素直にならなかったという。

後年、弟・飯沼関弥《せきや》（一寿《かずとし》）が『藻汐艸《もしほぐさ》』という実体験記録をまとめている。そこに、父・一正の意思により、戦死した自身の弟の飯沼友次郎、友三郎の家を貞吉、関弥に相続させたと記録されている。家系図にも「叔父一臣絶家再興」と書かれていた。友次郎一臣《かずおみ》であるが、次のような人物であったという。

（引用）

「此の人は親には孝、兄には悌、亦府君自慢の弟であった。さうして、小時より養子などには往かず一家を創立して見せると文武を勉強した人で、武芸の内では宝蔵院流の槍術が得意であったさうだ」

（『藻汐艸』）

貞吉は友次郎の跡を継いで、飯沼家を相続したのである。そのために、平民になったという。貞吉は「友次郎一臣の後継者として、分家初代となり」（『飯沼貞雄を偲ぶ』）とも書かれており、誤りないものであろう。

友次郎の動向について述べたい。京都守護職を拝命した松平容保に従い、友次郎は上京した。上京時の動向は、『世話集聞記《せわしゅうぶんき》』に記されている。『維新階梯雑誌』では、八・一八の政変、禁門の変や慶応二年（一八六六）の時の動向が触れられていた。

慶応三年（一八六七）十二月に倒幕の密勅が出される。だが、前将軍・徳川慶喜は大政奉還で戦を防いだ。そして、慶応四年（一八六八）一月、薩摩藩勢に対して、討薩の表を出すと会津藩、幕府勢を京都に進行させた。しかし、薩摩藩の待ち伏せにあい、鳥羽・伏見の戦いが勃発する。

この戦いで、友次郎は佐川官兵衛率いる別撰隊《べっせんたい》に従軍した。一月四日午後五時頃、上鳥羽で銃撃戦が展開される中、槍を振るって戦ったのである。残念ながら翌五日、淀において被弾して落命してしまう。

この時の戦死者名簿『戊辰東軍戦死者霊名簿』において、貞吉の祖父・粂之進《くめのしん》が戦死したと書かれている。京都の御香宮《ごこうのみや》所有の原本を確認のため閲覧した。確かに、粂之進と書かれているがこれは友次郎の誤りであろう。また、所属が新選組と書かれているが、佐川率いる別撰隊の誤植ではなかろうか。東京大学史料編纂所所有の写本の場合、別撰隊と訂正して書き写している。友次郎の墓石であるが、会津若松の大窪山にも建てられた。後年、養子の貞吉が建てたものであろう。

白虎隊出陣

慶応四年（一八六八）三月十日、会津藩は軍制改革を実行して、新たな部隊編成を行った。白虎隊が誕生したと『若松記草稿』に記録されている。白虎隊士の年齢は「十五歳ヨリ十七歳」と表記されていた。また、白虎隊は白虎士中組中隊、白虎寄合組中隊、白虎足軽中隊と大きく三中隊に分かれる。

白虎士中組中隊の場合、白虎一番士中組と二番士中組の二隊から成りたっていた。そして、二番士中組（以降、士中二番隊と表記）は一番小隊、二番小隊の二小隊編成である。『白虎隊事蹟』においては、二小隊合計で三十八人と書かれていた。そうすると、飯沼貞吉たち十九人が一番小隊というものであろう。『會津戊辰戦史』においても、士中二番隊が三十七人と一人違いながらほぼ同じ隊士数と記録されている。ただ、他史料の『維新階梯雑誌』『浅羽忠之助筆記』『旧記輯録《きゅうきしゅうろく》』では、隊士数が五十四人程とある。貞吉が『河北新報』に「この時は六十人程度の人員」と回想している。

なお、一番小隊の小隊頭は山内蔵人、半隊頭は佐藤駒之進である。二番小隊は小隊頭・水野祐之進、半隊頭・高木傳蔵であった。当初の士中二番隊頭は千葉権助であるが、編成翌月に中隊頭が日向内記へと代わっていくのであった。

「平石弁蔵宛て貞雄書状」（個人蔵）から、白虎隊がヤーゲル銃を携帯していたとわかる。ミニエー銃の支給が白虎隊に間に合わなかったというものであろう。

この時、貞吉は平常のとおり学校へ行き、三の丸で調練をしたという。それは、飯沼関弥の回想録「七十年前の行出」『會津史談會誌　第十六号』から確認できる。また、『戊辰戦争実歴談』においても城下三の丸において、幕臣・畠山五郎七郎や柴五三郎《ごさぶろう》たちによってフランス式の軍事訓練を受けたと記録されていた。

いつまで、城下において訓練をしていたのであろう。五月二十七日、藩主・松平喜徳《ひさのり》に従い滝沢村、原に赴いたと『会津藩大砲隊戊辰戦記』からわかる。しかし、御供は原村までであり、城下に引き返したと記録されている。それでは、福良《ふくら》や三代《みよ》に白虎士中二番隊が護衛役として進軍しなかったとなるであろう。だが、白虎隊士や地元民の史料から次のようなことがわかる。

『戊辰戦争実歴談』の七月八日記録において、白虎隊が福良に出張して、喜徳の面前で空砲演習をしたと書かれている。つまり、白虎士中二番隊は福良に出陣してきたとわかる。ほかにも同日の白虎隊を記録した史料が現存していた。『荒井治良右衛門慶応日記《あらいじろうえもんけいおうにっき》』から白虎隊が七月に福良にいたとわかる。該当部分は「白狐隊二隊福良へ赤津泊ニ而詰ル　隊長拾八才ゟ十五才迄」と七月八日に記されていた。「狐」は虎の当て字である。八日中に赤津から福良に来たという。

喜徳の軍事訓練は世に知られている。それを行うにあたり、士中二番隊が福良に出張してきていたのだ。

ここで、伝承話とされてきた元新選組副長・土方歳三と白虎隊士が接触したという逸話が全くの誤りではないとなる。『史料集成　斎藤一』（歴史春秋社）にて述べたが、『伝習第一日記』から、土方が六月中に戦線復帰したとわかる。対して、白虎士中二番隊が七月に福良にいたと確定できたのだ。白虎隊士・永岡清治の回想録『旧夢白虎隊《きゅうむびゃっこたい》』において、土方と白虎隊士の宿が隣であったという。すると、飯沼貞吉が土方の姿を見たという可能性も出てくるであろう。

その後、七月二十八日に喜徳と共に白虎士中二番隊は会津若松城下へと戻っていった。そして、『容保公野澤出馬記録《かたもりこうのざわしゅつばきろく》』にて確認できるとおり、白虎士中一番隊が容保の護衛で北越方面に出陣となる。士中二番隊は城下の留守をまかされたのである。

白河口の最前線はどうであったのか。白河小峰城は奪還ならず、新政府軍が攻め寄せてくる中、会津藩勢は母成峠の戦でも敗れてしまう。新政府軍の会津若松城下への進軍が開始されたのである。

長州藩士・楢崎頼三《ならさきらいぞう》と行動を共にした同じ長州藩士・有地品之允《ありちしなのじょう》の記録から進軍状況がわかる。猪苗代、石筵と殆ど戦が無かったという。十六橋という石橋を巡り、攻防戦が行われたのみと記録された。十六橋であるが、幅三尺、長さ一間半の平石を三枚渡した設計であったという。そして、二十二日晩、滝沢峠の左右の山で新政府軍が宿陣したと確認できる。だが、各藩、部隊ごとにまとまってはいない。進軍が早すぎたと新政府軍兵士も回顧で述べている。

二度目の出陣

さて、会津藩側の動向を前日の二十一日に遡って述べていきたい。この日に母成峠で敗れるという連絡が会津若松城下に入った。翌二十二日、佐川官兵衛率いる部隊が会津若松城から前線へと進軍する。また、会津藩勢の指揮を執るため、松平喜徳、容保親子が滝沢本陣に陣を置いた。その時、士中一番隊は護衛のため出陣を命じられる。だが、士中二番隊に出陣命令が出ない。

そのため、井深茂太郎《しげたろう》、石山虎之助によって出陣願いの「建議書」が作成された。そして、篠田儀三郎、安達藤三郎の両名が「建議書」を家老・萱野権兵衛《ごんのひょうえ》に提出したのである。これは、明治二十七年（一八九四）に中村謙が編集した『白虎隊事蹟』に含まれているが、この書にはほかにも現存する書状が書き写されており、その部分は信用できるものであろう。後年に創作されたものではない。

そして、『白虎隊事蹟』に書かれているとおり、二十二日に小隊頭から藩主・喜徳護衛の任に就き、進軍するようにという通達が出された。白虎士中二番隊士への出陣命令となる。小隊頭からとあり、山内蔵人からの通達であったろう。

冨田国衛氏が『会津戊辰戦争　戸ノ口原の戦い』（おもはん社）にて、『白虎隊事蹟』は貞吉や遺族に確認を取っていることから、信用できるものと執筆されている。そして、明治三十一年（一八九八）に出版された『西郷隆盛一代記』に「白虎隊の壮烈」が書かれているが、五点の逸話が含まれていると紹介された。この冨田氏が指摘した「飯盛山上の五点セット」に関して、筆者は触れないことにしたい。筆者は冨田氏の執筆により、結論がでたものと考えている。ほかにも、『壮絶斐絶白虎隊』が『西郷隆盛一代記』を引用しているというのも同意見であった。

ただ、『西郷隆盛一代記』が全くの逸話であったか。編者の村井玄斎であるが、情報提供依頼を新聞に掲載した。『西郷隆盛一代記』文中から、旧会津藩士たちより、情報を知りえて書かれたとわかる項目もある。全てが逸話から成り立っていたのではない。そのため、逸話か実体験談か注意していくべきという話になるであろう。つまり、逸話集ではないのである。

さて、本題に戻りたい。出陣命令を知った飯沼貞吉であるが、銃を持ち軍服を着用した。そして、貞吉の母・文《ふみ》（雅号・玉章《たまずさ》）は一歩も退かないようにと述べた後、次の一首を書き与えて激励したという。

「あずさゆみ　　　ひきな
むかふ矢先は　　かへしそ
しげくとも　　武士の道
玉章」
（『飯沼貞雄氏を偲ぶ』）

飯沼一元氏は著書『白虎隊士飯沼貞吉の回生』（ブイツーソリューション）において「梓弓の歌」を画像掲載されている。『飯沼貞雄氏を偲ぶ』に掲載された和歌と筆跡が同じであろうことから原本を使用されたのかもしれない。筆者は『飯沼貞雄氏を偲ぶ』掲載画像から転載させていただいた。

その後、貞吉は外祖父《がいそふ》西郷家に立ち寄り、外祖母から一首送られている。通説によると叔母である家老・西郷頼母の妻・千重子に会ったとされていた。しかし、外祖父となると母方の祖父となる。つまり、子供の頃から世話になった西郷十郎衛門宅に決別のため立ち寄ったのが正しいのではなかろうか。西郷なほ子であるが、山川浩、健次郎兄弟の外祖母でもある。ただ、『白虎隊事蹟』の付記に「西郷家とは西郷頼母氏なり」と書かれていた。どちらの西郷宅に寄ったのが正しいのか。一ノ丁の西郷宅、三ノ丁の西郷宅のどちらを訪れたか明確でない。両方の西郷宅を訪ねたとも考えられるであろう。

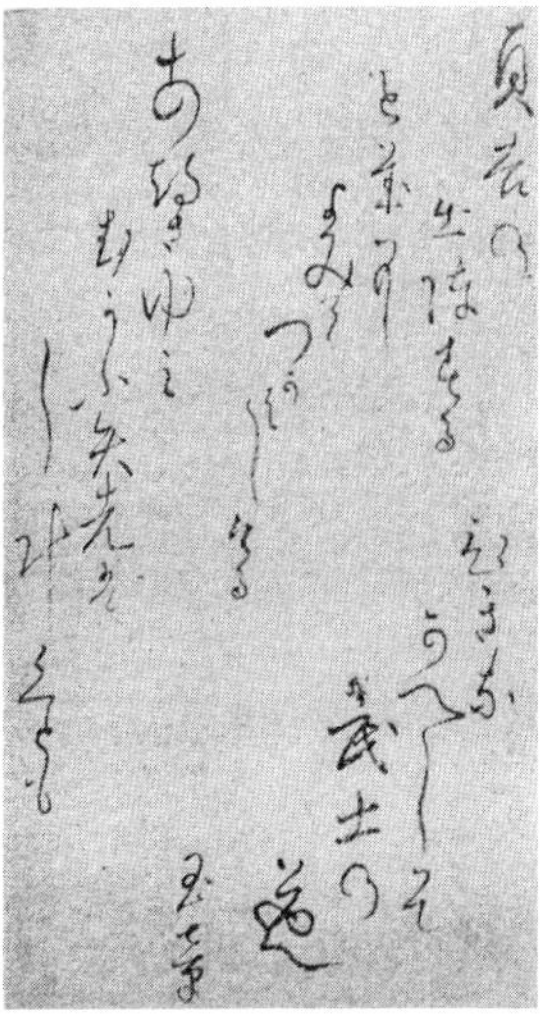
「梓弓の歌」『飯沼貞雄氏を偲ぶ』（福島県立博物館蔵）
飯沼貞吉が母・文（雅号・玉章）から出陣時におくられた一首。

そして、貞吉たち白虎士中二番隊は喜徳、容保護衛のため滝沢本陣に出陣していった。

白虎隊の転戦

松平喜徳、容保護衛で進軍した士中二番隊は滝沢本陣に陣を置いた。そこで、二番隊士たちは更なる進軍を願い出たのである。

「白虎隊ハ頻りに進んで敵に當りたいと云う所から肥後守も許し」（『北原雅長談話』）

しきりに、士中二番隊士たちは容保に進軍して新政府軍と戦いたいと願い出た。そして、容保から許可を得られたという。『若松記草稿』における白虎士中二番隊進軍人数は三十余名と記されている。

従軍した白虎隊士・酒井峰治《みねじ》の『戊辰戦争実歴談』において、進軍状況が詳細に記録されていた。滝沢峠を越えて、船石《ふないし》に進軍した時点で新政府軍の砲声が聞こえたという。そして、船石茶屋に携帯品を預け、身軽になり進軍した。駆け足で強清水《こわしみず》から一丁半程進軍後、小山に登って、穴を掘り胸壁を築いたという。『北原雅長談話』にも「肥後守も許して申の下刻（十七時頃）、大野原（戸ノ口原）という平地の少し先の小高い丘に陣を置いた」と記録されている。

『北原雅長談話』に周囲の部隊配置が記録されている。ほかにも「平石弁蔵宛て貞雄書状」に、飯沼貞吉は敢死隊《かんしたい》との距離が十丁程と記憶すると書いていた。夜明け十時頃、敢死隊に用事があるからと中隊頭・日向内記が離れたという。貞吉の手紙に書かれている実体験回想録である。これは、「飯沼貞雄談による白虎隊実歴談」（『河北新報』）や「飯沼貞吉の談」（『辰のまぼろし』）においても同一内容が確認できる。

貞吉は『河北新報』に「篠田儀三郎が敢死隊と合併することに不服を述べた。一隊六十人も同意して、篠田を隊長に立てて独立の任に就き前進した」と回想している。敢死隊との合流に異を唱えての動向であった。

そして、戦に突入していく。『戊辰戦争実歴談』から侵攻してきた新政府軍に対して、最初の一戦を勝利に収めたとわかる。その後、守備地を敢死隊に譲り、赤井谷地《あかいやち》へと転戦していった。中隊頭・日向が不在のまま転陣したのである。だが、敵を挟み撃ちしようと砲撃するも利あらず、退軍の命が下されてしまう。

翌二十三日、暴風雨の最中、新掘《しんぼり》に至った。当日の朝方、赤井新田《あかいしんでん》から引き揚げ、城下へと向かおうとしたという。そこで、追いついた山内小隊頭が何処に向かうのかと尋ねた。隊士の石山虎之助が進み出て、大声で「沓掛ニ赴テ決戦セント欲スルノミ」（『戊辰戦争実歴談』）と答えたという。だが、山内小隊頭が一度退却して指示を受けるべきであろうと述べる。石山と激論になるが、その後の両者ははぐれてしまう。

『戊辰戦争全史（下）』（新人物往来社）など著作物で『戊辰戦争実歴談』を世に広めたのは幕末史研究家・前田宣裕氏である。前田氏は酒井が篠田儀三郎について触れていない点に疑問を持たれた。貞吉は篠田が指揮を執ったと記録している。しかし、この時の篠田の動向が『戊辰戦争実歴談』の文中にない。石山と篠田が別グループになっていたのではないかというものである。

それとも、篠田に日向の役職が一任されたのであろうか。大正期の郷土史家・荘田秋村《しょうだしゅうそん》氏は「嚮導といふのは指揮役になるのであるが決して主将ではない」（『会津　白虎隊顕彰号』）と述べられている。

さて、『若松記草稿』に新政府軍の進軍状況、白虎隊の転戦が書かれているが割愛したい。なお、『若松記』は慶応四年（一八六八）六月一日までの北越戦線記録である。会津図書館所蔵は、一巻欠落の『若松記草稿』写本というのが正しい。

また、総指揮官・佐川官兵衛批判が出ることがある。筆者が『愚直に生きた　上巻』「愚直に生きた⑫佐川官兵衛」において史料紹介したとおり、佐川は容保の傍におり最前線にいない。容保が城中に引き揚げるのは二十三日朝以降である。そうなるまで、佐川は「公を捨て退くは何人や」（『戊辰戦争見聞略記』）と刀を振るって、退く兵を留めようとしたというのも『愚直に生きた　上巻』にて紹介した。だが、多くの兵が退いてきてしまい止めようがなかったというのである。士中二番隊も同じように前線から退いてきていた。なお、『若松記草稿』の場合、部隊の動向記録に気を付けるべき点がほかにも見受けられる。佐川は最前線にいないため、配下の部隊を将の名前で動向表記してしまった可能性があろう。

では、戸ノ口原の戦いで白虎士中二番隊に戦死者は出なかったのか。『会津藩士討死者名簿《あいづはんしうちじにしゃめいぼ》』（東京大学史料編纂所）における戸ノ口原での戦死者に野村駒四郎の名が書かれていた。信用性の高い戦死者名簿である。『戦死者名籍』の原本というものであろうか。

この時の新政府側の動向が書かれた史料を紹介したい。新政府軍の記録に「八月二十三日未明、十六橋を越えて、朝六ツ（六時前後）過ぎより戦が始まり、四ツ前（午前十時前後）時分には城下に打ち入り」（『薩藩本府臼砲隊戦場』）と書かれているとおり、城下戦突入までの時刻もわかる。また、多くの新政府軍側史料に城下を焼き払ったと記録されていた。ほかの様々な史料から、新政府軍が会津若松城を囲んだのが午前十一時頃とわかる。

当時、食事は一日に二回だったという。会津若松城下が朝飯時という記録も見受けられる。城下戦突入で火が付けられやすくなっていた起因の一つであろう。

飯盛山自刃

城下戦突入時、白虎士中二番隊の状況はどうなっていたのであろうか。中隊頭・日向内記、小隊頭・山内蔵人、半隊頭・佐藤駒之進と飯沼貞吉たちは離れ離れになって会津若松城下を目指した。ただ、佐藤は戦死したと思われ、昭和になるまで北海道移住も知られていなかったという。

ほかにも士中一番隊や水野祐之進率いる二番小隊と別行動になっている。酒井峰治たちとも別れてしまっていた。酒井が生還したのは著名だが、ここで詳細には触れない。ただ、ほかにも多くの隊士たちが会津若松城内に戻ることができた。

そのようにして、貞吉たちは飯盛山まで退去してきた。そして、『旧記輯録《きゅうきしゅうろく》』『維新階梯雑誌』に「十六人之者心ヲ一致ニし引返して籠城せんと二ッ屋と云所ゟ飯盛山ニ登り」と書かれている。貞吉たち十六人の隊士が籠城するため、戦線を離れて会津若松城を目指して引き返した。その途中、二ッ屋というところから飯盛山に登っていったという。『七年史』では「二谷入」と書かれていた。貞吉の『河北新報』への回想録において、間道から飯盛山へ登ったと書かれている。「二ッ屋」、当時の小字か何かであったのかもしれない。また、建物の名称であった可能性もある。筆者は場所が特定できずにいる。

「平石弁蔵宛て貞雄書状」にて、貞吉は洞門について触れている。そこで、「弁天山（飯盛山）下の洞門内の距離がわからない。五十間（約九十m）から六十間（約百m）程であったろう。洞内は闇黒であったが、教導役の篠田儀三郎の指揮で一斉に入り、一列で進んでいった」と回想を伝えている。そして、貞吉は河北新報記者に「杉林の辺りから燃え上がり、煙が立ちあがった」と洞門から出て如何に見えたかも述べている。つまり、会津若松城下が燃えていたというものである。ただ、天守閣や本丸が燃えたとは述べていない。

この時の会津若松城下の情勢が書かれた史料を紹介したい。雨は上がっていたが、煙霧が晴れていないと新政府軍の『平田宗高日記《ひらたむねたかにっき》』等に記録されていた。会津側では、浅羽忠之助《あさばちゅうのすけ》の『浅羽忠之助筆記』に「城ヲ眼下ニ見落スニ黒烟リ炎々天ヲ突キ同城中ト見受ケシ」と城下が燃えて、黒煙が上がっていたと実体験回想録が書かれている。燃えていたのは会津若松城中と思ったが、日新館であったとも記録されていた。何故に城下が燃えたか、会津藩側が城下を新政府軍の拠点とされないよう火を放

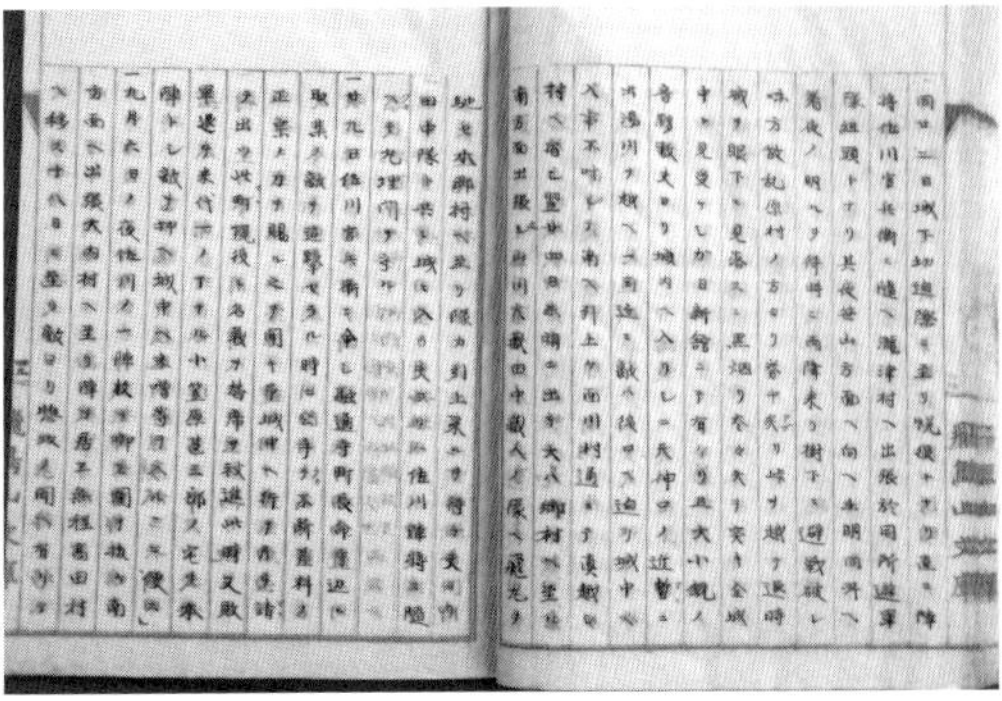

『浅羽忠之助筆記』（流通経済大学祭魚洞文庫蔵）
「黒煙が延々と天を突き、同城中と見受けし」と書かれている。

ったという。だが、新政府軍の薩摩藩の記録『児玉平蔵書簡』などに「城下への放火を盛んに行った」と書かれている。

さて、城とは天守閣、本丸、二の丸のみではない。城下町も城の範囲に含まれる。つまり、既に紹介したように会津若松城下が燃えていた。それは、明治二年（一八六九）四月の『官許新聞　天理可楽怖《てりからふ》　第三号』（以降『天理可楽怖』と表記）に「猛火ニ燃上る扨ハ落城と覚たり」と記録される。そこから、城（会津若松城下）が燃えて、落城したと認識して、自刃したと世に広まったのであろう。『天理可楽怖』は多くの会津藩士たちが読み、書き写して自著に組み込んでいる。『天理可楽怖』はどこからの情報であったのか。貞吉は何も語り残さなかったか否かである。なお、郷土史家・冨田国衛氏が論じた「飯盛山上の五点セット」と言われる美談以外の燃上である。

さて、飯盛山における貞吉たちの動向について少しだけ触れておきたい。飯盛山で自刃か会津若松城に入城かで意見が割れたという。自刃すべきでないと井深茂太郎《しげたろう》が述べたと「白虎隊顛末記」（『白虎隊士飯沼貞吉の回生』）に書かれている。全員が当初から自刃という意見ではなかったというものであろう。この部分は、貞吉本人が赤字加筆した実体験談であり、信用できる部分となる。

話を元に戻して、『天理可楽怖』には自刃者名簿は書かれていない。しかし、『天理可楽怖』発行翌月に『明治新聞　五号』（以降『明治新聞』）という新聞が出版された。この『明治新聞』に自刃者名簿が二か所、自刃までの動向と共に書かれたのである。これが世に広まったのは会津藩士・江川元逸が『旧記輯録』に該当部分を転載したなどからである。明治三年（一八七〇）に江川は他界しており、高田謹慎中に『明治新聞』を筆写していた。高田謹慎者たちにも、貞吉たちの自刃が広く知れ渡ったと把握できる。読みやすくなっている『旧記輯録』を次に紹介したい。


「城下ノ方ヲ見レバ敵ハ城下ニ充満シ猛火サカンニ燃上ル扨ハ落城ト覚ヘタリ」（『旧記輯録』）

このように、会津若松城下が燃えていて、落城と思ったという。前述の一文は『天理可楽怖』と殆ど同じである。そして、この次に敵に捕縛されれば恥辱を受けるのは必至だ。実に口惜しいが、潔く割腹しようと十六人各自で自刃したと記録されている。貞吉は喉を突いて自刃を図った。やはり、筆者は捕縛されて恥辱を受けるのを避けるためというのが自刃の理由であろうと考えている。

また、自刃時の本人による記録文が残っていないのか、と思われる人もいるかもしれない。実は、蝦夷地まで転戦した会津藩士・大庭久輔《おおばきゅうすけ》が遺言書を残して自刃している。そこに、捕縛されて見苦しく死ぬのなら、己で命を絶つという内容が書かれていた。自刃した会津藩士の心境というものであろう。筆者は自刃した士中二番隊士も同じ考えで最期を選択したものと認識している。

ただ、貞吉子孫・飯沼一元氏は『白虎隊士飯沼貞吉の回生』で自刃理由を「武士の本分を明らかに

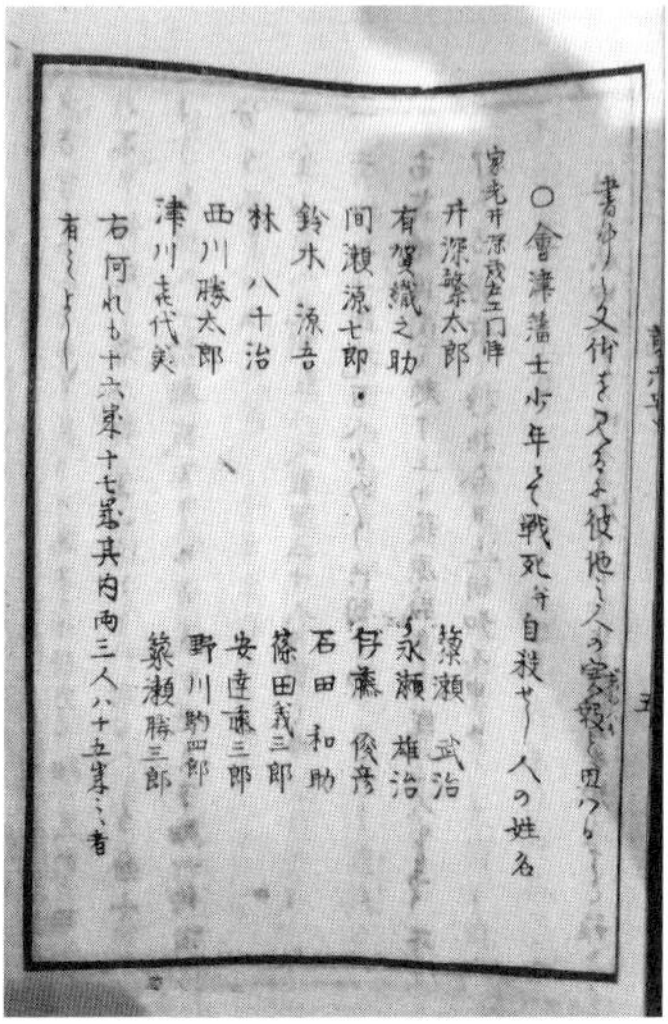

『明治新聞　五号』
（会津新選組記念館蔵）
初めて書かれた士中二番隊自刃者名簿。飯沼貞吉が言って伝わる。

する」（「白虎隊顛末記」）として紹介されている。飯沼一元氏は「会津藩が朝敵とされた理不尽に対する抗議を集団自決という形で示した」と考えているという。

さて、『明治新聞』に「十五人ノ姓名モ分リ其際ノ始末モ飯沼ノ言ニヨリテ詳ニ知レリ」と書き残されている。貞吉が十五人の名前や顛末を語り残したという。つまり、籠城中以降に貞吉が語ったと考えられる。そして、その話が『天理可楽怖』『明治新聞』に掲載されて更に広まっていった。城外で戦っていた江川、浅羽たち会津藩士は『天理可楽怖』『明治新聞』から知りえたと考えられる。

なお、自刃者名簿を書き残した藩士たちが、越後高田謹慎というのは偶然に過ぎないであろうか。単に東京謹慎者が記録を残さなかったとも思えない。

通説では、共に自刃したのは十五人ということになっている。だが、自刃十九人、十六人、十五人、十二人、十人、九人、八人、六人と様々な説がある。どれが正しいか、判断は読者に委ねたい。現時点、筆者は十人か十五人と考えている。自刃者数を断定しないが各説を紹介していくことにする。

自刃十九人説

飯盛山で行われている白虎隊剣舞は、世間に広く知れ渡っている。明治十七年（一八八四）、墳墓が拡張された年、佐原盛純《さはらもりずみ》により「白虎隊」が作詞され、剣舞が奉納されるようになったのが発祥である。

自刃は飯沼貞吉を含めて、何人で行われたか。貞吉を含めた二十人の所持品、服装が書かれた『白虎隊士中二番隊屠腹並戦死人別《びゃっこたいしちゅうにばんたいとふくならびせんしにんべつ》』という史料がある。史料名から自刃者と戦死者の名簿とわかる。この史料、開城後の埋葬人数を記録したうちの一人、藤澤内蔵丞《ふじさわくらのじょう》によってまとめられた。世に知られた『戦死屍取仕末金銭入用帳《せんしかばねとりしまつきんせんにゅうようちょう》』を記録した人物でもある。では、自刃者数が十九人であったのであろうか。まず、『白虎隊士中二番隊屠腹並戦死人別』がいつ書かれたか明確にされていない点に気を付けなければならない。

当初、貞吉の話などから自刃者は十五人であった。十七回忌以降、石山虎之助を十五人に加えるようになる。石山が飯盛山に後から辿り着いて自刃したからという。ただ、その根拠は何処にもない。しかしながら、『会津藩戦死人別大略』（東京大学史料編纂所）記録時、石山が自刃者に加えられて十六人となったのが確認できる。

ほかの三人はどうであったのか。明治四十四年（一九一一）であるが、貞吉が白虎隊の手記を所望したとされる森勝蔵に書状を出している。この森宛の書簡において、「飯盛山ニ於テ自殉シタル人員ハ十六名ガ正当ニ有之候」と自分を含めて自刃は十六人と述べた。そして、「途中ニ於テ戦死シタルモノ三名アリ」と三人は飯盛山に来る途中で戦死したと書いている。

つまり、十九人のうち池上新太郎、伊東悌次郎、津田捨蔵の三人が後に足されたと諸史料掲載の自刃者名簿からわかる。三人の戦死した場所が『戦死者名鑑』『戦死殉難者人名録』に記録されていた。戦死場所が両文書で異なるものの、飯盛山ではないという点では一致している。

そして、明治二十三年（一八九〇）に他所で戦死した三人が自刃十六士に加えられた。墓域が拡大されて、白虎隊の十九士の墓碑周辺も拡張されるに至っている。つまり、十九人で自刃したという事はない。

昭和十一年（一九三六）、教科書における自刃人数が正しいか調査して「白虎隊自刃に関する調査」が記録されている。

自刃十五人説

白虎士中二番隊の自刃を世に知らしめた明治二年（一八六九）四月二十八日発行の『天理可楽怖』の紹介から入りたい。『天理可楽怖』に掲載された「北情新話《ほくじょうしんわ》」である。ここに飯沼貞吉たちの自刃時の動向と人数が掲載されているのは世に知られている。貞吉を含めた十六人が自刃したという。つまり、実際の自刃者数は十五人となる。既に述べたが、最古の自刃者名簿となると『明治新聞』である。そして、『明治新聞』から知りえた『旧記輯録』の自刃部分は『維新階梯雑誌』『浅羽忠之助筆記』にも組み込まれた。また、『維新階梯雑誌』『浅羽忠之助筆記』の場合、『天理可楽怖』からも該当部分が転載されている。

『天理可楽怖』の場合、『若松記草稿』にも同一文が書かれていた。ただ、『若松記草稿』に記録されている自刃者は、貞吉を含む十四人となっている。つまり、簗瀬勝三郎、伊藤俊彦両名の名が欠落していたのだ。自刃者名簿の部分のみ、『明治新聞』から筆写時に欠落したものであろう。蛇足だが、『維新階梯雑誌』『浅羽忠之助筆記』『旧記輯録』において、貞吉の苗字が加納となっている。

本題に戻り、白虎隊士自刃十五人を記録した史料として、『幽囚録《ゆうしゅうろく》』『高田藩謹慎雑記』などがある。浅羽忠之助の『維新雑誌』を確認していないが、『浅羽忠之助筆記』と同一文が組み込まれているであろう。

既に、貞吉が自刃者十五人と述べたことは紹介している。ほかにも関連している史料について触れていきたい。明治十六年（一八八三）、世に出た石版画「白虎隊自刃図」が存在する。そこにも、十六人以外が他所で戦死していたと書かれていた。だが、白虎隊の手記を求めた大山登という人物に対して、貞吉は見解を少し述べた。当時の情況を尋ねられて返答している。貞吉は画工に描かせた「当時ニ於ケル白い隊殉難者ノ実況」を送り、執筆を断っている。

ただ、書状末に世間に広まった石版摺《せきばんすり》は真相を得ていないと書いている。それは、隊士の服装か、小川が流れていることか。それとも、城下が燃えているので自刃したのではないと述べたかったか明確ではない。一か所に集まって自刃したのではなく、数か所に分かれて、数名ずつ自刃したというのも考えられるであろう。飯盛山上であり、スペースの関係や、論争後の隊士たちの心情も考えてしまう。

ほかにも、昭和十八年（一九四三）に出版された『大国史美談《たいこくしびだん》』において、自刃者が十五人と書かれていた。注釈のように、石山虎之助、池上新太郎、伊東悌次郎、津田捨蔵の四人が別のところで死去したと書かれている。

これらからも、自刃十五人説が定説であったとわかるであろう。

自刃六人説

会津若松に現存する『辰のまぼろし』、「達控」『吉田家文書』、『河原文書《かわはらもんじょ》』などが六人説根拠であろう。『辰のまぼろし』は何人もの方々が紹介している。近年では、郷土史家・井上昌威氏が『会津人群像』などで触れている。一番古く活字化されたのは、冨田国衛氏であろう。ただ、冨田氏は『会津戊辰戦争　戸ノ口原の戦い』において、飯盛山山上で六人、そのほかで三人の計九人が自刃者と論じられている。

前述の史料三点以外に、大正十五年（一九二六）に出版された『補修　会津白虎隊十九士伝』においても自刃六人説が確認できる。屍を捜索した河原勝治《かつはる》は「団坐して自刃したのでなく、死所は二か所以上で、今白虎隊の自刃の所とするは、五六人集合して自刃せる所である」（『補修　会津白虎隊十九士伝』）と述べていたのだ。二十人が一同で自刃したのではない。今、自刃したとされる場所は五、六人が集合して自刃した場であるという談話が記録されている。そして、幕末史研究家の前田宣裕氏は吉田伊惣治《いそじ》の埋葬六体、河原発見の六体の計十二人説を論じられた。

また、前田氏が『歴史春秋第44号』の「白虎隊士埋葬の秘話」で『吉田家文書』から貴重な「達控」を活字化されている。『歴史春秋第44号』に掲載された「達控」のうち、明治二年（一八六九）三月四日の供養許可願い該当部分の読み下しを転載させていただくこととする。

「恐れ乍ら書付を以て願い上げ奉り候

去年八月二十三日、当村墓場にて五人御討死なされ候由の状。

其節私義、大杉山の入りに小屋懸け、住居罷り在り申し候処、御開城後帰宅仕り、同所へ仮埋仕り申し候処、此度、私菩提所妙国寺へ改葬仕り度、御菩提の為、同寺にて施餓鬼供養仕り候て、御印に相建て申し度塔場、出来申し候間、願の通り仰せ付けられ下し置かれ度。尤、此後、白骨見当り候わば、同所右同様、供養仕り度志願に御座候間、右両条、願の通り仰せ付けられ下し置かれ度、願い上げ奉り候。以上。

明治二年巳　三月四日

牛ケ墓村元肝煎

伊惣治」

（「白虎隊士埋葬の秘話」『歴史春秋第44号』）

前田氏は行政への供養許可願いの届け出では五体であったが、実際は六体であったろうと論じられる。そして、雪に埋もれて六人しか見つけられなかったろうとも言われる。果たして、山上のみ雪が溶けなかったのであろうか。

引用文紹介に戻りたい。牛ケ墓村《うしがはか》（現・一箕町）元肝煎《きもいり》の吉田による戦死していた白虎隊士五人の改葬、施餓鬼供養の届け出である。開城後、自刃場所（牛ケ墓村の墓場）に仮埋葬した。そこから妙国寺への改葬願いである。施餓鬼供養が行われて、塔婆を建てたと報告していた。ただ、ほかにも白骨が見受けられたという。

また、町野主水の体験談話として「白虎塚の由来」が『若松新聞』に掲載されている。大正期の回想録であるが、町野自身が吉田宅に明治元年（一八六八）十二月中から寄留したことにより知り得たものであろう。

さて、飯盛山で自刃して、妙国寺に改葬された白虎隊士の人数も史料により異なる。原田対馬の遺談によると、白虎士中二番隊のうち、割腹して埋葬されたのは四人であったという。ほかにも吉田家に埋葬確認のため、隊士家族が訪れている。その六人の隊士名簿が吉田宅に残されているという。詳細は、前田氏が執筆された「白虎隊士埋葬の秘話」『歴史春秋第44号』を熟読されると良いであろう。この史料をもとに書かれた『戊辰戦争全史』（新人物往来社）も必読である。

ほかにも『辰のまぼろし』では六人を飯盛山に埋葬したと書かれてもいる。『辰のまぼろし』は色々な聞き書き、体験談を明治三十年（一八九七）以降にまとめた史料だ。ただ、玉石混合という点には注意しなければならない。例えば、原田伊織と共に途中まで井深茂太郎、有賀織之助が引き揚げてきたとかいう話である。両者は、金堀《かねほり》村で戦死して諏訪神社に墓碑が建てられたという。

また、原稿用紙にペンで、簗瀬勝三郎は院内御廟《いんないごびょう》、永瀬雄次は上人塚、津田（竹岡）捨蔵、石田和助は強清水東《こわしみずひがし》、簗瀬武治は九月十五日に一ノ堰《いちのせき》、津川喜代美は戸ノ口原、鈴木源吾は滝沢下、林八十治は滝沢村、伊東悌次郎、伊藤俊彦、池上新太郎は戸ノ口原で戦死したと書かれている。この士中二番隊の戦死者名簿であるが、冨田国衛氏が『会津戊辰戦争　戸ノ口原の戦い』で「柴太一郎記」と出典表記されていたのと同じ内容である。柴五三郎が編集した『辰のまぼろし』からの引用表記であろう。そして、この部分は当時の史料を組み込んだものとは思えない。

『辰のまぼろし』では、この続きに飯沼貞吉が「弁天の洞門を出ると誰もいない」という内容が書かれている。そして、自刃したと従弟の山川健次郎に語っている。貞吉が語ったのは如何に自刃したかのみではなかろうか。貞吉本人のほかの回想と一致しない。ただ、「達控」『吉田家文書』は埋葬にあたった吉田家からの届け出であり、信用できるものであろう。そして、問題は飯盛山自刃場所における自刃者が六人のみであったのかという点であろう。

これが、自刃六人説である。根拠史料は同じであるが、九人説、十二人説などもある。

白刃十人説

近年、開城翌月に埋葬人数を書いた史料が見つかり発表してきている。一点は、筆者が発表させていただいた『明治《めいじ》元年《がんねん》辰《たつ》十月《じゅうがつ》中《ちゅう》戦死者《せんししゃ》覚書《おぼえがき》』（以降『戦死者覚書』）であり、『福島民友』（平成二十七年〈二〇一五〉十二月五日社会面）に掲載された。この史料は、『歴史春秋第83号』（平成二十八年〈二〇一六〉）『会津人群像No.35』（平成二十九年〈二〇一七〉）においても紹介している。

もう一点の史料、『戦死《せんし》屍《かばね》取《とり》仕末《しまつ》金銭《きんせん》入用帳《にゅうようちょう》』（以降『入用帳』）は会津歴史考房主宰・野口信一氏が見つけられた。平成二十九年（二〇一七）に野口氏は全国版の新聞で発表されている。そして、『会津戊辰戦死者埋葬の虚と実』（歴史春秋社）を同年中に出版された。『戦死者覚書』と比較すると、『入用帳』は埋葬状況が詳細に書かれている。

まず、『戦死者覚書』から該当部分を引用紹介したい。

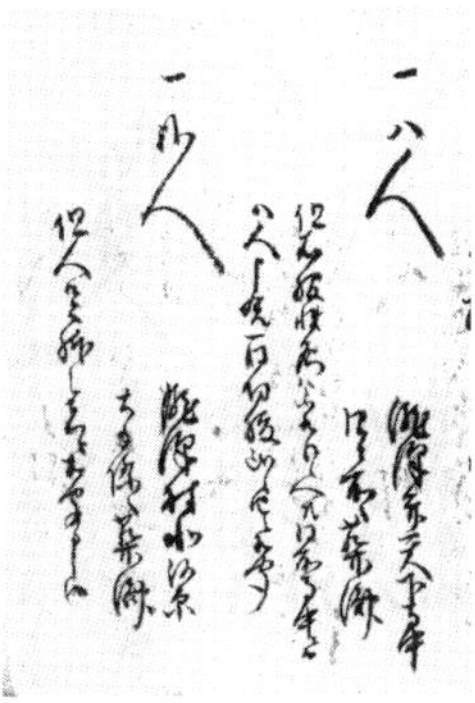

『戦死屍取仕末金銭入用帳』（会津若松市役所蔵）
遺体数のみでなく、現状などが詳細に記録されている。

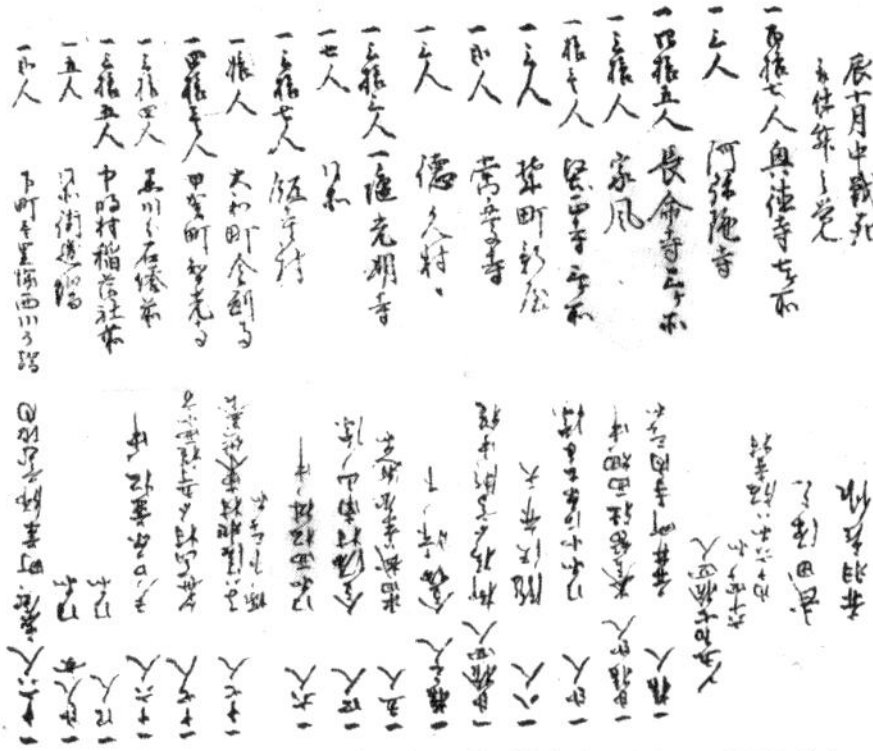

『明治元年辰十月中戦死者覚書』（武田氏所有）
飯盛山における戦死者数も記録されている。

「一　八人　瀧沢弁天
一　弐人　同所北河原土手際」
（『明治元年十月中戦死者覚書』）

弁天とは飯盛山の別称である。北河原土手は不動滝《ふどうたき》のことであろう。不動滝で二人が戦死していたと『町野主水翁覚書』『辰のまぼろし』においても確認できる。二十数年前に白虎隊伝承史学館前館長の故鈴木滋雄《しげお》氏から、不動滝自刃の伝承を伺っていた。伝承の根拠は、『辰のまぼろし』と思われる。だが、それも真実であったと『戦死者覚書』からわかった。

そして、この十人の詳細な記録が『入用帳』にて確認できる。次に該当部分を引用紹介する。

「一　八人　瀧澤弁天下る中四ケ所へ葬済
　唯衣服姓名ハ不相分候へ共同所寺中ニ而八人申合一同切腹致候由と相聞
一　弐人　瀧澤村北河原土手際へ葬済」
（『戦死屍取仕末金銭入用帳』）

飯盛山を下ったところに四か所で八人が埋葬されたという。いずれも氏名がわからないが、申し合わせて一同が切腹したと聞いているという。そして、北河原土手際で二人が埋葬されたとこちらでも書かれている。つまり、十人の遺体が確認できたというのである。

また、雪が積もり、遺体を確認できなかったのであろうという説もある。だが、『宮地團四郎日記《みやじだんしろうにっき》』などから、十月一日に初めて降雪するが、翌日には解けていたとわかった。遺体が雪に埋もれていることはなかったのである。しかし、姓名が不明と書かれているのは何故だろうか。名を書いた袖印が確認できなかったというのであろうか。追い剥《は》ぎ伝説であるが、そのために生まれたとも考えられる。

ほかにも『辰のまぼろし』の本文注釈に次の一文が書かれている。

「六名割腹不動ノ上二二名其他二名割腹二名戦死〆十名」

（『辰のまぼろし』）

『辰のまぼろし』において、六人自刃（飯盛山）、不動の上で戦死二人、そのほか二人が自刃、ほかに二人戦死していたという。十二人のうち、自刃者数は八人である。それに、不動滝などでの戦死者四人を加えると『戦死者覚書』『入用帳』と異なり遺体が十二人となる。記録された年月は不明だが、飯盛山で白虎隊士以外の会津藩士が戦死したと記録された戦死者名簿がほかにも現存しているのも気になる。ただ、『辰のまぼろし』本文では不動滝での自刃者二人を加えた八人を飯盛山、ほかに計四人が妙国寺に改葬されたという。こちらでは自刃者数が十二人となる。そのため、注釈に十人と書かれたのは誤りであったものと解釈する。

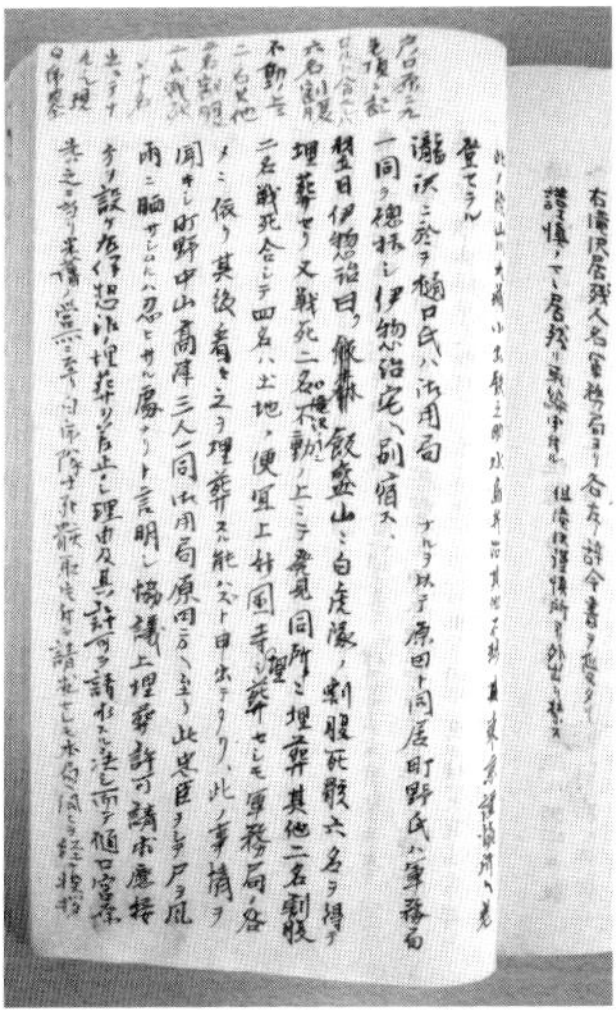
『辰のまぼろし』
（会津若松市立会津図書館蔵）
自刃したとされる士中二番隊士の人数が記録されている部分。

いずれにしても、飯沼貞吉が語り残した自刃十五人と人数が一致しない。そこで、「達控」『吉田家文書』の五人と『戦死者覚書』『入用帳』両著十人を足すと十五人となる。一人の違いが、貞吉が共に自刃したと述べていない石山虎之助のことであろう。

このように、離れた場所で自刃して吉田伊惣治が埋葬した遺体と、武田源三たちが数えた遺体が別と考えると旧来からの十五人説の人数となる。貞吉が語り残した自刃人数と一致した。要するに、町野主水の飯盛山、不動の上、妙国寺への改葬人数一致談(『会津会雑誌』)と同じである。

自刃十人説は「達控」『吉田家文書』における「五人御討死」の五人が『戦死者覚書』『入用帳』における十人に含まれるものとしての自刃人数である。対して、別々と考えると十五人となるであろう。ただ、吉田が改葬を行ったのが『戦死者覚書』『入用帳』記録前後のどちらなのか明確でない。記録前であれば、自刃者十五人と考えられる。筆者は自刃者数は十人もしくは十五人のいずれかであろうと推測する。

これらが、自刃した白虎隊士数説である。果たして、貞吉と共に自刃して、その場で死去したのは何人であったろうか。この判断は、読者に委ねたい。

判明している自刃者の墓石

現在、飯盛山に自刃した十九士の墓碑が建てられている。その中に、他所で墓碑、供養碑の現存が確認されている士中二番隊士たちもいる。飯沼貞吉と共に自刃したとされる石田和助、伊東悌次郎、井深茂太郎、石山虎之助である。

このうち、井深茂太郎の墓碑は旧来から知られていた。郷土史家・相田泰三《あいだたいぞう》氏が『会津医学会報』に書かれており、それをもとにして冨田国衛氏が確認、執筆してきている。大窪山に建てられている全体の案内看板においても井深茂太郎墓が確認できる。

筆者が石田、伊東の墓参ができたのは二十年以上前、郷土史家の故栗城訪霊《くりきほうれい》氏の協力が得られたからであった。栗城氏御子息や著書の『会津先賢者の墓石を訪ねて』も色々と参考にさせていただき、掲載されている会津藩士戦死者墓の墓参ができた。まだ、筆者も二十代の頃であり、若松市内の戦死者墓参もしている。

伊東悌次郎墓の場合、筆者は父・祐順《すけより》の墓参を先に行っていた。令和元年（二〇一九）、菩提寺の天寧寺僧侶に、現在の伊東家墓所が無縁仏になっていると伺っている。また、悌次郎の血縁者が自刃していないと明治期に述べたともいう。

石田和助墓は一家の墓石群に含まれている。筆者が最初に墓参したのは、二十五、六年前であった。その時、筆者が道を尋ねた婦人の先祖累代墓に和助が含まれているという。お手数ながら案内していただいた。数年前、本著執筆の準備のため墓参に訪れた。同じように婦人に道を尋ねると、その方が二十五、六年前に案内していただいた婦人の娘さんという。奇妙な縁に驚きながら、石田和助墓を墓参させていただいた。

天寧寺の間瀬《まぜ》源七郎父の墓参もしたが、源七郎本人の墓石が見当たらない。間瀬家墓域には刻まれた文字が読み取れない墓石が何基も倒れている。源七郎が菩提寺に改葬された記録から、何処かに眠っているだろう。ほかにも二十年以上前、簗瀬墓を白虎隊士墓として刻まれた文字のない墓碑を写真撮影したが、根拠が思い出せないでいる。

「井深大夫妻墓参」『人間　井深大』（日本工業新聞社）
昭和58年夏、石山虎之助の末裔でソニー創業者・井深大氏墓参時の写真。

「石山虎之助遙拝の碑」（善龍寺　筆者撮影）
石山虎之助の供養碑。

そして、石山の供養碑（遙拝の碑）は数年前まで見つけられずにいた。菩提寺は善龍寺とわかっていたが、御住職も墓所の存在を把握されていない。筆者一人で探してみようと、善龍寺山門まで赴いた。そこで、知人であった故古川富弘氏と会い、目的を話すと、若い頃に墓参したことがあると案内してくれたのである。山の途中に位置する墓碑への道はない。そして、樹木に埋もれており何も見えない。二十年近く、墓参はされていないからであろう。古川氏が供養碑の周囲の樹木を取り去った。供養碑自体も倒れてもいたが、栗城氏が掲載した写真から誤りないものと確認できた。

この供養碑には、石山の実父・井深数馬ともども名が刻まれている。数馬の曾孫がソニーの創業者・井深大《いぶかまさる》であった。井深大が供養碑に墓参時の写真が現存していると古川氏から教わった。その墓参写真が『人間　井深大』（日本工業新聞社）に掲載されていたのである。古川氏の話によると、井深大は墓参を欠かさず、病で動けなくなっても会社の人間を代わりに墓参させたという。

印出ハツと療養

飯沼貞吉の動向に戻りたい。印出《いんで》ハツが貞吉を助けた旨が書かれた史料を紹介していくことにする。『維新階梯雑誌』に引用された『天理可楽怖』を紹介しようと考えたが、多くの人々が知っているであろう。それならば、『明治新聞』を引用している『旧記輯録』の該当部分を紹介したい。

「六十餘ノ老婆一人通リカ、リ此躰ヲ見テ我家ニ連行治療ヲ加ヘ介抱セシカ幸ヒニシテ全快ス」

（『旧記輯録』）

六十数歳のハツが自刃の場に通りかかり、貞吉を自宅に連れ帰り治療したという。ハツが飯盛山に赴いたのは、次男を探すためと『維新階梯雑誌』『若松記草稿』などに書かれている。そして、両著に次の内容が書かれている。貞吉が喉を突こうとしたが、貫くことができない。突いたまま、体をかけて押し付けようとしたが意識を失ってしまったという。そこに、ハツが通りかかり、刀を抜き取り治療にあたったというのである。『天理可楽怖』に書かれているが、貞吉も助かるとは夢にも思わなかったという。

『飯沼貞雄を偲ぶ』にて、ハツが滝沢村のある農家に立ち寄って介抱したと書かれていた。その後、ハツが貞吉を連れて塩川病院に移している。そこから、現喜多方市の小田付《おたづき》病院に移り、全治したという。

貞吉は「平石弁蔵宛て貞雄書状」の追伸で治療を受けたことについて触れていた。貞吉の実体験談

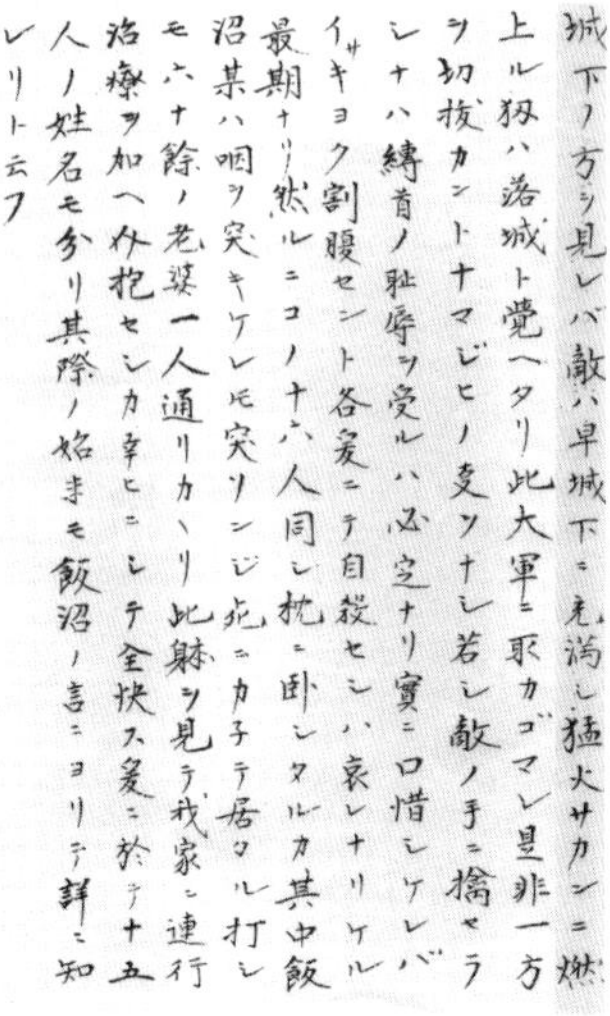
城下ノ方ヲ見レバ敵ハ早城下ニ充満シ猛火サカンニ燃
上ル故ハ落城ト覚ヘタリ此大軍ニ取カゴマレ是非一方
ヲ切抜カントナマジヒノ支ヲナシ若シ敵ノ手ニ擒セラ
レナハ縛首ノ恥辱ヲ受ルハ必定ナリ實ニ口惜シケレバ
イサギヨク割腹セント各爰ニテ自殺セシハ哀レナリケル
最期ナリ然ルニコノ十六人同シ枕ニ臥シタルカ其中飯
沼某ハ咽ヲ突キケレモ突ソンジ死ニカ子テ居タル打シ
モ六十餘ノ老婆一人通リカヽリ此躰ヲ見テ我家ニ連行
治療ヲ加ヘ介抱セシカ辛ヒニシテ全快ス爰ニ於テ十五
人ノ姓名モ分リ其際ノ始末モ飯沼ノ言ニヨリテ詳ニ知
レリト云フ

『旧記輯録』
（会津若松市立会津図書館蔵）
『維新階梯雑誌』と同一文で、「落城と覚えたり」と書かれている。印出ハツの看護により、一命を取り留めた。飯沼貞吉の言により、15人の姓名や始末もわかったという。

であり、貴重であろう。貞吉は八月二十四日の十時頃、塩川（現喜多方）の宿で治療を受けたと伝えている。地元の漢方医が来て、傷口を縫ったのだという。薬を置いていってくれたが、傷口が痛むという。そして、傍にいたハツが医師と話していた。その医師が外科医用の道具を取り出して、貞吉の傷口を縫った糸を抜き去り、適切な治療を行ったのである。医師は去るにあたり、貞吉に今後の治療法を伝えている。

医師とは長岡藩軍医で、約二百人からなる部隊の一人とされる。また、米沢方面へ行く途中であったという。貞吉は医者の名前を思い出すことができない。長岡藩医の吉見雲台ともされるが、確証はつかめないのである。この日、旧幕臣・大鳥圭介が率いる幾つもの部隊が塩川に来ていた。その中の医師に治療してもらったというものであろう。

さて、貞吉の戦線復帰は『西郷隆盛一代記』などに書かれている。飯沼家の忠僕・藤太の回想録のように書かれた。『西郷隆盛一代記』では「藤助」と書かれているが、『白虎隊事蹟』で確認できるとおり、「藤太」の書き間違いであろう。

「藤助と共に機会を計りて城中に入り父時衛に会い夫れより落城の時まで城中に止まりけり」

（『西郷隆盛一代記』）

貞吉が喜多方の池田勇蔵宅にいたという。それを知った飯沼家忠僕の藤太が貞吉を尋ねている。両者が再会すると、貞吉は両親の安否を確認した。両親の無事を知った貞吉は会津若松城へと入城したという。新政府軍に会津若松城が囲まれていたが、南門側から隠れて入城したものであろう。入城の機会が得られたというので誤りはない。また、喜多方方面の塩川からというのが適切であろう。

ほかにも、『白虎隊事蹟』などにおいて、喜多方の小田付村庄屋・池田勇蔵方にいたと書かれている。この池田宅が入田付《いりたつき》村（現喜多方市沼尻）の不動堂と関わってくるのか明確ではない。

城外で開城を迎えていたら、謹慎先が東京ではなく越後高田となる。次章で東京謹慎について述べたい。

東京における謹慎

慶応から明治へと元号が移り変わった頃、会津藩領内で攻防戦が続けられていた。そのような中、仁和寺宮嘉彰親王《にんなじのみやよしあき》が錦の御旗を掲げて越後口より進軍してきたのである。薩長勢を偽官軍として戦っていが、戦を続ける大義名分がなくなり、会津藩は開城を決意した。

飯沼貞吉の祖父・粂之進《くめのしん》は籠城戦中に負傷している。御山《おやま》病院で治療を受けていたが、十月三日に

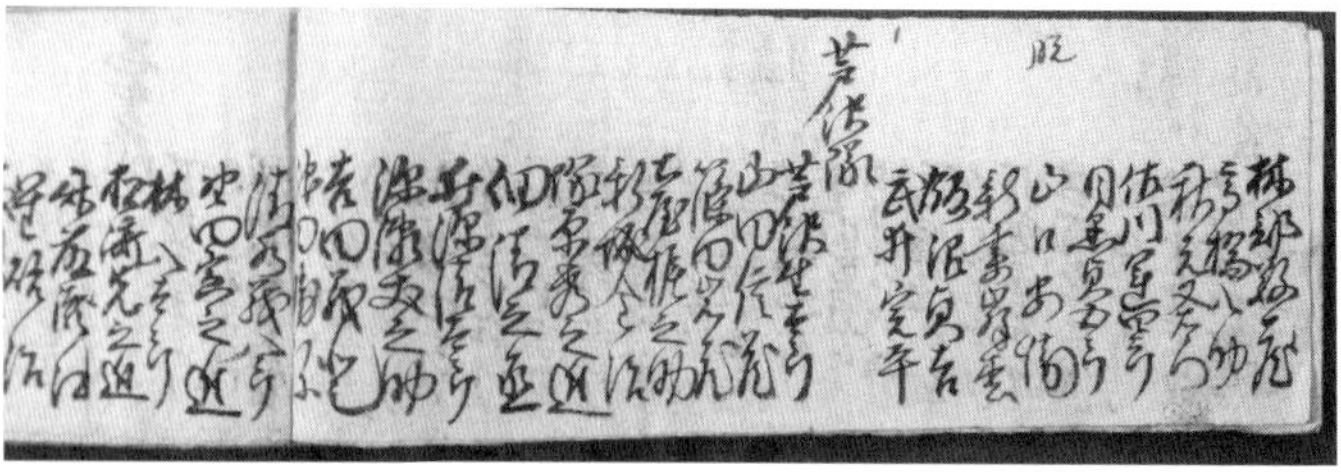

『東京蝦夷地脱走並びに東京謹慎人別帳』（白虎隊記念館蔵）
明治２年、東京への護送者名簿。飯沼貞吉は父の部隊に所属していた。

死去してしまう。開城後、貞吉は父と共に謹慎処分となる。『河北新報記事』において、貞吉は開城後の謹慎時に自刃時の光景を語ったと掲載されている。貞吉談話に基づいて、自刃の図が書かれたというが、城を眺めている所を書いているのは絵空事であり、事実を間違えているともいう。会津若松城を見ずしても城下の煙が目に入ってきたというのが正しいであろう。

余談だが、九月二十五日に長州藩士・楢崎頼三は諸藩の脱走兵四百六十余人を伴い、上京したと日記『楢崎頼三陣中日記』に書いていた。つまり、楢崎が貞吉を会津藩領国許から東京に連れていくのは無理である。翌年六月に、楢崎は東京を出発して京都に赴いている。

さて、十二月二十八日に小倉《こくら》藩兵をもって旧会津藩士たちが松代《まつしろ》に護送と決まった。そして、翌明治二年（一八六九）一月二十三日に、松代謹慎者たちが松代に到着するという予定であった。だが、松代藩が預かり人を減らして欲しいと明治政府に願い出たことにより、明治政府、若松民生局も巻き込み一騒動となる。

同月二十四日、二十八日に東京謹慎組が東京に到着する。講武所に約七百三十人、護国寺《ごこくじ》に約四百人が謹慎した。父・飯沼猪兵衛一正《かずまさ》（幼名・時《とき》衛《え》）たち四百三十人程と『暗涙《あんるい》の一滴』からも人数が確認できる。では、貞吉の謹慎先は何処であったかとなる。

東京への謹慎者護送名簿『東京蝦夷地脱走並びに東京謹慎人別帳』（白虎隊記念館）における護国寺での謹慎者名簿に貞吉の名前が確認できる。飯沼一正が護国寺に謹慎したと貞吉の弟・関弥の実体験記録、『藻汐艸《もしほぐさ》』にも書かれている。貞吉は一正率いる部隊に所属しており、謹慎先も同じく護国寺で誤りはない。

松代藩であるが、民生局の三宮耕庵《さんのみやこうあん》とも交渉を行った。松代藩は謹慎所の用意はできていたにもかかわらず、新政府が代価とした三万石はいらないから会津藩謹慎者を預かりたくないという。このようにして、貞吉たちは松代ではなく、東京に謹慎となったのである。

また、『渋田見縫殿助《しぶたみぬいのすけ》　羽州出兵戦記』という旧会津藩士の東京への護送者名簿においても貞吉の名前は確認されてきた。途中で脱走、行方不明となった場合は「脱」と書かれている。貞吉は何も書かれていない。そこからも貞吉が東京護送時に実在したとわかる。ほかにも『会津藩高田謹慎雑記』に「全快ノ上江戸表謹慎罷在候事」と東京で謹慎したと書かれていた。飯盛山における傷が癒えたものであろう。

伊豆への移住

明治二年（一八六九）十一月、会津松平家の家名再興が許された。『藻汐艸』に書かれているとおり、翌明治三年（一八七〇）一月に護国寺で謹慎していた飯沼一正、貞吉親子が赦免される。

一月以降の貞吉の動向であるが、『藻汐艸』によると「謹慎赦免後、直ぐに静岡の林三郎という人の塾に入り」と記されている。一月中には林三郎に入塾したという。ただ、『白虎隊事蹟』には「明治三年十一月、藩主学生を諸方へ遣さる、に當り、氏も亦選ばれて静岡に至り」と書かれている。しかしながら、『白虎隊事蹟』には他所で誤字が見受けられる。十一月は一月の誤りではなかろうか。

そして、ほかにも貞吉の動向が「庚午四月中駿河国静岡県学問所修行寄留」と記録された史料を確認している。貞吉本人が青森県五戸《ごのへ》の飯沼家に、静岡に寄留した年月（明治三年四月）を連絡していたのであろう。この部分、『流れる五戸川』における飯沼家壬申戸籍引用箇所で該当箇所が欠落している。『流れる五戸川』編集者が詳細な文面まで書き写せなかったことに起因していた。ただ、飯沼家の福島県への送籍簿においてもこの一文が欠落している。そして、この史料から『白虎隊事蹟』より半年以上前に静岡へと移住したとわかる。

貞吉は真っ直ぐ一月に静岡に赴いたか。それとも、四月に静岡学問所に寄留したのであろうか。空白の四か月が生じる。筆者は飯沼一元氏に長州寄留ができたのは数か月のみではと確認を取っている。長州寄留が可能なのは、この数か月間のみであった。

ただ、『藻汐艸』が誤りという根拠は何処にもない。今後、この四か月間における貞吉の新たな動向記録が見つかることを願ってやまない。

静岡県学問所に入塾

飯沼貞吉の名は明治五年式戸籍（壬申戸籍）などにも「貞吉」と記されているが、明治三年（一八七〇）三月までに「貞雄」と名前を改めていた。以後、本文中でも貞雄と表記していきたい。

貞雄が勉学のため、移り住んだ静岡県学問所は如何なるものであったのか。旧幕臣・林三郎が現・静岡市追手町十五番地で漢学を教えていたという。現在、この地に静岡市役所が建っている。即ち、貞雄も同所で学び暮らしたと思われる。貞雄が寄留した林三郎とは如何なる人物であったのか触れていきたい。

林三郎であるが、旧会津藩士という説が存在していた。そのような場合、彰義隊参加や戊辰、箱館戦争に加わって、明治政府に反した幕臣名として『静岡藩庁記録』に人名が記録される。だが、その中に、林三郎の名前はない。

また、林三郎と林又三郎と林三郎惟純《これずみ》の三名が同一人物であろうと書かれた史料、論文が存在する。しかしながら、会津藩の部隊編成表で三人の名が同時に確認できることから別人であろう。あとは、会津藩士・林三郎が幕臣・林三郎と同一人物であったか否かである。

『静岡藩職員録』から、林三郎と林三郎惟純の両名が、維新後の静岡に移住していたと確認するに至った。ほかにも、林三郎惟純の友人により、動向が回顧された『林氏事跡余話《はやししじせきよわ》』という資料がある。

今から約九年前、歴史研究家・川口芳昭《よしあき》氏が初めて解読した。そして、西郷頼母研究家・牧野登氏が『風信』という冊子に掲載されてもいる。

江戸に乗り込んできた新政府軍との交渉に注目したい。やはり、行動を共にした広澤安任が『囚中八種衍義《しゅうちゅうはっしゅえんぎ》』に書いているとおり、会津藩救済嘆願を行って牢獄に入れられたという。維新後、釈放されると勝海舟宅に寄留して、静岡県に共に移り住んでいくのである。

牧野氏は林三郎を色々と調べてきている。西郷頼母こと保科近悳《ちかのり》（頼母と表記）が伊豆に寄留していたからだ。そのため、林三郎惟純の履歴も確認、発表されてもいた。京都守護職時代に幕臣になったという。会津藩士で幕臣になりえたのであろうか。林三郎惟純の場合、会津藩士次男であり、幕臣となることが全く不可能ではない。佐々木只三郎のような例がある。そして、慶応二年（一八六六）に林三郎惟純が幕臣に取り立てられたという記録を確認できた。静岡において、貞雄や頼母を招き入れたのは旧会津藩士で幕臣の林三郎惟純で誤りがないとなる。

さて、貞雄の動向であるが、「居る事一年、留学生廃せらる、に當りて藤澤次謙に就く」（『白虎隊事蹟』）と記録されていた。それによると、明治四年（一八七一）八月に藤澤次謙《ふじさわつぐよし》に出仕して、静岡から上京したとわかる。つまり、伊豆で伯父・頼母と林塾で動向を共にしていない。

飯沼家の斗南移住

斗南に移住した飯沼貞雄の家族についても触れたい。『藻汐艸』に貞雄の母・文（ふみ）が家族四人を連れて、田名部《たなぶ》（現・青森県むつ市）を海路経由し、五戸に移住したと書かれている。時に明治三年（一八七〇）秋のことであった。

貞雄の祖母・幸は明治四年（一八七一）七月に五戸で死去した。後年、埋葬地が探されて、八幡神社境内の共同墓地にあるとわかったという。残念ながら、当初より墓石は建てられてはいない。

飯沼家の斗南移住は『日誌3』（北海道大学蔵）において少し触れられていた。当初は青森県野辺地《のへじ》へと移住するが、五戸《ごのへ》の種原に開墾のため移り住む。明治六年（一八七三）六月十一日、五戸村内を更に転居した。そして、上町四十番屋敷へと移り住んだのである。この時の飯沼家壬申戸籍に、貞雄が含まれているが同居はしていない。当時の戸籍の場合、同居していなくても名は含まれる。扶持米を多く受け取るという点とも関係はない。

斗南における暮らしが楽でなかったと『藻汐艸』からもわかる。兄・源八《げんぱち》は上町に移住して雑貨商を始めたが、武士の商法であり、失敗に終わったという。そのためか、源八は先に単身で上京している。

明治七年（一八七四）五月五日、飯沼家は若松県東名子屋町《ひがしなごやまち》へと寄留した。この時の転籍届が残っているが、壬申戸籍と同一文であった。既に述べたように、貞雄に関する注釈文が書き漏れている。

貞雄が会津若松に戻らなかったという逸話が存在する。しかし、義父・飯沼友次郎や実子の墓石を大窪山に建てた時、貞雄が墓参をしなかったとは考えられない。飯沼家相続や土地台帳の手続き、これらも貞雄本人が会津若松で行ったものと考えている。

上京、電信技士へ

明治五年（一八七二）八月二十五日、静岡県庁の藤澤次謙方より、飯沼貞雄に対して翌日から工部省に出頭するよう辞令が出る。翌二十六日、貞雄は工部省より、電信寮技術などの見習い下級を申し付けられた。つまり、旧幕臣・藤澤から紹介されて就職したというものである。

数年前、幕臣・小栗上野介《おぐりこうずけのすけ》子孫により、筆者は幕臣子孫の会（柳営会《りゅうえいかい》）の茶会に招待していただいた。そこで、偶然にも藤澤次謙子孫の藤澤裕武氏とお会いして、後に伝承を伺うことができたのである。

「次謙は明治十四年に病気にて死去しています。藤澤次謙の長男が麻布に住んでいた頃、貞雄が何度か尋ねて来ていました。（藤澤裕武氏の）父も幼いながら対面していたといいます」

（藤澤裕武氏談）

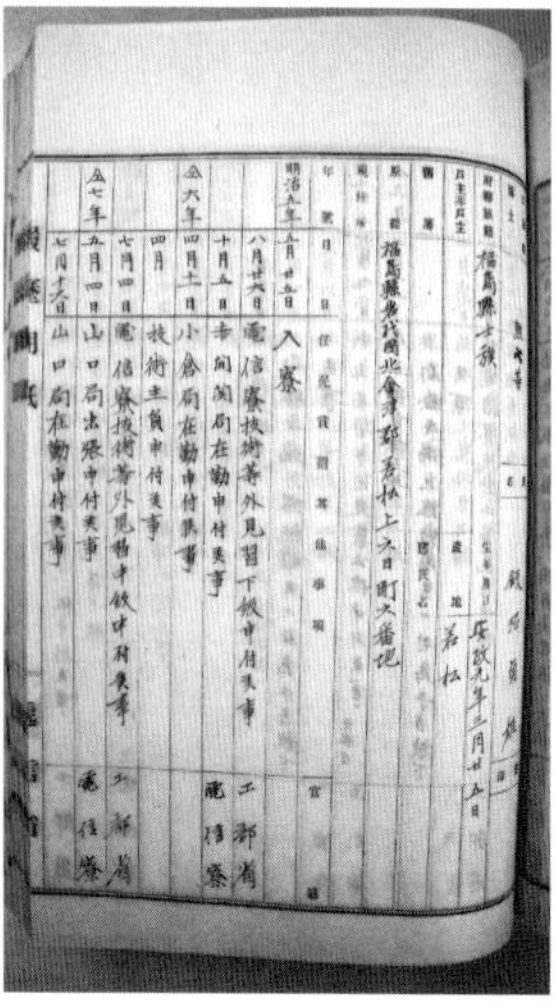

「履歴書」『明治廿九年叙任　四』（国立公文書館蔵）
電信寮に見習い入寮した年月がわかる。

藤澤の世話により、貞雄は上京して工部省

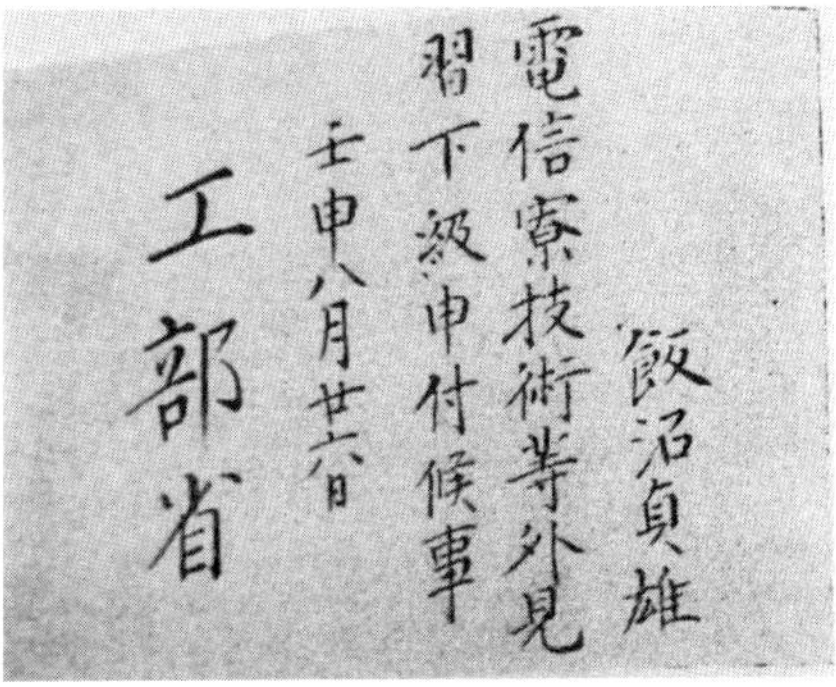

飯沼貞雄
電信寮技術等外見
習下級申付候事
壬申八月廿六日
工部省

「工部省採用申付書」『飯沼貞雄氏を偲ぶ』（福島県立博物館蔵）
明治5年8月26日、工部省から電信寮に見習いとしての採用辞令。

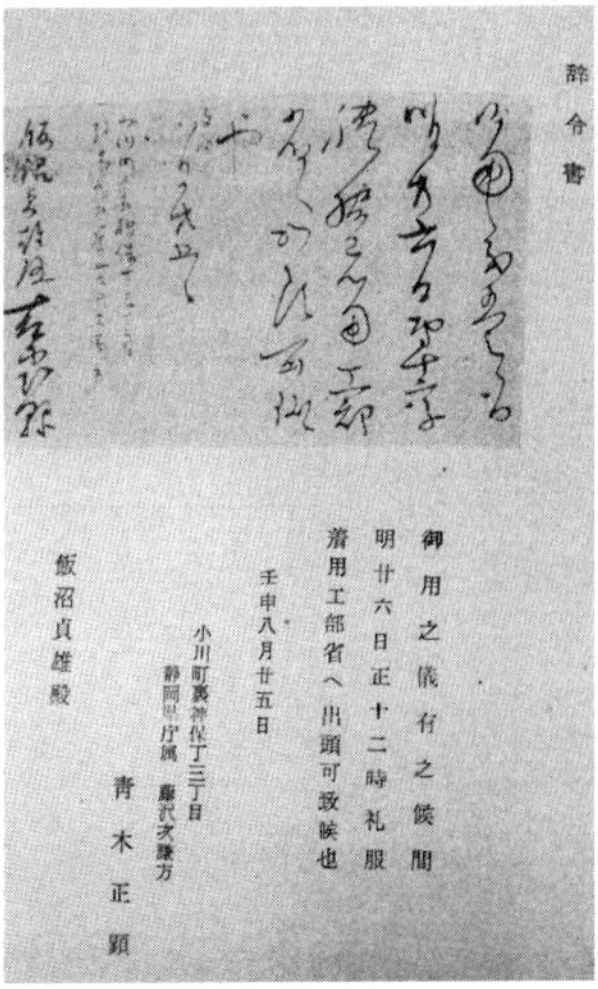

辞令書

御用之儀有之候間
明廿六日正十二時礼服
着用工部省へ出頭可致候也
壬申八月廿五日
小川町裏神保丁三丁目
静岡県庁属　藤沢次謙方
青木正顕
飯沼貞雄殿

「辞令書」『飯沼貞雄氏を偲ぶ』（福島県立博物館蔵）
明治5年8月25日、工部省に礼服を着用して出頭するようにという通知。

に着任できるようになった。その藤澤次謙本人が死去後も、貞雄と藤澤家との交流が絶えずに続いたのである。藤澤に対する恩を忘れることがなかったというものであろう。

　ただ、貞雄は八月以前に工部省に入寮していたと「履歴書」『明治廿九年叙任　四』から確認できる。五月二十五日に入寮したという。それから数か月、様子を見て、採用の辞令が下されたものであろう。もしくは、『白虎隊事蹟』に書かれているとおり、電信修技校に入校していたとも考えられる。それでは、貞雄の履歴書について少し紹介したい。

　現在、貞雄の履歴は三点確認できている。一点目は、飯沼一元氏が『白虎隊士飯沼貞吉の回生』に掲載した「通信大臣宛て提出官歴書」である。二点目は、明治二十九年（一八九六）に従七位の叙位任官時の履歴だ。三点目は、大正二年（一九一三）退職時に恩給請願をするにあたり、提出した履歴書である。一点目は、明治三十六年（一九〇三）時に記録されたものであろう。この三点の履歴は色々と内容表記が異なっており、全て参考になる史料である。恩給請願時の場合、履歴書のみではなく、従軍履歴、戸籍も綴られている。大正二年以来、誰も閲覧していなかった。今回が初公開となる史料であり、眠っていた貞雄直筆文、実印などが確認できる。

さて、貞雄の赴任先について話を戻したい。既に述べたとおり、明治五年（一八七二）八月二十六日に工部省に入庁した。だが、十月五日に工部省内の電信寮に配属となり、赤間関《あかまがせき》（現山口県下関市）へと転任した。

この頃、貞雄が楢崎頼三の家族と接触があり、伝承がつくられるに至ったのかとも仮想できる。だが、根拠が見受けられなく断言はできない。

履歴から貞雄の転任先を紹介する。翌明治六年（一八七三）四月十一日に小倉局、翌明治七年（一八七四）五月四日に山口局へと出張、在勤を命じられていった。そして、恩給請願時の履歴から、同年十二月十二日より正式に任用されたとわかる。ただ、未だ二等見習下級であった。それでも、明治八年（一八七五）三月に日本橋詰が申しわたされた。本店栄転という事であろう。だが、翌月には神戸へと出張が命じられ、七月二十三日には神戸へと転勤した。それに対して、勤勉手当も出されている。

そのようにして、明治九年（一八七六）六月二十六日には二等見習下級から中級へと昇任した。だが、翌明治十年（一八七七）一月十一日に電信寮が廃止となってしまう。これまで通りの業務を行うよう、通達が出されたが貞雄も不安は感じたと考えられる。二十日後、工部十等技手三級として工部省の電信局勤務を命じられた。翌明治十一年（一八七八）には福井へと出張していくが、技手として昇進を続けていく。明治十三年（一八八〇）に大阪、明治十四年（一八八一）に熊本、明治十七年（一八八四）に松江在勤を命じられた。松江で工部省内の電信局勤務となっている。

このような中、既に明治十五年（一八八二）十一月十八日、熊本において長男・一雄を授かっていた。貞雄は広島の士族の娘・松尾れんと結婚していたのである。そして、明治十八年（一八八五）十月十九日に松江で長女・うらじが誕生した。家族に囲まれ、安定した生活で幸せの時であったろう。うらじ誕生の二か月後、工部省が廃止となる。だが、電信局職員は逓信省の職員として月給（金三十二円）も変わらず支給していくと通知が出された。そして翌明治十九年（一八八六）五月二十七日、逓信省の逓信五等技手を命じられたのである。

翌明治二十年（一八八七）、工務局第一課長となり、山形、名古屋、大阪、広島、松山の電信建築区への出張も行った。明治二十三年（一八九〇）には九州一帯へ足を運んだという。

明治二十四年（一八九一）、広島で電信建築長、建築署長代理の任に就いた。そして、翌明治二十五年（一八九二）、東京へと転勤していったのである。

そこで、白虎隊士中二番組頭・日向内記の息子である日向真寿見《ますみ》と勤務先が同じになったのである。

当時、日本と清国間において、台湾、朝鮮半島を巡り対立が長引いていた。貞雄も戦争に巻き込まれていくことは次章で述べていきたい。

日清戦争従軍

朝鮮半島で暴動が起きて、鎮圧のため日本、清国が出兵した。暴動鎮圧後も両軍は撤退しない。日本は朝鮮に対して、清国軍を撤兵させることが不可能なら、日本軍が代わりに行うという表明を出した。そして、明治二十七年（一八九四）七月二十五日、日清戦争へと突入していくのである。

日清戦争勃発前月の六月二十六日、飯沼貞雄は大本営附と朝鮮国派遣を命じられた。二日後の二十八日、第一電線架設技隊附《でんせんかせつぎたいつけ》を命じられる。

飯沼一元氏は「二十八日午後九時五十五分新橋発の電車で広島まで直行、そこから軍艦に乗り込むことに決定した」と「従軍中の略歴」に書かれていると『白虎隊士飯沼貞吉の回生』において紹介されている。

この時、後年の新聞に掲載された逸話が有名であろう。出征にあたり、ピストルを持参すべきであろうという忠告に対して「私は白虎隊で死んでいるはずの人間です」と述べて断ったというのである。

本題に戻りたい。貞雄は神戸港から東京丸に乗船して、二十八日午後四時、宇品《うじな》（山口県）に寄港している。この東京丸は、日本陸軍が日本郵船に、運賃を支払っている。勿論、陸軍の艦船ではない。恩給請願時の履歴によると二十九日、貞雄たち第一電線架設技隊が乗船した東京丸が、宇品を出発して三十日に釜山《ぷさん》に到着したことになっている。ほかに、「在官恩給年額計算書」においても宇品出発が六月二十九日と書かれていた。

なお、電線架設技隊用として、野戦監督・野田が金二十万を陸軍大臣に請求している。そのうち、第一電線架設技隊が五万円支給された。

七月二十二日、貞雄は釜山電線架設技隊附を命じられる。九月八日には、中路兵站《ちゅうろへいたん》電線架設隊附を命じられた。更に十月一日、中路兵站電線架設隊技手長を命じられる。

そのようにして、十九日には新たな部隊編成案が出された。そして、部隊の編成変えが行われる。編成表によると技手が四十八人、技手長が二人と記録されていた。貞雄が就任した技手長について、「技手長ハ技手ノ技術ニ熟シタル者ヲ選抜シテ之ニ充ツ」（『大本営より臨時南部兵站電信部編成』）と書かれている。略歴に記録されていないが、技手長という役職は技手の技術に秀でたものが任命されたという。

十一月一日、貞雄は臨時南部兵站電信部附を命じられた。同日、技手長を命じられてもいる。そして、理由も書かれており、同じように引用紹介したい。

「理由　南部兵站電信隊ノ業務ハ漸次線路ノ延長ニ従ヒ頗ル多端トナリ従テ技熟ニ経験ヲ有スル士官着クハ技師ヲ任用スルノ必要アルノ由也」（『臨時南部兵站電信部編成表中改正ノ件』）

電線の延長を常に行う必要があり、非常に忙しくなっていた。そのため、士官は経験ある技術職に任せる必要があるという内容であった。

十一月二十六日に、貞雄は叙勲八等瑞寶章《じょくんはっとうずいほうしょう》を叙勲した。翌十二月二十五日、貞雄たち二百二十四人が勲七等青色桐葉章《くんななとうせいしょくとうようしょう》を授かったのである。そして、年金六十円が下賜《かし》された。

明治二十八年（一八九五）一月二十二日、戦線拡大により、再び部隊編成の改正が行われる。そのような中、南部兵站電信部において、技師・日向真寿見が病にかかってしまう。日向には回復する見込みがなかった。そして、兵站総督・川上操六《かわかみそうろく》が総参謀長・彰仁親王に技師を一名補充してくれるようにと願い出たのである。

二月二十四日、日向に代わる技師補充の要望書が陸軍大臣・西郷従道《つぐみち》に宛てて出されたのである。時を同じくして、三日後の二十七日に貞雄は臨時南部兵站技手長心得を命じられていた。この頃の日本陸軍であるが、清国首都・北京《ぺきん》まで攻め込もうというものであろうか。逓信所配置想定図が作成されて、北京まで書かれてもいる。このようにして、新たな部隊編成が行われたのである。

三月三十日、朝鮮戢川病院において、日向が病死した。義州陸軍埋葬地に埋葬となる。そして、日向の代わりに敷根清範《しきねきよのり》という技手を補充に充てた。補充に選ばれた技師は貞雄ではない。日向の史料は防衛省防衛研究所内に現存する。蛇足であるが、筆者はそれを探していて、山本覚馬の『管見』原本を見つけることができた。

さて、四月二十七日に清国が降伏したことにより、日清戦争は日本の勝利で終結した。それから四か月後の八月二日、貞雄は帰国を命じられる。日本に戻り、東京郵便電信局の在勤を命じられた。

八月二十四日、仁川《いんちょん》を出発して、二十六日に下関に到着する。しかし、貞雄が帰国途中に乗船した船が沈没したという。その時の「転覆の状況説明書」が飯沼家に残っていると、飯沼一元氏は『白虎隊士飯沼貞吉の回生』で執筆された。残念ながら、筆者は貞雄が乗船した龍山丸沈没記録を見つけられずにいる。

十二月二十五日、貞雄は日清戦争の功績により勲七等に叙せられる。そして、再び青色桐葉章を授かり、年金六十四円を賜った。翌明治二十九年（一八九六）には叙従七位ともなる。

明治三十年（一八九七）六月十八日、次男の一精《かずきよ》が誕生した。そして、八月には通信技師となり、仙台郵便局建築課長を命じられる。

明治三十一年（一八九八）九月十六日、兄の源八死去により、会津若松市上六日町六番の地を譲り受けた。これは、土地台帳からもわかる。だが、明治二十二年（一八八九）二月十八日に飯沼源八家が絶家となり、飯沼家再興のため戸主となったと戸籍に書かれている。二十二年は三十二年（一八九九）が正しいものではなかろうか。

この頃からであろうか、履歴書の族籍が士族から平民となったのは。『白虎隊士飯沼貞吉の回生』掲載の「通信大臣宛て提出官歴書」は、明治四十四年（一九一一）以降に書かれたものであるから宮城県平民で誤りはない。

明治三十二年四月三十日、貞雄が東京市芝区琴平町《しばくことひらちょう》六番地から仙台市長丁《ながまち》一番地へ転住届を出している。そこに貞雄が実印を押していた。恩給請願や筆者発表以外で貞雄の実印の現存が世に知られている史料となると、明治四十四年の若松上六日町の「土地売買委任状」のみであったのである。

やはり、兄の源八が死去して、仙台へと転居していった明治三十二年中に飯沼家を新たに興したというものであろう。

長男・飯沼一雄の日露戦争従軍と死去

日清戦争から約十年後、今度は清国内で外国勢力を追い払うべく、義和団《ぎわだん》という清国宗教組織が立ちあがった。日本、ロシア帝国共に、義和団鎮圧のため派兵する。そして、ロシア軍は鎮圧後も兵を引こうとしない。満州等の利権を巡り、日本とロシア帝国との対立は深まっていった。このようにして、明治三十七年（一九〇四）二月、日露戦争が勃発した。

飯沼貞雄は年齢からか、日清戦争時のように前線に赴くということはない。この時、開戦の二年前に二十歳となっていた長男・一雄が第十三師団工兵第十三大隊第二中隊の陸軍工兵少尉となっている。だが、一雄が即出兵ということにはならない。

時は流れ、旅順《りょじゅん》攻防戦、奉天大会戦《ほうてんだいかいせん》、日本海海戦などで日本側が勝利を勝ち取る。このようにして、日本政府がシベリア出兵を計画していった。

開戦の翌年（一九〇五）七月九日に、貞雄が札幌へと転勤を命じられていた。札幌区南七条西一丁目《みなみしちじょうにし》十二番地に寄留したのである。そして、同年七月十七日に、一雄たち第十三師団は青森港を出港して、二十四日に樺太《からふと》へと上陸していく。一雄たちは第二次樺太上陸部隊であった。

二十七日、樺太のアレクサンドロフスクを占拠すると、翌週にはロシア軍が降伏してきた。そうしているうちに、ロシア帝国ではクーデターなどが起こり、終戦への話し合いがすすめられる。九月五日、ロシア帝国とポーツマス条約が結ばれて、日露戦争は日本軍の勝利に終わった。

一雄は終戦の二日後、九月七日にアレクサンドロフスクから青森に凱旋した。翌十月十一日は宇品を出発して、韓国へと進軍していく。だが、明治三十九年（一九〇六）四月に停職を命じられる。病で倒れたからであろうか、北海道札幌区北一条西八丁目の区立病院に入院した。九月十六日、一雄が何故か若くして死去してしまう。一雄の死因は、公文書に明確に書かれていない。

翌月十月末日、恩給法により一雄に給助金が下賜される。給助金は百八十円であった。一雄の相続者は父・貞雄となっている。飯沼家の跡取りで、成人して間もないことから悲しみは大きかったと思われる。

明治四十年（一九〇七）三月九日、長女・うらじが北海道岩内郡の士族・松田一雄に嫁いだ。同年四月一日、日露戦争の功績により、貞雄は雙光旭日章《そうこうきょくじつしょう》と金四百円が下賜されている。子供が他界した代わりに親が、恩賞などを受け取る例はある。それと同じであり、一雄の功績であったと考えられる。

明治四十三年（一九一〇）二月、札幌郵便局工務課長であった貞雄に、災いが降りかかってきた。部下の通信技師が商人と結託して、偽造出張工事から旅費を騙し取り、公有財産無断売却などを行っていたのである。更に、別の通信工手が旅費清算費偽造を行っていたと公になった。貞雄は部下の監督が行き届かなかったとして、文官懲戒令により譴責《けんせき》処分を受けたのである。これは、『官報　第七九八號　明治四十三年二月二日』に掲載されており、現在では国立国会図書館がデジタルコレクションで公開している。そして、貞雄は四月一日には仙台に戻ってきている。逓信管理局技師に任じられて、仙台逓信管理局工務部長の任に就いたのであった。

退職・恩給請願記録見つかる

明治四十四年（一九一一）十二月、叙従五位となり、叙勲四等瑞寶章《じょくんよんとうずいほうしょう》を受章した。会津若松市上六日町六番の土地を手放した三か月後の出来事である。

それから二年後の大正二年（一九一三）、飯沼貞雄は満六十歳となる。だが、同年の逓信管理局の官制廃止により、貞雄は六月十三日で廃官となってしまう。既に、三日前の九日には休職を命じられていた。しかし、叙位内則第四条から、在職十年以上で通位が一級進められている。退職後、貞雄は逓信大臣・元田肇《もとだはじめ》から正五位勲五等《しょうごいくんごとう》を特旨叙位《とくしじょい》した。退職前は従五位勲四等である。また、六月九日に定年となり、逓信省を退職したという表記でも良いであろう。

そして、貞雄は七月十日に恩給請願を行った。この度、筆者が見つけることができた史料『大正二年　恩給　文官恩給八十五巻』である。ここに、貞雄直筆の「恩給請願書」「在官年敷及恩給年額計算書」「履歴書」と「明治三十一年式戸籍」が一式まとめられていた。九月三十日に通信大臣・元田が総理大臣・山本権兵衛《ごんべえ》に提出して恩給付与の許可を求めている。

「在官年敷及恩給年額計算書」から正式勤務は、明治七年（一八七四）十二月十二日からとなって

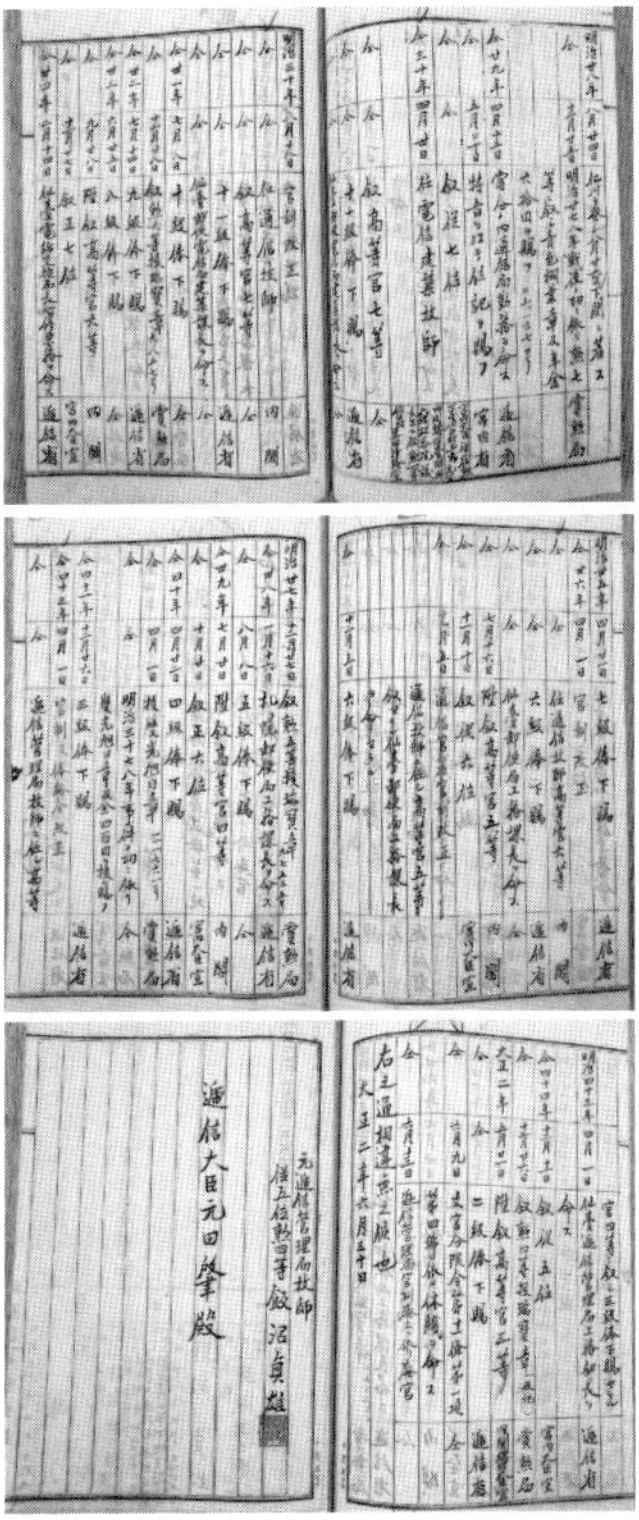

「履歴書」『大正二年　恩給　文官恩給八十五巻』（国立公文書館蔵）
日清戦争から退職までの履歴。飯沼貞雄が内容に誤りないと実印を押している。

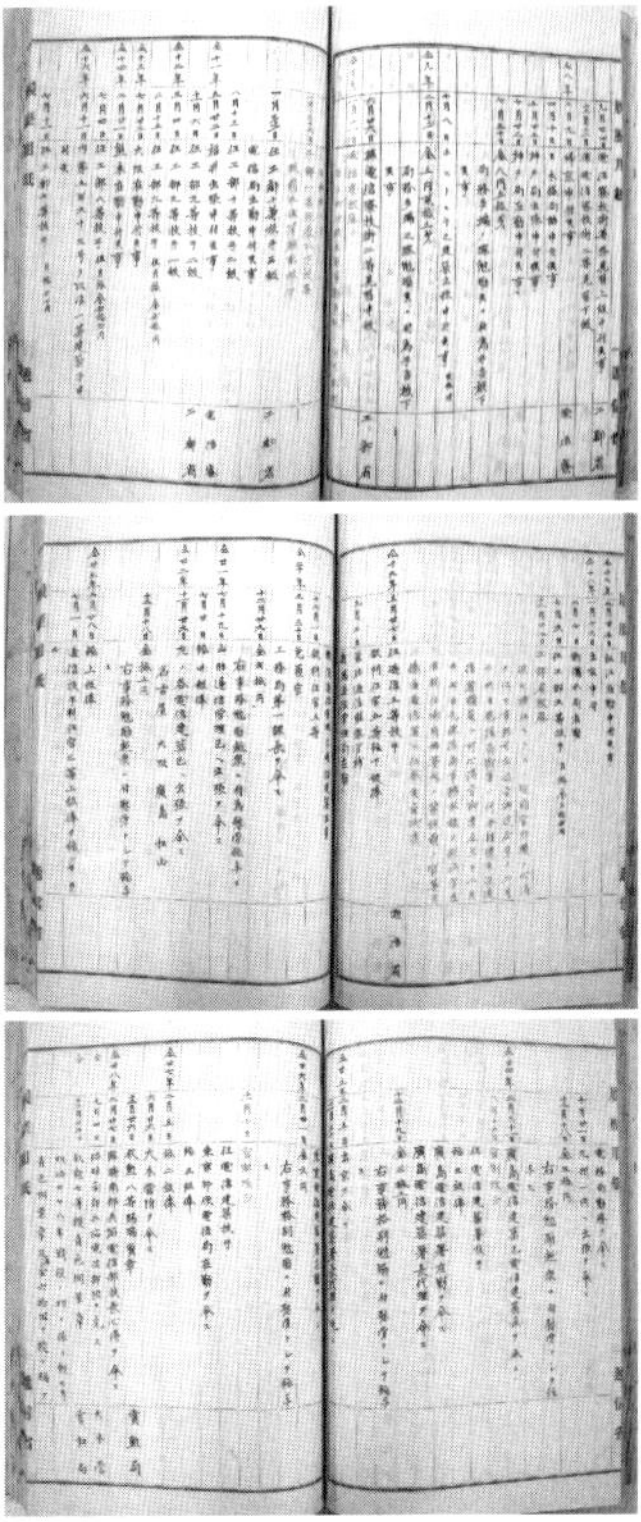

「履歴書」『明治廿九年叙任　四』（国立公文書館蔵）
明治７年から明治 28 年の日清戦争までの履歴。

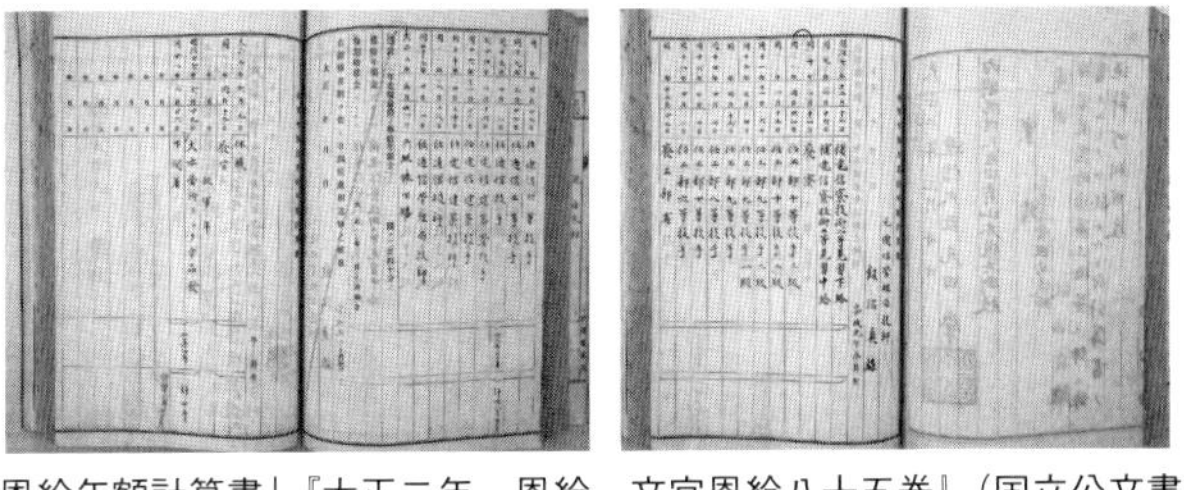

「在官恩給年額計算書」『大正二年　恩給　文官恩給八十五巻』（国立公文書館蔵）
恩給請願にあたり、在職年数一覧表を作成した。

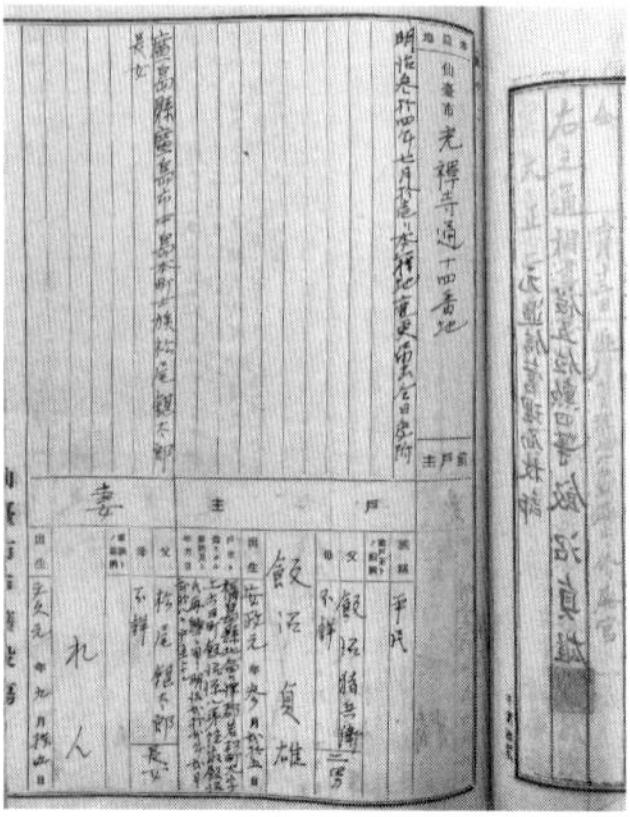
仙臺市光禅寺通十四番地
飯沼貞雄

「明治三十一年式戸籍」『大正二年恩給　文官恩給八十五巻』（国立公文書館蔵）
飯沼貞雄の退職時の明治三十一年式戸籍。

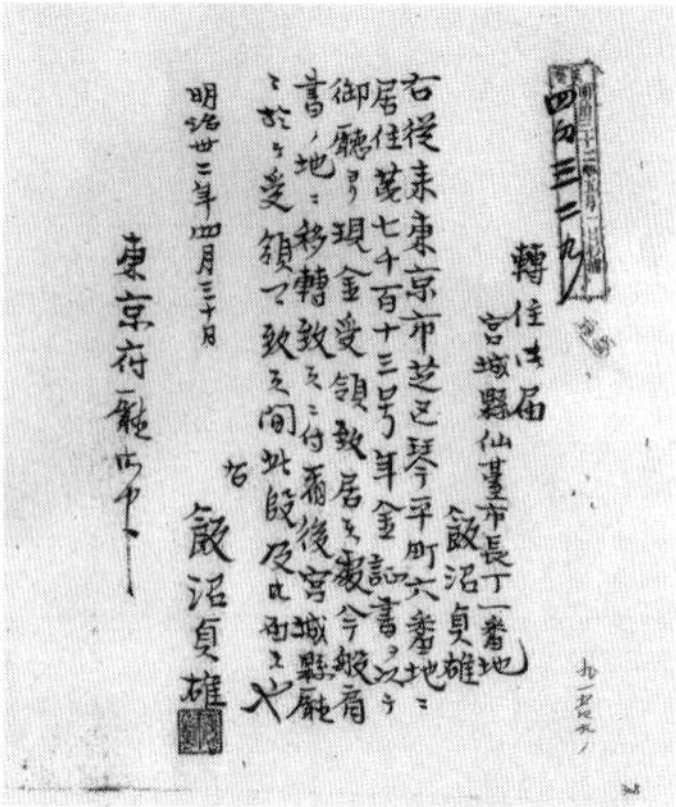
轉住屆
宮城縣仙臺市長丁一番地
飯沼貞雄
右從來東京市芝区琴平町六番地ニ
居住罷七千百十三号年金証書ヲ以テ
御廳ヨリ現金受領致居候處今般肩
書ノ地ニ移轉致候ニ付爾後宮城縣廳
ニ於テ受領致度候間此段及御届候也
右
飯沼貞雄
明治卅三年四月三十日
東京府廳御中

「飯沼貞雄転出　宮城県」『公文書＿件名＿府市』（東京都公文書館蔵）
東京から宮城への転住届、飯沼貞吉の実印が押されている。

「飯沼家仙台宅」『飯沼貞雄氏を偲ぶ』（福島県立博物館蔵）
仙台市光禅寺通りの飯沼宅古写真。

『會津第二号』（仙臺會津青年会　会津若松市立会津図書館蔵）
『會津第二号』に掲載された大正２年時の記念集合写真。

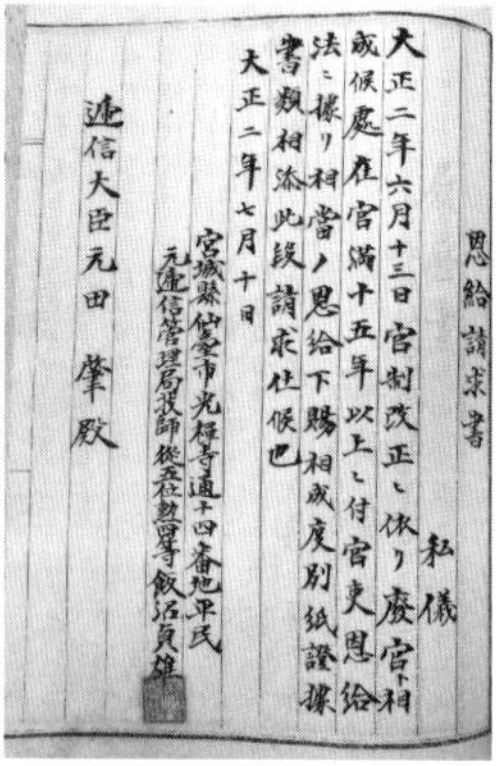
恩給請求書
私儀
大正二年六月十三日官制改正ニ依リ廃官ト相
成候處在官満十五年以上ニ付官吏恩給
法ニ據リ相當ノ恩給下賜相成度別紙證據
書類相添此段請求仕候也
大正二年七月十日
宮城縣仙臺市光禅寺通十四番地平民
元逓信管理局技師従五位勲四等 飯沼貞雄
逓信大臣元田肇殿

「恩給請求書」『大正二年恩給　文官恩給八十五巻』（国立公文書館蔵）
飯沼貞雄の退職時の恩給請願書。貞雄の実印が押されている。

いる。在職年数が三十八年七か月だという。また、「従軍履歴」における四年も加算されて総計四十二年七か月というのが正しい。従軍の二年加算により、在職年数が実際より多くなってしまう。そのため、明治七年から勤務を開始したとしたものであろう。

ただ、『明治廿九年叙任　四』の場合、明治五年（一八七二）八月から工部省に採用となっている。だが、明治五年以前は職員録にも貞雄の名が確認できないことから、二年間は仮雇いであったと考え

「飯沼貞雄氏の晩年の面影」『飯沼貞雄氏を偲ぶ』（福島県立博物館蔵）
昭和３年時、飯沼貞雄晩年時の記念写真。

「野中福太郎との記念写真」（筆者所有）
筆者の知人祖父と飯沼貞雄との記念写真。何時何故、写したか不明だが故早川喜代治氏は仙台、もしくは札幌の自宅であろうと推定。

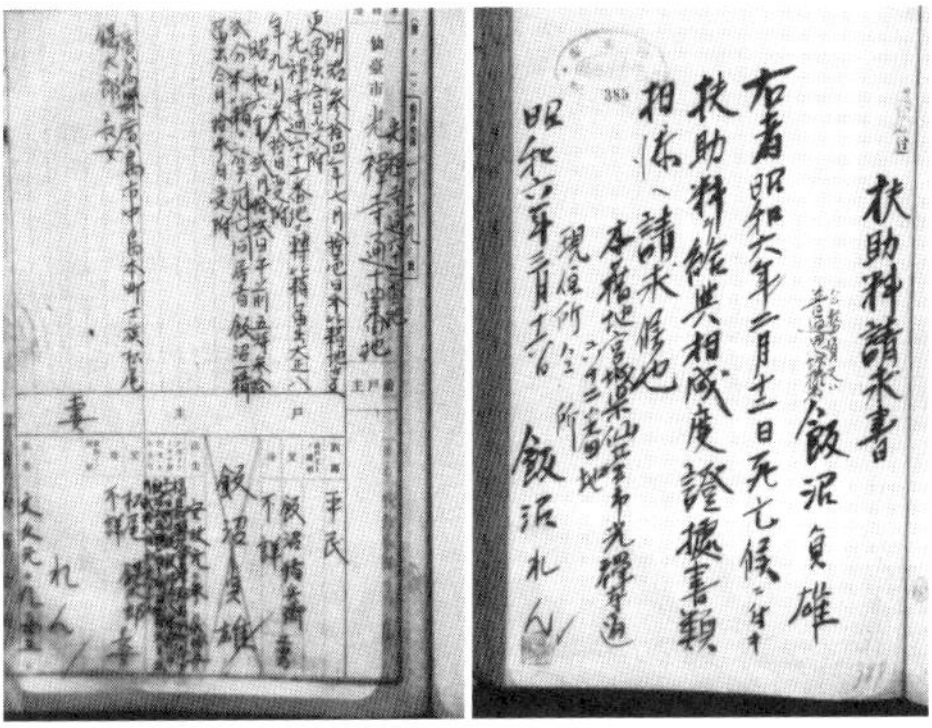

『恩給請願　昭和六年文官扶助料』（国立公文書館蔵）
飯沼貞雄死去後、妻・れんが扶助料を申告した。その時の扶助料金額計算書、扶助料請求書、明治三十一年式戸籍。貞雄は大正四年式戸籍に切り替えられていなかったとわかる。

られる。

また、貞雄直筆の「履歴書」は詳細に書かれていた。急いだためか、二重書きなどがあり、修正して大正二年六月三十日に書き上げている。そして、貞雄の実印が押されていた。それだけ、重要なものだからであろう。貞雄の実印は「飯沼貞雄転出　宮城県」『公文書　件名　府市』、『明治四十年恩給　武官救助金十九』、「土地売買委任状」、『大正二年　恩給　文官恩給八十五巻』の四点の史料で確認されている。『大正二年　恩給　文官恩給八十五巻』の場合、「恩給請願書」「履歴書」の二か所に押されているのである。

そして、恩給請願にあたり、当時の戸籍を共につけている。加筆以前の当時の明治三十一年式戸籍が確認できた。

退職前、貞雄は東京仙台間の初の電話回線をつくっていた。そして、電信用焼き物碍子に会津の本郷産のものを使用させたともいう。退職後、次男の飯沼一精《かずきよ》氏も結婚して身を固めていく。一精氏は東北帝国大学講師となる。その時の履歴書なども国立公文書館に現存している。

昭和六年（一九三一）二月十二日午前五時三十二分、貞雄は本籍地である仙台市光禅寺通《こうぜんじどおり》六十二番で死去した。死亡届は同居している息子の一精氏が届けている。翌三月に妻・れんが扶助料を中告した。「明治三十一年式戸籍」が同封されているが、本籍地の地番も変わり、略歴も書き足されている。そして、今回の扶助料申請では妻・れんの実印が押されていた。

飯沼貞吉（貞雄）の語り残し、書き残しがなければ白虎士中二番隊の飯盛山における自刃も世に知られることはなかったであろう。貞雄の果たした役割は大きかったと考えられる。日清戦争従軍、逓信事業など日本に貢献した生涯であった。

【協力】

菊地明、武田利明、高橋一美、中野喜代、成田陽子、野口信一、早川廣中、早川広行、藤澤裕武、故牧野登、故古川富弘、会津新選組記念館、会津若松市立会津図書館、会津若松市役所、宮内庁宮内公文書館、国立公文書館、国立国会図書館、東京大学史料編纂所、東京都公文書館、沼津市明治資料館、白虎隊記念館、福島県立博物館、福島県歴史資料館、防衛省防衛研究所、流通経済大学祭魚洞文庫（敬称略）

【引用・参考文献】

『維新階梯雑誌』宮内庁宮内公文書館蔵／『飯沼貞雄を偲ぶ』（飯沼貞雄顕彰会）福島県立博物館蔵／『戊辰戦争実歴談』『東京蝦夷地脱走並びに東京謹慎人別帳』「石田和助短刀」白虎隊記念館蔵／『戊辰東軍戦死者霊名簿』『若松記草稿』『浅羽忠之助筆記』『北原雅長談話』『戊辰戦争見聞略記』『会津藩士討死者名簿』『薩藩本府臼砲隊戦場『平田宗高日記』『児玉平蔵書簡』『会津藩戦死人別大略』東京大学史料編纂所蔵／『藻汐艸』『旧記輯録』『容保公野澤出馬記録』『戦死者名籍』『辰のまぼろし』『官許新聞　天理可楽怖　第三号』『横浜新報もしほ草』『絵入白虎隊勇士列伝』『高田藩謹慎雑記』『若松新聞』『暗涙の一滴』『會津第二号』『會津第四号』仙臺會津会青年会・会津若松市立会津図書館蔵／『浅羽忠之助筆記』流通経済大学祭魚洞文庫蔵／『河北新報』『旧夢白虎隊』『西郷隆盛一代記』『会津　白虎隊顕彰号』『明治新聞　五号』『大国史美談』『会津医学会報』『逓信省職員録　明治二十七年五月』『官報　第七九八號　明治四十三年二月二日』国立国会図書館蔵／『明治新聞』会津新選組記念館蔵／『荒井治良右衛門慶応日記』個人蔵／『白虎隊士中二番隊屠腹並戦死人別』『戦死屍取仕末金銭入用帳』会津若松市役所蔵／『幽囚録』三澤英一氏蔵／『明治元年十月中戦死者覚書』個人蔵／『世話集聞記』「白虎隊自刃図」『楢崎頼三陣中日記』『楢崎頼三履歴』『渋田見縫殿助　羽州出兵戦記』『静岡藩庁記録』『公文録　静岡藩之部六』『工部

省職員録』『山田揆一外二名に対する懲戒処分』『上奏上申書　巻二』『明治二十七八年戦役賞功　裁可書』『大正二年　任免　巻十六』『勲等原簿　旭日之部四一』『勲等原簿　旭日之部三九』『勲等原簿　瑞之部三六』『勲等原簿　瑞之部一一二五』『明治廿九年叙任　四』『明治四十年　恩給　武官救助金十九』『大正二年　恩給　文官恩給八十五巻』『恩給請願　昭和六年文官扶助料』『二級官進退　飯沼一精』国立公文書館蔵／「飯沼貞雄転出　宮城県」『公文書　件名　府市』東京都公文書館／『土地台帳』福島県法務局／『明治八年九年　貫属使府県送籍』『明治廿四年明治廿五年　旧会津藩士族就産事務綴』福島県歴史資料館蔵／『写真で見る会津戦争』早川喜代次、宮崎長八編・新人物往来社／「七十年前の思出」『會津史談會誌　第十六号』会津史談会／「会津藩大砲隊戦記」『会津藩戊辰戦争史料集』宮崎十三八編・新人物往来社／『会津戊辰戦争　戸ノ口原の戦い』冨田国衛著・おもはん社／『白虎隊士飯沼貞吉の回生』飯沼一元著・ブイツーソリューション／「会津の戦い」『戊辰戦争全史（下）』間島勲、前田宣裕著・新人物往来社／『会津藩戊辰戦争日誌』菊地明編・新人物往来社／『七年史』北原雅長編・啓成社／『白虎隊のすべて』『史実　会津白虎隊』新人物往来社／『二〇一八　戊辰戦争一五〇年』福島県立博物館／『補修　会津白虎隊十九士伝』宗川虎次著・マツノ書店／『會津戊辰戦史』會津戊辰戦史編纂会編／「白虎隊士埋葬の秘話」『歴史春秋第44号』前田宣裕著・会津史学会／『会津戊辰戦死者埋葬の虚と実』野口信一著・歴史春秋社／『宮地團四郎日記』高知県立図書館蔵／『会津先賢者の墓石を訪ねて』栗城訪霊編／『人間　井深大』島谷泰彦著・日本工業新聞社／『林氏事跡余話』沼津市明治資料館蔵／『旧幕府』マツノ書店／『日誌3』北海道大学蔵／『大本営より臨時南部兵站電信部編成』『臨時南部兵站電信部編成表中改正ノ件』防衛省防衛研究所蔵／『会津人群像№27「白虎隊の真実」』井上昌威著・歴史春秋社／『会津人群像№37「愚直に生きた⑭佐川官兵衛」』『会津人群像№35「愚直に生きた⑫武田源三」』『愚直に生きた上巻』『史料集成　斎藤一』伊藤哲也著・歴史春秋社／『白虎隊事蹟』『戦死殉難者人名録』「野中福太郎との記念写真」筆者所有

五章・愚直に生きた⑰

永倉新八

はじめに

『浪士文久報国記事』『七ケ所《ななかしょ》手負《ておい》場所《ばしょ》顕《あらわ》ス』などを書き残して、新選組の動向を世に広めた永倉新八という人物がいる。この会津藩御預かりの新選組隊士、戊辰戦争中は入布《いりふ》新《あらた》、明治維新後は杉村義衛《よしえ》と改名していく。

この章では、新選組隊士の動向、戊辰戦争における転戦、維新後に新たに判明した史料の紹介をしていきたい。会津藩領を転戦した詳細は知られてはいないであろう。

「新撰組永倉新八」『小樽新聞』
（国立国会図書館蔵）
30代後半時とされる肖像写真。

新選組結成

永倉（長倉）新八は、松前藩士・長倉勘次《かんじ》の次男として、江戸松前藩邸にて誕生する。勘次の長男死去後、長倉家後継者となるが、脱藩して各道場を移り、近藤勇門下生となる。永倉は神道無念流であったが、天然理心流の近藤の試衛館（試衛場）で剣術修行に励んでいく。また、名も長倉新八から永倉新八へと改めた。

文久三年（一八六三）二月、庄内藩郷士・清河八郎の呼びかけにより、近藤たちと共に上京していく。時の将軍・徳川家茂上京前に京都の治安を良くしようというものである。この時、幕臣・鵜殿《うどの》鳩翁《きゅうおう》が着京した浪士たちの名簿『浪士姓名簿《ろうしせいめいぼ》』を作成した。そこには、永倉の出身地、住居、年齢が次のように書かれている。

「松前伊豆守浪人　　亥弐十五
右同断　　長倉新八」
（『浪士姓名簿』）

松前藩の浪人で、年齢二十五歳とわかる。そして「右同断」であるが、一人前に書かれた沖田総司の「牛込加賀屋敷近藤勇方同居」と同じという意味である。つまり、沖田たちと共に近藤宅に寄留していたのだ。そして、近藤、沖田たちと共に永倉は京都から江戸に戻らず、会津藩御預かりとなる。

晩年、永倉は自身が全身に七か所傷を負った時の回顧録『七ケ所手負場所顕ス』を書き残した。この七件の出来事についても各所で触れていきたい。

最初の傷は、六月三日に大坂力士との乱闘事件で新選組隊士・島田魁《かい》の脇差で腕に傷を負ってしまう。負傷部分のみ次に引用したい。

「相撲迯ルニ狼狽イタシ此時キ長倉新八腕ヲ斬レ此疵ハ島田魁脇差ヲ横ニ振リ夫カ腰ニ當ル」
（『七ケ所手負場所顕ス』）

大坂の北新地《きたしんち》の住吉楼《すみよしろう》前で生じた事件であった。永倉たち八名の壬生浪士組（後の新選組）が大坂力士と斬り合った一件である。後に町奉行が仲裁に入り、翌月七日の相撲興行には壬生浪士組も招待された。これは『塘報録《とうほうろく》』という当時の史料にも書かれており誤りないものであろう。だが、その翌日には大和屋事件が起きている。武士の誇り高き局長の一人、芹沢鴨が相撲の興行収入を嫌い、怒りをぶちまけたために起きたという説もある。

その一週間後、八・一八の政変を経て壬生浪士組は新選組の隊名を授かった。九月十六日に芹沢は内部粛清されることになるが、この件に永倉は関与していない。

六月一日不審人物捕縛時の情勢

八・一八の政変時から長州藩勢による京都御所放火、孝明天皇を萩へと連れ去るという噂が各所で流れた。これについてはいろいろな史料に記録されており、『維新階梯雑誌《いしんかいていざっし》』においても確認できる。単なる噂のみが流れただけであったろうか。当時は小火であっても大きく取り上げられていた。こうして、会津藩勢は京都洛中の警備を固める必要に迫られる。そのような時、六月一日に新選組は宮部《みやべ》鼎蔵《ていぞう》の下僕（忠蔵）など不審人物などを捕縛していた。宮部鼎蔵といえば、吉田松陰と共に会津藩領を訪れた人物というイメージが強いが、吉田との関連性や尊王討幕思想を持っていたことに誤りはないであろう。

この捕縛された宮部の下僕は、何を話したか。後年に活字化されたものでは口を割らなかったとされている。ほかにも不審人物が捕縛されて、洛中放火を自供したともいわれる。ただ、この史料は

『時勢叢談《じせいそうだん》』という風聞書である。記録されたのは風聞書であるが、火のない所に煙は立たないというものであろう。会津藩の会津松平家文書『京都合戦記』にこの時のことが書かれていた。『京都合戦記』の場合、風説留と異なり信用性高い一次史料である。次に引用紹介したい。

（直訳）

「京都河原町長刕屋敷へ番舟等数多着ニ相成ニ付不思議やとうたかい候得ハ甲冑等数多国元より運送ニ成すでに昔由井正雪の如火責の斗事ニも相成位の事風節止時なし依之会津御支配之新撰組御召ニ相成六月朔日黒谷御殿へ出勤す」

（『京都合戦記』）

京都の河原町《かわらまち》の長州藩邸へ番船が頻繁に出入りして怪しいとしたことから事が始まるという。番船とは、物資を運び入れる船である。甲冑などを長州藩国許から運び込んでいたとされた。由井正雪の名が出されているのは、当時の天皇を吉野に移して討幕の勅命を目論んだという由井正雪の乱（慶安の変）を見立てたものであろう。由井にしても各所への放火を計画したという。長州藩勢が由井と同じように放火を企てているという噂も途切れることがなかった。

松平容保は近藤勇を黒谷へと呼び寄せた。その部分を紹介したい。

（直訳）

「会津公の御指図を聞御奉公致度と望ニ付其儀御仕せ被成此度長刕浪人大勢入込時刻うつれハ大乱ニも相成候程の事風節有之候得ハ早速召舗候様被仰付」

（『京都合戦記』）

そして、容保は新選組局長・近藤に「長州藩が大勢入り込んできたら大乱になる。召し捕らえるように」命じたのである。この部分は大意を本文とした。容保からの命を受けた新選組は捕縛に動き始める。

それでは、『維新階梯雑誌』を直訳紹介していろいろと解説していきたい。『維新階梯雑誌』内容解説のみでなく、他史料『浪士文久報国記事』などを部分的に引用して比較紹介していこう。その場の実体験者である永倉新八、近藤の言動は貴重なものである。

古高俊太郎捕縛

まず、古高《ふるたか》俊太郎捕縛までを紹介していきたい。

（直訳）

「一　六月五日夜三條小橋召捕一条

田原四郎説

長州人兼而入京御差留之所追々入京潜伏之聞へ有リ新撰組ニ而探索するに大勢之潜伏中ニも四条小橋桝谷喜右左衛門実名古宮俊太郎竊かニ周旋尽力致居候由ニ付五日朝其者召捕拷問相糺ニ京都向周旋を始器械弾薬雑具等迄悉皆引受右品調次第本国へ注進スレハ早速兵庫大坂迄出兵之手筈ナレ共此節連日ノ雨天ニ而弾薬製シ方果敢不取追々延引ニ相成候趣」

（『維新階梯雑誌』）

（解説）

「六月五日夜三條小橋召捕一条」というサブタイトルが書かれている。「五日夜」からわかるとおり、池田屋事件のことである。原文には「六月四日」と誤って書き写されていたのを「六月五日」に訂正した箇所が確認できる。誤植はほかにもあり、「桝谷喜右左衛門」ではなく「桝屋喜右衛門」が正しい。また、「田原四郎説」と赤字で書かれており、池田屋事件翌日に新選組に入隊した会津藩士・田原四郎から聞き得たというものであろう。田原四郎は新選組と会津藩との間柄で重き役割を命じられてもいる。

『維新階梯雑誌』によると、八・一八の政変以降は入京制限を掛けられていた長州側浪士が京都に潜伏してきていた。兼ねてより入京を差し止められていた長州人が次々と入京し潜伏していた噂が流れたのである。そして、新選組が大勢の潜伏している浪士探索を行った。すると、桝屋喜右衛門という商人につきあたる。桝屋であるが、数か月前に浪士から中川宮批判の貼り紙を店に貼られるなどしていた。桝屋本人が行ったものであろうか。桝屋が四条小橋に居を構えたと記録されているが、「京都府下京区西木屋町通り西入ル真町」のことであろう。桝屋が不審人物であると『甲子雑録《こうしざつろく》』にも記録されている。何の商売をしているか明確でなく、下男二人を召し抱えて家族はいない。そして、近所付き合いが何故かないというものであった。ただ、古高が桝屋に養子に入り跡を継いでいたというのは本当のことである。京都商人になっても勤皇の浪士の志を捨てずに暗躍していたというところであろうか。

そのような中、桝屋が潜伏している浪士たちの面倒を見ているという報告が入った。そして、五日の朝方に桝屋を召し捕らえる。新選組屯所に連行して拷問にかけて尋問した。現在の田野家に当時の拷問の間が残っている。

「永倉新八」『小樽新聞』から桝屋捕縛の部分を次に引用紹介したい。桝屋という商人のもとに七、八人の長州人が潜伏して容易ならぬ謀を企んだと報告があったという。新選組が放っていた探索方からの報告だという。晩年の永倉新八こと杉村義衛の回想談話であるが、当事者ということから価値はある。

（引用）

「六月の六日、沖田総司、永倉新八、原田左之助、井上五郎等を首め二十餘名の隊員が不意に近江《ママ》屋（桝屋）の表と裏の入口を襲ひ一擧に捕縛せんと同時に踏み込んだ。長州の志士もさるもの豫て斯くあらんと覺して居たるものを見え抜け道を設けて置いたので驚破という間に隠れて終ひ咄嗟の場合に何か秘密書類を火中に投する暇に逃げ遅れた古高俊太郎だけ捕まった。一同は十分に家探したが、固より居らない土蔵に封印を施して古高を引立て壬生の屯所へ引き上げた」

（「永倉新八（廿九）」『小樽新聞』）

永倉たちが桝屋へと御用改めに入ったという。そこで、浪士たちの多くは逃げ去ったが、機密書類を焼き捨てるため逃げ遅れた人物がいた。引用文中に古高と書かれているが桝屋に養子に入っており、桝屋喜右衛門が表向きの名前だ。以後、通説に従い古高俊太郎で統一したい。また、永倉の語り間違えか、新聞記者の記録間違えか、井上五郎でなく井上源三郎が正しい。

新選組は古高邸を色々と探索したという。そして、土蔵の入り口に鍵を掛けると古高俊太郎を壬生の新選組屯所へと連行したのである。続いて、古高の拷問まで引用紹介したい。

（引用）

「近藤隊長は自ら古高を調べたが既に死を決して上京したほどの彼とて□とも曰はぬ毆つて〳〵背中が破れても眼を瞑つて歯を喰ひしばり気絶しても口を開かない。副長の土方歳三はほど〳〵手に餘し種々工夫した結果先づ古高の両手を後方へ廻して縛り梁へ逆さに吊るし上げた。それから足の裏へ五寸釘をブツリと通し百目蝋燭を立て、火を燈した。見る〳〵蝋が溶け流れて熱鉛のやうなどろ〳〵のやつが古高の足裏から膝の邊りへタラ〳〵と這つて行く。この執行な残忍な苦痛には決死の古高も流石に堪江難たと見へて小半時ばかりは悶へ苦しんだ口を開き漸く秘謀を語つた」

（「永倉新八（廿九）」『小樽新聞』）

古高を如何に拷問にかけたか、現場にいた永倉の回想談である。木刀で殴打されたのであろうか、古高の背中が破れたという。古高の背の皮膚が打ち破られて流血したものであろう。それでも、歯を食いしばり何も自供しようとしない。そのため、土方歳三が口を割らない古高を逆さつりにした。その足裏に蝋燭を立て火をともしたというのである。蝋が溶けて、膝までたれていったとい

「永倉新八」『小樽新聞』（国立国会図書館蔵）
捕縛した古高俊太郎を拷問にかけ、京都放火の自白を迫った。風説だが、数日前に洛中放火を自供した浪士がいたと記録されている。

う。これに古高が耐えきれなくなり自供したという。当時の警察職にあたる新選組が執った行動である。現在の警察では許されないものであるが、この秘謀については、『小樽新聞』においても詳細を語っていない。

しかしながら、『維新階梯雑誌』に自供内容が書かれている。古高が器械、弾薬をはじめとして雑具等まで、浪士たちの面倒を見たと記録されていた。そしてこの品々を取り調べると、兵庫、大坂まで浪士勢出兵の準備が整っていたが、長引く雨天で延期されていたというのである。連日の雨天で弾薬製し方が武器を取り込めないためだったという。拷問にかけて尋問したところ、古高は次のように襲撃を自供したという。何時自供したかであるが、『維新階梯雑誌』から当日の夜間までと判明する。

古高の自白と新選組出陣

古高俊太郎の中川宮《なかがわのみや》邸放火自白などから新選組出動まで、各史料をもとにして紹介したい。

(直訳)

「趣旦折を以夜中尹ノ宮へ放火シ其節人数ヲ配リ途中へ會ノ字付タル提灯をとほシ我公ノ御参内を待居り奉討一手ハ黒谷へ取懸候姦計不残白状ニ及會ノ字ノ印付タル提灯数拾張町家へ注文栫置候由右逐一之儀新撰組近藤勇より黒谷へ罷出注進スレ共我か政府之評義ニ不決シテ遅延ス依而右機械を失候ニ付新撰組一手ニ而召捕度趣申出依而漸召捕ノ事ニ決ス」

（『維新階梯雑誌』）

『維新階梯雑誌』に記録された古高の自白内容から、次のように長州藩勢の動向が確認できた。長州藩勢が夜中、中川宮邸に放火を計画したという。放火と同時に、会津の提灯で会津藩士を装った浪士を配置して、参内する会津藩主・松平容保を待ってこれを討ちとろうという。更に、黒谷の会津藩本陣を襲う姦計《かんけい》（悪だくみ）があったことを残らず白状したのである。會の字の印を付けたる提灯を数十張、町家へ注文をして一つ、一つ作成されていたのである。

この古高の自白について新選組局長・近藤勇が黒谷に赴き意見を述べたが、会津藩内の意見がまとまらず時が流れていった。このままでは、浪士捕縛の機会を失ってしまう。新選組のみでの召し捕りを申し出る。これによって、ようやく浪士を召し捕ることが決まったと『維新階梯雑誌』に書かれている。

このことについて旧来の史料を踏まえて、もう一度吟味してみたい。

会津松平家の『京都合戦記』という当時の史料にも成り行きが書かれていた。引用を紹介する。なお、二日と書かれているが五日の誤記である。

（直訳）

「新撰組頭近藤勇委細畏る其夜祇園新地ニおいて頭三ッ打取黒谷へ参る其翌二日早朝より召捕此者白状ニよつて浪人在家不残相分」

（『京都合戦記』）

引用文より近藤が自ら黒谷の会津藩本陣へ赴いたとわかる。古高の自白後、即座に容保へと報告に赴いたのであろう。そして、近藤の覚悟で会津藩が出陣を決めたと紹介したとおりである。

古高自供内容の該当部分を『維新階梯雑誌』から次に引用紹介したい。

「之ヲ鞠問スルニ及ヒテ風ニ乗シテ火ヲ闕下ニ縦チ賀陽宮及ヒ容保カ参内ヲ待チテ途ニ要撃セシトスルノ状ヲ白セリ」（『維新階梯雑誌』）

このように、古高は、捕縛した夜までに放火や襲撃計画を自供している。

また、六日の朝であるが、長州藩勢による京都御所の焼き払い計画があったと記録されていた。次に引用する。

「不容易隠謀有之ニ付風便ヲ待チ御所向焼拂可申ト相巧徒黨数十人有之段申立候」

（『維新階梯雑誌』）

こちらと同一の文章が幕府からの通達文にも記録されている。このような最中、容保は病で床に伏せっていた。しかし、新選組の出陣ならびに他藩への応援要請を認めている。

浪士の襲撃計画を知った近藤が、黒谷の会津藩首脳部に現状を報告する。藩内で出動の有無をめぐり、意見が分かれた。結果的に浪士捕縛に新選組が出動すると決まったというものである。会津藩も出動準備を同時に進めていたのだ。新選組と会津藩が長州勢を挟み打ちにするというものである。会津藩勢は五ツ時（夜八時頃）の待ち合わせ時間に遅れてしまうが、会津藩が動かなかったわけではない。そして午前十二時頃（夜九ツ時）、会津藩公用人・倉澤右兵衛が浪士探索の高札を立てた。

今から二十年程前、幕末史研究家・菊地明氏が古高の自供が記録された『維新前後之雑記《いしんぜんごのざっき》』を発見して紹介された。近年同一文が含まれた史料『塘報録《とうほうろく》』を浦出《うらで》卓郎氏が見つけている。この自供文は容保に提出したものではなかろうか。中川宮放火や浪士・河村半蔵が木砲をそろえていたという内容である。河村は、宮部鼎蔵《みやべていぞう》の変名であろう。そのためか、池田屋事件時に会津藩勢は河村捕縛に動き出すのである。

さて、古高を自白に追い込んだ近藤であるが、池田屋事件の数日後に故郷へと報告文を送っている。そこには、長州藩勢による京都放火や孝明天皇を長州に連れ去る計画を阻止したと書かれていた。

（引用）

「長州藩士追々入京し、都下近々放火砲発之手筈を定め、其虚に乗し朝廷を本国江奪行之手筈予め致候」

（『六月八日付近藤勇書簡』）

近藤は京都洛中への放火としたが、もう一人の当事者・永倉は京都御所への放火が計画されたと各史料に記録している。ここにおいて、『浪士文久報国記事』を引用紹介したい。

（直訳）

「土蔵ニ入置品ハ御所焼キ打道具、八月二十二日風並能ケれハ焼キ打致スノ了簡、天朝ヲ奪イ山口城江落スノ謀反、夫々数多長州人姿ヲ替江、四条辺ノ町家江入リ込ミ隠レ居ル。其外三条通リ旅宿屋ニ水口藩、大渕藩ト表札ヲカケ居ル、大凡三百人ホド京師ニ潜伏致居ル、逐一白状ニ及フ」

（『浪士文久報国記事』）

『維新階梯雑誌』にも書かれている京都洛中への放火、容保襲撃が確認できる。自白現場の壬生屯所にいた永倉本人の回想録である。後年の談話であるが、本人の体験談であり、信頼性が高く貴重である。

ここでは、御所を焼き払い、孝明天皇を萩藩へと連れ去るとまで書かれている。一年以上、京都洛中において絶えなかった噂でもある。

会津藩が出動と決めて、新選組も出動する。この時の永倉の体験談を次に引用したい。

（引用）

「事件の顛末を会津侯に届けると共に即座に隊員を招集して制服の浅黄地の羽織を着せ着込まで用意して十分の準備に及ぶ。會津藩からは何か沙汰があろうと待つたが容易に指圖が来ない。夕刻に先づ會所へ全部詰めて古高の自白通り長州人を狩り立てやうと手を分け片端から調べていく」

（「永倉新八（三十）」『小樽新聞』）

浅黄の羽織を着て着込みまで用意したと記されている。『西川正義』においては、鎖帷子《くさりかたびら》で鉄鉢《てっぱち》を被ると記されていた。当事者の記録ということから浅黄の羽織が正しいのであろう。鉄鉢とは不思議に思う。作家・子母澤寛の『新選組遺聞』には服装がまちまちだが、多くの隊士が筋金の入った白い鉢巻をしたと聞き書きを掲載している。全員が同じ服装ではなかったのか。また、数年後の鳥羽・伏見の戦い前、鉢巻の中に鉢金《はちがね》をあてたと『維新階梯雑誌』において記録されている。そこからも鉢金着用は信用できるものではなかろうか。

近藤が郷土へ送った手紙『六月八日付近藤勇書簡』に三条小橋、縄手など二手に分かれて浪士の所在地を探索したと書かれていた。そして、「四ツ時打入候」と午後九時半から午後十一時頃まで、池田屋に御用改めに入ったのである。

池田屋御用改め

池田屋に御用改めに入った近藤勇、永倉新八たちの動向を『維新階梯雑誌』から紹介後、永倉当人が残した諸史料と比較していきたい。

(直訳)

「五日ノ夜新撰組ノ一手三條小橋元客舎長人潜伏所へ向亭主へ尋るニ両三人ならてハ居らスと答依而二階へ上ルニ六七人車坐ニ成リ居ル依而此方より踏込右坐中を割り奥へ赴ケハ彼一同抜き連レ切テ掛ル此方より続而御上意と大音声ニ踏込切而懸ルニ彼も是ニハ臆候様子なれ共能働候若彼一同必死ニ而働ハ誠ニ危候へ共全御上意ニ恐候様子未た徳川ノ御威光不尽と後ニ近藤咄候由」

(『維新階梯雑誌』)

五日の夜、新選組の近藤たちが長州藩士たちの潜伏する三条小橋の池田屋へ御用改めに入ったとある。実際は、池田屋へ直接行ったのではなく、各所を探索した末に辿り着いたものであろう。池田屋に浪士が集まっていたとわかっていれば、二手に分かれて探索する必要もないのである。

近藤が池田屋の亭主に問いただすと二、三人も集まっていないという。近藤が二階へと上がると、六、七人の浪士が車座になって座っていた。近藤はこの六、七人が座っていた中を奥まで駆け抜けた。部

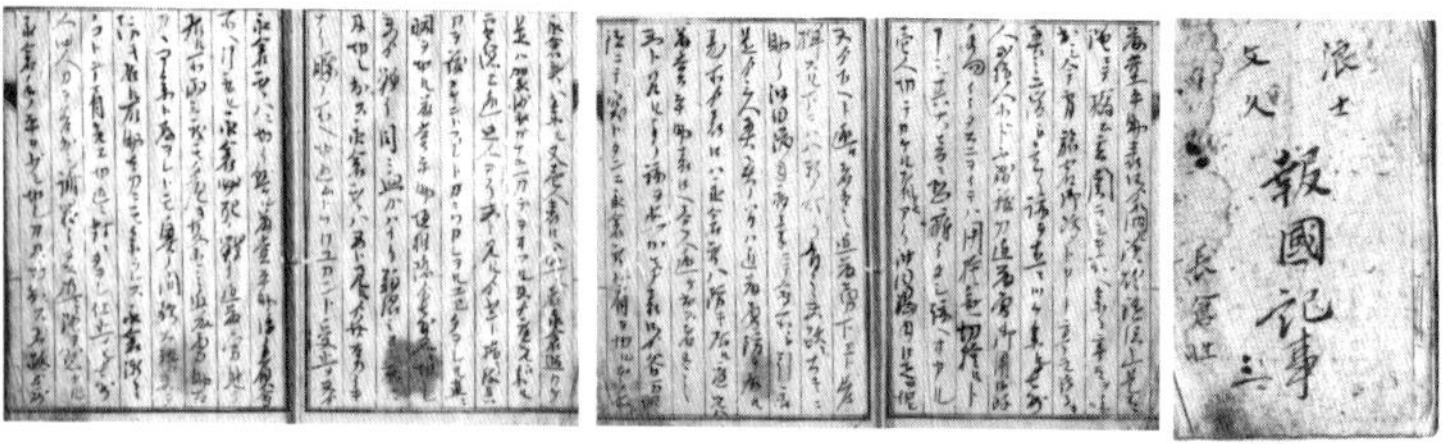

『浪士文久報国記事』（個人蔵・日野市提供）
永倉新八が近藤勇たちと池田屋内外で繰り広げた激戦の実体験記録。

屋の奥まで走り抜けて、退路を閉ざしたというものであろう。永倉は池田屋の一階にて、浪士たちが逃げないように構えていた。

すると、浪士たちが斬りかかってきた。これにより、近藤は「御上意」と大声で叫び、浪士に近づき斬りかかったのである。

浪士たちが即、抜いた刀というのは脇差であろう。部屋の外の刀掛けに預けておいた大刀を手にして応戦する者たちもいたと考えられる。

『維新階梯雑誌』によると、浪士たちは近藤の「御上意」の言葉に臆した様子が見受けられたという。しかしながら、浪士一同が必死に抵抗してくるであろうから誠に危険でもある。後に、近藤が未だ徳川の御威光が尽きることはないと話したという。この最後の近藤勇の言葉は文末に「由」が付いており、伝承ということがわかる。池田屋事件翌日に入隊した会津藩士・田原四郎が聞いたものであろう。

『維新階梯雑誌』における池田屋御用改め時の動向を紹介したが、近藤、永倉両名の記録文も紹介して比較していきたい。ただ、当初から討ち入りが目的ではなく、御用改めが本来の趣旨であったことは忘れてはならないであろう。

記録されたのが数十年後という年月の差があるが、永倉が書き残した『浪

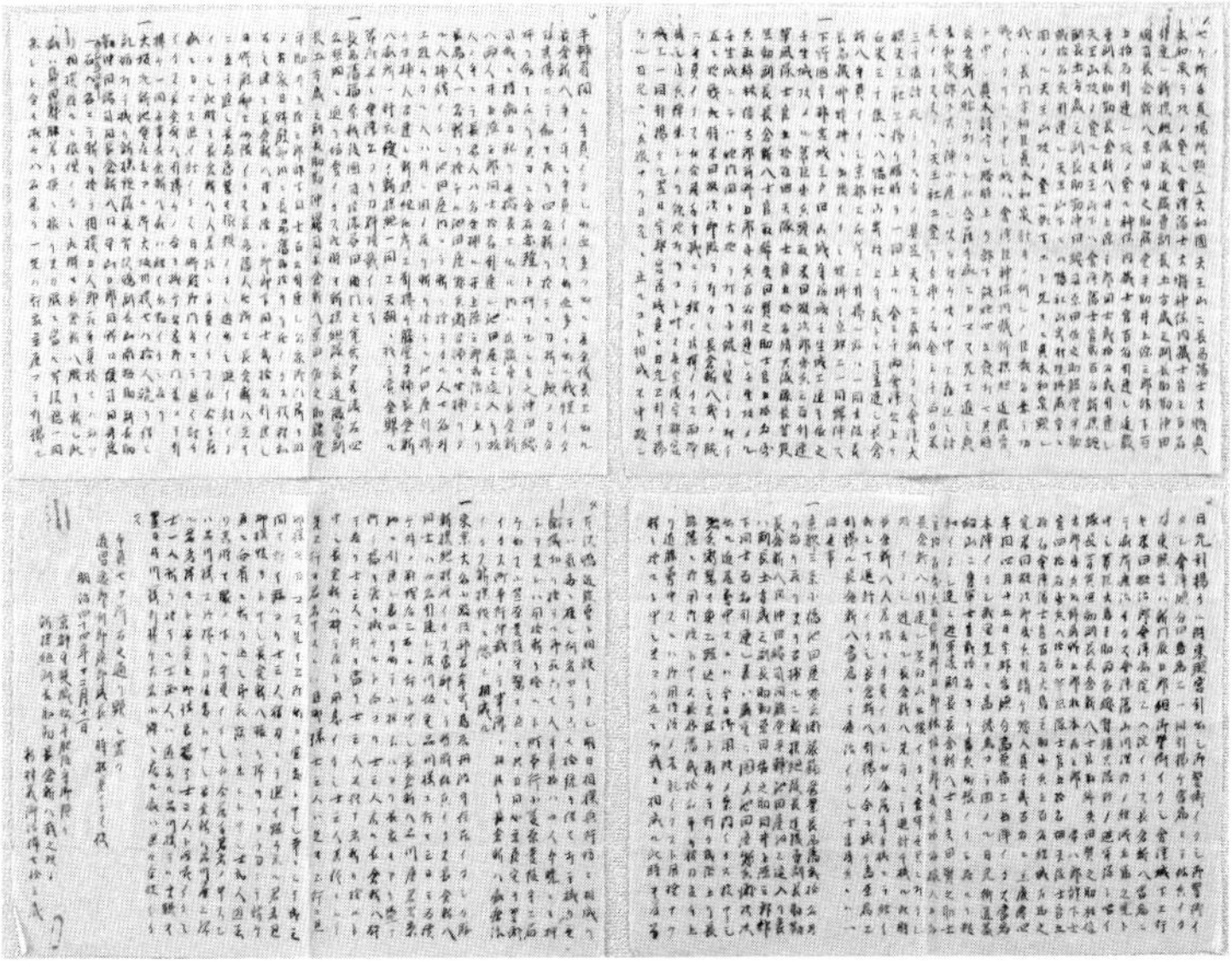

『七ケ所手負場所顕ス』（北海道博物館蔵）
永倉新八が全身に計七か所負傷した新選組在隊時、戊辰戦争従軍時の動向を息子たちに伝えるため書き残した73歳時の回想録。

士文久報国記事』と『七ケ所手負場所顕ス』の池田屋御用改めの部分を引用比較したい。

（直訳）

「池田屋ト申旅籠屋アリ、右ノ内ニ長州人居ル趣、表廻リハ厳重ニ固メ、夫よりまかりいル人ハ近藤勇、沖田総司、永倉新八、藤堂平助、表口よりまかり入ル。鉄炮、鑓、沢山是有、縄ニテ搦ム。玄関ラシキ所へ参リ亭主ヲ呼出シ、今宵御旅館御改メト申ト、亭主驚キ奥之二階江去リ、跡ヲ直ニツケ参ル。長州人二十人ホド不残抜刀、近藤勇、御用改、手向イイタスニヲイテハ用捨無切捨ルト申シ其大音ニ恐腑イタシ跡へサカル」

（『浪士文久報国記事』）

まず、永倉の記録から池田屋内に入ったのは、近藤、永倉、沖田総司、藤堂平助の四人とわかる。そして、玄関に池田屋亭主を呼び出すと「御用改め」と言ったという。そして、池田屋の主人が二階へと去るのを追いかけて立ち入る。すると、長州勢二十人程が残らず抜刀した。対して、近藤は「御用改めである。手向かい致すには容赦なく斬り捨てる」と大声で叫んだという。

明治四十四年（一九一一）、永倉が『七ケ所手負場所顕ス』という回想録を書き残した。死去の四年前であり、原本を管理する北海道博物館では遺言書として写本が展示されている。池田屋二階に近藤が入るまでを直訳紹介したい。

（直訳）

「近藤勇申スニハ、今日御用改メ案内イタス様、申シ惣兵衛驚キ奥ヱ馳込ミ跡ト附ケテ行ク弐階上リ長州藩ニ御用改ト申ス。

長州藩弐拾名斗リ抜刀立チ上リ近藤勇申スニハ、御用改メ不礼イタスト用捨ナク斬リ捨ルト申シ、夫ヨリ互ニ初戦ニ相成ル」　（『七ケ所手負場所顕ス』）

これも『浪士文久報国記事』と同じように、入り口で御用改めであると述べた。そして、二階に駆け上がり「御用改めであり、無礼いたすと用捨なく斬り捨てる」と述べたという。疑問なのは一階にいた永倉が近藤の言葉を聞き取れたかである。近年、襲撃された浪士・野老山《ところやま》吾吉郎《あきちろう》の供述書が見つかり、歴史地理学者の中村武生氏が活字化紹介されている。

（意訳）

「池田屋主人が御用改めを伝えに上がってきました。思わず一同が身構えたところ、店口で大刀に寄りかかって奇声を発したため、抜刀してしばらく立ち向かいました」

（「野老山調査報告書」『池田屋事件の研究』）

池田屋にいた浪士の証言から、池田屋玄関における大声での掛け声に対して抜刀したということがわかる。更に一階での近藤の言葉が「御用改め」、階段を上がり部屋に入り「御用改め。手向かいするには、容赦なく斬り捨てる」、部屋の奥へと駆け抜けて「御上意」と叫んで抜刀したというのが正しいであろう。また、ほかにも「御上意」と近藤が叫んだと記録された史料が見つかった。

永倉は『小樽新聞』における連載でも詳細に語り残している。改めて、該当部分を引用紹介したい。


（引用）

「近藤勇、隊員を二手に分ち池田屋の表口と裏口を固めさせ屋内へは隊長近藤勇が親《みづ》から沖田総司、永倉新八、藤堂平助の三人を随へてツカ〳〵と進む。此時三條小橋の邊りは鴨川の涼風に寄り集う人多く京の街は燈影涼しくまだ宵の賑やかさ、往来の絶へやらぬ人々は今しも後年まで幕末史を繙くものを慄然とせしむる池田屋襲撃が行はれようとは知る由も無い。行燈の影に透せば軒下に鉄砲と槍が十挺ばかり立て掛けてある。それを見た沖田は手早く縄を以て引揚げる。近藤は玄関から「主人が居るか、御用改めであるぞ」と声をかけ八方に眼を配つて上る。亭主の惣兵衛は矢張り長州の生まれで常に長州藩の同志を得意として世話をするもの、夫れを見て大に驚き梯子段の所へ駆け着け大聲で『皆様、旅客調べで御座ります』といふを皆まで言はせず後方から近藤が大力の拳固で張り飛ばしたので惣兵衛は其場に気絶して終ふ。二階には長州の同志二十餘人が車座になつて協議の折しも惣兵衛の聲に『扨はッ』と目を見合はせ最早やこれ迄と孰れも抜刀して斬り捲くらんす氣配を示す。階段の上に起つた近藤勇はそれを見て炬のような大眼を濶と開き『無禮すまいぞッ』と睨めた。その勢ひに恐れは身を躍らして屋根から飛び降り中庭の彼方此方に逃げた」

（「永倉新八（三十）」『小樽新聞』）

古高捕縛により、多くの浪士たちが善後策を練るため池田屋に集まったのである。大部分の浪士たちは、古高であれば自白はしないであろうと思った。そして、二十日に京都焼き討ちを実行するという密談が進められたのである。こちらにおいては、池田屋玄関での掛け声以外はいずれの史料とも合わない。池田屋二階に近藤が御用改めで入った時、永倉は一階にいたのである。この時の言葉であるが、後に付け足されたものであろう。やはり、『小樽新聞』よりも『維新階梯雑誌』『浪士文久報国記事』『七ケ所手負場所顕ス』の史料が信用度は高い。

池田屋内に御用改めで入った隊士が四人であると会津藩の史料にも記録されている。

「神妙ニ縄ニ懸る志無之所真剣而手向ひ致す中ニも珍しきたたかへと申ハ三条縄手ニ而長刕者拾三人居候屋方有是新撰組四人ニ而切入ル当方ハ少しの手疵有れ共向ハ拾三人のうたるる者六人七人ハ縄ニ懸是等世間ニ而もほめあへる」

（『京都合戦記』）

（直訳）

近藤が国許に出した書状『六月八日付近藤勇書簡』には、近藤、永倉たち四人のほかに参加していない谷周平も加わっていたとしていた。近藤の義父たちに対して、谷を自分の養子に迎えることを認めさせるためであろう。

池田屋内での乱戦

次に池田屋内部での激戦を紹介したい。従来と同じように、『維新階梯雑誌』を紹介、永倉新八が書き残した諸資料と比較の形式で論じていく。

（直訳）

「此節藤堂平助小鬢へ疵を受ル下タノ座ニ而ハ長倉新八へ彼貳人ニ而切而懸ル内壱人ハ剛之者ニ而已ニ長倉危く見候ニ付傍より近藤助太刀致し此者仕留候得共是迄数度手合致けれ共終ニ是程ノ者ニ出合候事無之乍敵も惜敷者と申候其節請太刀ニ相成候と見へ刀之鍔元より一寸程先きニ切込有之候此度ハ一体之腕ならしニ為致近藤ハ自分手おろし不致心得之処見兼而立合候此助太刀無んハ長倉も危からんと扠其一人ハ逃出んと縁より下へ落新八乗懸而討ハ刀ノ切先庭ノ踏石へ當リ刀二ツニ折ル」

（『維新階梯雑誌』）

藤堂平助が小鬢《こびん》に傷を受けたとしている。この場所であるが、こめかみあたりという意味合いであろう。これについては、永倉の諸記録と比較したい。

永倉に浪士が二人がかりで斬りかかってきた。そのうちの一人が剛の者であり、永倉が危うく見えた。傍らから近藤が助太刀して、この者を仕留めたのである。今まで多くの者と手合わせをしてきて

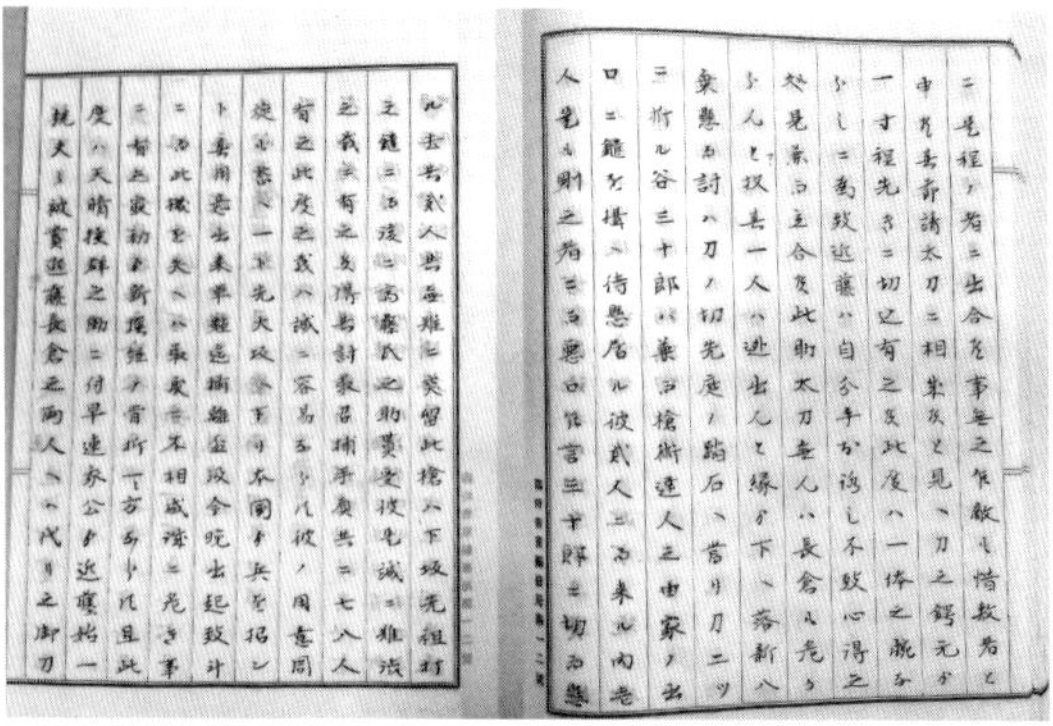

『維新階梯雑誌』（宮内庁宮内公文書館蔵）
永倉が池田屋の庭における石に刀をぶつけて、二つに折ってしまったと書かれている。

いるが、これ程の強者に出会うことがなかったという。敵ながら惜しい人物であり、永倉は刀の鍔元《つばもと》より一寸程先にまで斬り込まれたのである。

まだ戦いは始まったばかりであり、近藤勇自身は永倉に加勢すべきではなかったというが、見かねて助太刀をしたという。近藤が二階から助けに来なければ、永倉も落命していたであろう。

その最中、浪士の一人が外へ逃げ出ようと縁の下に落ちた。永倉が乗りかかって討とうとするが、刀の切っ先が庭の踏み石に当たり二つに折れてしまったのである。

ここまでが、『維新階梯雑誌』に記録されている池田屋内での激闘である。永倉本人の書き残した各文書を次に比較紹介していきたい。

（直訳）

「本ノ所江永倉新八参ル。又一人表口へ迯ル者永倉新八追カケ、是ハ袈裟ガケニ一刀デヌサマル。夫より庭先江参ル。雪隠エ迯込人アリ、夫ト見ルより串指ニ致呉、刀ヲ抜カケントスレト、刀ニツカレヲルユエタヲレル。直ニ胴ヲ切ル。藤堂平助、垣根際より長州人ニ切レ、夫より戦イ目ニ血ガハイリ難渋之ヨシ。夫々刃切レ出ス。永倉新八夫ト見ルより介太刀、イキナリ腰ノ所へ切込ムト、ツクユカント受止メ、夫より永倉新八ニ切リ懸ケル。藤堂平助深手負、会所へ引取ル。永倉必死ノ戦イ、近藤勇見テ居ル所、両三度モ危キ叓有之、近藤勇助太刀ニ可参ト存ヲレトモ、奥ノ間敵大勢、夫ヲ防キ居ル故、助太刀ニモ参ラレス、永倉漸々ノコトデ肩先エ切込ミ対ニタヲレ仕止メル。長州人四人、刀ヲ差出シ謝罪イタス」

（『浪士文久報国記事』）

永倉は表口から逃げようとする浪士を一刀で斬り倒した。庭先の便所に隠れていた浪士を串刺しにして、更に胴を斬ったという。ここで、刀を抜く時につっかえて倒れたと記録されているが、「ヲル」は「折る」とは別の意であろう。まだ、永倉は刀を折っていない。

藤堂が傷口から流れた血液が目に入り、戦うに難儀したという。そこを永倉が助けたのである。永倉の激闘を近藤も見ていたが、大勢の敵を相手にしていて加勢に赴けなかったという。『維新階梯雑誌』と『浪士文久報国記事』が内容的に異なってくる部分である。永倉が三人の浪士を討ち取ったという内容であるが、負傷した箇所や刀を折った話には触れていない。永倉が晩年に記録した『七ケ所手負場所顕ス』においては如何であろうか。

（直訳）

「初戦ニ相成ル此時キ藤堂平輔眉間ニ手負イタシ出血多ク出ル無余儀表ヱ出ル、長倉新八手ノ平ニ手負イタス出血多ク出ル我慢イタシ其場ニテ傷キ居リ四名斬リ捨テル刀折レ敵ノ刀分捕リ傷キ居リ其刀ニ金石亦殪ト研キ出シ有之、沖田総司俄ニ持病カ起リ無拠表ヱ出ル」

（『七ケ所手負場所顕ス』）

まず、藤堂であるが眉間に傷を負ったのは間違いないであろう。『維新階梯雑誌』を参照にすると、眉間からこめかみにかけての部分を負傷したのである。永倉は手の平を負傷したという。『維新階梯雑誌』に刀の鍔元より一寸程先を斬り込まれたとある。この時に負傷したものであろう。また、刀が折れて敵方から分捕った刀で応戦したとある。刀が何処で如何様に折れたかを書き残していない。やはり、『維新階梯雑誌』に書かれているとおり相手方を斬ろうと乗りかかったところ、刃が踏み石に当たり二つに折れてしまったというのが正しい。普通は折れないので、相当激しく斬り下したのであろう。そして、相手方がそれを避けて刃が踏み石に当たったとなる。また、沖田総司が持病で戦列を離れたという。沖田が何かしらの病（結核以外）にかかっていたからか。

永倉新八こと杉村義衛は、折れた刃先を保存していたと杉村家に伝えられている。その刃先が松前に残っていたというが定かではない。現物が現存していなければ、折れた刀を持って転戦するのは不可能だからである。

次に、永倉が『小樽新聞』記者に語った回想録を引用紹介したい。長文引用であるが、永倉本人が最後に語り残したものとして触れておきたい。

（引用）

「敵は大上段に振り冠つてエイッと一聲斬り下ろすを青眼に構へた永倉はハッとそれを引外して『お

胴ウ』と斬り込むとワツと聲を擧けてその儘倒れた。又一太刀を加へて即死せしめ、再び縁側へ駆け戻り敵やあると見る内に又も一人の志士が表口へ飛び込んで行くを谷の槍先に突かれて後退るところを追蒐けて行つた永倉が一刀の下に切り殺す。今度は縁側傳井ひに雪陰に逃げ込まうとするのを見付けた永倉が後方から矢聲と共に斬り付けこれも即死。その時藤堂はと見返れば不意に物影から踊り出した敵に眉間を割られ流れ出る血が眼に入つて非常に難儀してゐる様子、それを見て永倉は撃剣の加勢でもする氣で側合から敵に『お小手ッ』と右の小手を望んで斬り込むと敵も『さうはいかん』と腰へ藤堂には構はず永倉へ斬つて蒐る。これは、中々撃剣が出来たもの見江て容易に永倉を斬り込ませない。両人とも必死となつて奮闘したが中にも敵の刃先が永倉の胸の邊りへスッ〳〵と来るので傷こそ受けぬが永倉の衣類は散々に斬り裂かれたといふ。斯かる折しも敵は『ヤッ』と一聲小手に来たのを永倉は引外し得意の面を試みると敵は美事に左の頬から首へ掛けて切り下げられ血煙り立つて打倒れたので再び刀を取り直し最後の一太刀を加えた際土間は漆塗になつてゐたので剣はポキリと折れて終まつた。傍に棄て、ある敵の刀を拾つて起直るとき不圖自分の左の手がベト〳〵するに氣が着き熱く〳〵見ると親指の附根の肉を切り取られてあつた。そうかうする内に沖田は大奮闘の最中に持病の肺患が再発して打倒れたので眉間に負傷した藤堂と共に表へ出て終ふ」

（「永倉新八（三十一）」『小樽新聞』）

晩年ながら、具体的な回想録ではなかろうか。ただ、斬り合った順番が他史料と一致しない点や藤堂負傷の時も少し遅らせている気がする。

三人を斬り捨て、四人目が手ごわい相手と回想している。何処で指先を負傷したか不明としているが、この相手と戦っている時の可能性が高い。倒れた敵にとどめの一撃を加えようとしたら、刀が折れてしまったという。土間に当たったとあり、『維新階梯雑誌』の庭の踏み石に当たったという内容で誤りはないであろう。

沖田が肺患で倒れたと具体的に病名を表記している。肺患は肺結核、肺癌をも含むが、死去した年月日から逆算すると当てはまらない。永倉は沖田の死因を知っていたことから、記者に肺患と述べたのであろう。何故に沖田が倒れたかは不明なのである。

新選組への恩賞

池田屋事件後に恩賞や与えられたものについて各史料を照合紹介していきたい。

(直訳)

「彼是誠ニ雑渋之義ニ有之候得共討取召捕手負共ニ七八人有之此度之義ハ誠ニ容易ならす彼ノ用意周旋も整へ一ト先大坂へ下り本国ゟ兵を招ント其用意出来草鞋迄揃離盃汲今晩出起致斗ニ而此機を失へハ取戻ニ不相成誠ニ危き事ニ有之最初ゟ新撰組ノ骨折一と方なら須且此度ハ天晴抜群之働ニ付早速我公ゟ近藤始一統夫々被賞近藤長倉之両人へハ代リ之御刀被下候此方報趣公邉へ被仰立追而御賞シ有之候」

(『維新階梯雑誌』)

このように池田屋での太刀打ちは難儀したが、七、八人程の浪士を討ち取ったり召し捕らえたりしたという。やはり、八人以上の浪士たちは池田屋以外で捕縛、討ち取りとなったものであろう。『野《と》老《こ》山《やま》吾《あ》吉《きち》郎《ろう》調書』から十四人の浪士が池田屋にいたとされる。だが、新選組側の記録では二十人と記録されている史料もある。旧来から諸説ありとされてきた。

京都に潜んでいた浪士たちであるが、長州本国から兵を呼ぶ準備までできていたという。そして、大坂へと向かって長州本国から兵を呼ぶべく、今晩出発しようとしたという。実際、長州藩家老や長州藩若殿が上京の準備をしていたのは事実である。入京を朝廷から差し止められていた長州藩勢たちの独断での上京であった。それを危険なものと表現しているのである。この長州側の暴動を食い止めた新選組の苦労は一方ならぬものだという。

新選組の働きは見事なものであり、会津藩主・松平容保が隊士一同に恩賞、近藤勇、永倉新八の両名に代わりの刀を授けたと記録されている。更に、会津藩は幕府に報告して追って恩賞を与えるものとすると記されている。ほかに、容保が老中たちに送った池田屋事件の報告文も確認できている。そこに、刀代一千両を新選組に与えると記されてもいた。次に、永倉の記録から恩賞について触れてみたい。

晩年の永倉は、浪士の血しぶきを全身に浴びたまま大勢の中を凱旋したと回想している。

（引用）

「永倉は敵の血汐を全身に浴びたまゝ物凄い有様で人々の騒ぐ中を悠々と歩んだ。噂は数日に渡つて喧《やかま》しかつた。新選組へは朝廷から百両、會津侯から五十両下賜されて近藤以下の勇士を篤くねぎらつた」

（「永倉新八（三十一）」『小樽新聞』）

朝廷から百両、会津松平家から五十両を受け取ったという。ただ、朝廷から百両は受け取っていないであろう。幕府の事ではなかろうか。永倉が若き頃に記録した『浪士文久報国記事』では次のように書かれている。

（直訳）

「長州人四五人召捕り、夫より早速、松平肥後守天朝ヱ尋問ニ及フ。御満悦被思御賞賜コレアリ。新撰組一統江金三百両賜ル。於幕府刀料幷ニ金五百円一統江頂戴ス。松平肥後守様より一統江二十五円宛被下ル也」

（『浪士文久報国記事』）

新選組一同が三百両を賜ったほかに、幕府から刀代と恩賞金を五百両、会津藩から各隊士へ二十五両を受け取ったという。当時、円という表記は行われていなく両の書き間違いと考えられる。

では、永倉のもう一点の記録『七ケ所手負場所顕ス』において如何に表記されているかであろう。

（直訳）

「池田屋内ニテ斬リ捨テタル人七名、外ヱ逃ケタル人ハ外ニ固メ居リ斬リ捨テル。池田屋引揚ケ生捕人召連レ新撰組屯所江引揚ケ、藤堂平助、永倉新八疵所一針宛縫イ新撰組一同ヱ天朝ニ於テ賞金賜ル幕府並ニ会津公ヨリ刀頂戴イタス」

（『七ケ所手負場所顕ス』）

残念ながら、こちらには金額の表記はない。藤堂平助と共に永倉が針で縫ったと記録されており、かすり傷ではなかったのである。ここで、容保から永倉が刀を授かったと記録されている。では、如何なる刀を授かったかであろう。実は、『維新階梯雑誌』のみでなく『会津藩庁記録』や近藤の書状にも記されている。会津藩の動向であるから、『会津藩庁記録』に掲載されたというのだろうか。次に引用紹介したい。

（直訳）

「誠ニ感心致候趣公用方申出右ニ付テハ一統ヘ金子五百両手傷ヲ受候者ヘ御料トシテ外ニ二十両近藤勇ヘ長道打新刀一腰酒壱樽何レモ公辺ヨリ御渡被置候」（『維新階梯雑誌』）

微妙に『会津藩庁記録』と異なる点も見受けられるが、大意は『維新階梯雑誌』と同じである。新選組一同へは五百両、負傷した永倉、藤堂たちには二十両を与えたというものであろう。また、『七ケ所手負場所顕ス』に書かれていた近藤たちが賜った刀の詳細もわかる。会津藩の刀工・三善長道《みよしながみち》の新刀を近藤、永倉の両名が賜ったのであった。世間では、三善道長の間違いではないかと言われることがある。三善道長は、万治元年（一六五八）に長道と名前を改めており記録内容が正しいとわかる。世に言う「会津虎徹《こてつ》」とは三善長道のことである。

また、近藤が国許へと出した『六月八日付近藤勇書簡』に「下拙刀ハ名刀虎徹たるや無事ニ候」と書かれている。山形県鶴岡市に現存する『日本変新録』から『六月八日付近藤勇書簡』を引用したが、内容が微妙に異なる。名刀と書かれたのが本物であろうか。しかしながら、近藤が虎徹を使用したということは考えられないのが定説である。

禁門の変

池田屋事件が長州の国許に知らされる。すると、長州藩武装派が誤解を解くべきとして上京してきた。七月九日、幕府側と長州藩勢は京都洛中における戦いへと発展していく。当初の新選組は九条《くじょう》河原《かわら》に陣を置いていた。そして、洛中における砲声を聞き、御所内へと駆け付けたのである。

新選組が御所の堺町御門《さかいまちごもん》を固めると、永倉新八は御所西側の日野邸に隊士たちを連れて赴いた。長州藩勢の前に、永倉が立ちはだかるものの負傷してしまう。

負傷したのは人差し指と記録されていた。だが、『小樽新聞』においては股に傷を負ったと書かれている。永倉は負傷していたが、長州藩勢を日野邸の外まで追い払った。そして、引き揚げの命令を受け、体制を立て直すと出陣していったのである。

「追イ討イタイタシ此時キ長倉新八人差指ニ手負イタス」（『七ケ所手負場所顕ス』）

長州藩勢は禁門の変に敗れ、洛中から退いていく。二十一日、会津藩、新選組など幕府軍が長州藩勢を天王山《てんのうざん》に追い詰めて戦が始まる。会津藩は神保内蔵助《じんぼくらのすけ》、新選組は近藤勇、永倉に率いられた隊士たちが天王山を攻め上った。

そこに、長州藩勢指揮者の一人である真木和泉《まきいずみ》がいた。真木は詩吟し、勝ち鬨《かどき》を上げて、部下に銃を撃たせたのである。そこで、永倉は腰に被弾してしまう。

「真木詩吟シ勝時上ケ部下鉄砲四五発セ其時長倉新八腰ヲ打タレ仕合薄手疵ニカマス先エ進ミ」
（『七ケ所手負場所顕ス』）

永倉は腰を撃たれたもの、進軍を止めることはない。そして、長州藩勢の真木は部下たちと小屋に火を掛けると飛び込んでいった。真木たちは焼死したという。このようにして、禁門の変は幕府側の勝利に終わる。

ほかの新選組隊士は、大坂の長州藩邸焼き討ちに行くが、負傷した永倉は一足先に屯所へと戻ったのである。

近藤勇との対立

池田屋事件後、近藤勇の我儘が増長したとされる。そのため、永倉新八は斎藤一たち六人の隊士と共に、松平容保に近藤勇糾弾建白書を提出した。容保は両者を和解させるが、六人の中の一人がこの一件の責任をとって自刃している。自刃時、永倉は近藤と共に江戸へ隊士募集に赴いており不在であった。

また、慶応三年（一八六七）には伊東甲子太郎《いとうかしたろう》が永倉、斎藤の両隊士を島原の角屋《すみや》に招いて、朝まで酒宴を行っている。この時三人は隊の規律を破ったことにより、帰隊後に罰則を受け謹慎処分となった。伊東はその後、考えが異なる新選組を離隊し、御陵衛士《ごりょうえじ》という部隊を新たに結成するが、新選組隊士によって、抹殺されてしまう（油小路《あぶらのこうじ》事件）。この時、伊東の実弟・三樹三郎《みきさぶろう》は永倉たちと斬り合いながら、薩摩藩邸へと逃げ込んでいった。

その後、幕府は大政奉還を行うが、王政復古の大号令が朝廷から下された。慶応四年（一八六八）一月一日、元将軍・徳川慶喜《よしのぶ》は「討薩の表」を掲げて旧幕府軍を京都に進行させていくのである。

戊辰戦争勃発

鳥羽、伏見において旧幕府軍と新政府軍の戦いが始まる。世に言う戊辰戦争である。永倉新八は『浪士文久報国記事』などに戦いの成り行きを記録した。一月三日、御香宮で砲撃戦となり、後退せざるを得ない。この時、負傷した隊士が永倉に介錯を依頼している。

六日、山口次郎（斎藤一）たちと共に八幡《やわた》山で攻防戦を繰り広げた。だが、麓の八幡堤に誰も味方の兵がいなくなっており、更に後退していく。淀城内で体制を立て直そうとしたのであろう。しかし、淀藩は新政府軍に寝返っており、旧幕府軍を城内に入れようとしない。そのため、旧幕府軍はひとまず大坂城へ引き揚げていった。

その大坂では、前将軍・徳川慶喜が江戸へ帰ってしまっていた。そのため、近藤勇の交戦強硬論空しく、旧幕府軍は恭順となってしまう。永倉は新選組の仲間と共に海路を江戸へと戻る。

江戸に戻った永倉であるが、飲み屋からの帰り道に一騒動起こしてしまう。

「士三人抜刀シテ追イ駆ケ来ル若者旦那様後ヲト申シ長倉新八振リ帰リナカラ刀ニテ請ケ直ニ向肩

ニ斬リ込ミ即死」　　　　　　　　　　　　　　　　　　　　　（『七ケ所手負場所顕ス』）

深川《ふかがわ》の品川楼《しながわろう》において、三日間飲み続けての帰り道での一件である。三人の武士と斬り合い、相手を一人斬るものの、永倉自身も目の下に傷を負ってしまう。傷は深くなく、日に日に快復していった。

江戸で新選組は慶喜護衛役に就いたが、甲州鎮撫を命じられる。新政府軍より先に、甲府城を抑えておこうという口実のもと、旧幕臣・勝海舟により慶喜から遠ざけられたのであろう。

三月一日、甲陽鎮撫隊（甲州鎮撫隊）と部隊名を改めて、甲州鎮撫のため甲州へと出陣する。だが、六日の勝沼、柏尾《かしわお》における戦いに敗れて江戸へと退いていった。

十日、永倉たちは江戸に到着後、隊士集合場所において、近藤を探したが見つからない。そのため、多くの隊士が離れていった。そのようにして、永倉は会津行きを決意する。永倉は、近藤に会津行きの決意があれば同志とするとした。そして、翌日には医学所において、近藤と対面することができた。

だが、永倉の話を聞いた近藤は怒り、「我が家来になれば志を共にしよう。そうでなければ、断る」（『小樽新聞』）と述べて決別した。永倉にしてみれば、自分は近藤の同志であり、家来ではないというものであろう。それが、永倉、近藤両者の永遠の別れになったのである。

靖共隊結成・会津への転戦

慶応四年（一八六八）四月十日以降、近藤勇たちと別れた永倉新八は靖共隊《せいきょうたい》という部隊を結成した。

「靖共隊旅宿幟」『岩倉家文書』（東京国立博物館蔵　ImageTNM Image Archives）
永倉新八が率いた靖共隊が宿泊した宿に掲げられたのぼり旗。後の白河口副総督・岩倉具定が下野における戦いで奪い取ったと履歴から考えられる。江戸脱走時に永倉本隊と分かれて妙源寺に本陣を置いた部隊のものという説もある。

「永倉新八胴衣」（北海道博物館蔵）
永倉新八が戊辰戦争時に着用した陣羽織を胴着に作り直したもの。

隊長に元松前藩士・芳賀宜道《はがぎどう》、副長に永倉と原田左之助の両名が就いた。新選組離隊後、永倉は入布新《いりふあらた》（以降、永倉と表記）と変名する。靖兵隊という記録が見受けられるが、永倉が存命中に記録した部隊名は全て靖共隊である。永倉の息子・義太郎《ぎたろう》が『新撰組顛末記《しんせんぐみてんまつき》』編纂時に「共」を「兵」と誤って活字化して世に広まったにすぎない。

近年、靖共隊の隊旗も見つかり、福島県立博物館の「新選組展」において展示された。

靖共隊は米田桂次郎《よねだけいじろう》指揮する第七聯隊《れんたい》に加わり、和田倉御門の会津藩上屋敷を屯所とした。四月十一日、新政府軍が江戸城に入城して、徳川慶喜は謹慎のため水戸藩領へと赴いていく。そして、永倉たち靖共隊も他所に陣を移し、翌十二日に江戸を離れた大鳥圭介率いる旧幕府軍を追って日光、会津を目指した。だが、原田は共に会津へ行こうとしない。上野の彰義隊に加わるため離隊して江戸に戻っていったとされている。また、この時点で、大鳥は日光東照宮を守ることが目的であり、会津を目指したわけではないのが真実である。

大鳥は全軍を前、中、後軍に分けて三道から進軍した。永倉たち靖共隊が加わる第七聯隊は後軍となったのである。

二十日、旧幕府軍は宇都宮城を攻略すると、壬生城も攻め落とそうと進軍していく。永倉は安塚《やすづか》におり、宇都宮城攻略戦に加わっていない。

二十二日、永倉率いる靖共隊が壬生城攻略戦に参加した。この時、永倉は二の腕に銃弾が当たってしまう。永倉本人は次のように回顧している。

「壬生城ニテハ炮門開キ大砲ヲ打ツ小銃ヲ繁シク打チ互ニ炮戦此時米田敬次郎股ヲ打クレ長倉新八貮ノ腕ニ手負イタス」（『七ケ所手負場所顕ス』）

壬生城内から、新政府軍が大砲、小銃を砲撃してきた。だが、旧幕府軍は雨天のため弾薬が濡れて銃砲が仕えない。永倉は抜刀隊を結成して壬生城を目指した。しかし、指揮官の米田が股を撃たれ、永倉自身も二の腕を被弾してしまう。手拭いで傷をしばり、指揮を続けた。旧幕府軍に勝ち目がないとなり、宇都宮城へと引き揚げる。土方歳三率いる伝習隊も参戦したが、部隊が異なる永倉とは顔を合わせていない。

翌二十三日、宇都宮城が新政府軍に攻め落とされてしまう。土方が負傷した攻防戦である。永倉は負傷して参戦できなかったのか、宇都宮城攻防戦を記録していない。このあと永倉は、今市に退き会津を目指していく。だが、負傷しており、田島の病院に入ったというものであろう。

さて、大鳥の目的は日光東照宮の守衛であった。だが、日光において食料が底をついてしまう。そのため、二十九日に旧幕府軍の会津行きが決定された。あくまで、旧幕府軍内の決定である。

閏四月五日、部隊の再編成が田島において行われる。靖共隊隊長だった芳賀は今までの敗北から人望を失い、代わって永倉が隊長職に就いた。既に、遊軍隊と部隊名を改めていた。また、会津藩家老・山川大蔵が結城左馬之助《ゆうきさまのすけ》と変名して、日光口副総督の任に就いてくる。当初の山川の目的は、大鳥率いる旧幕府軍を会津藩領に入れないことであった。会津藩は恭順を表明しており、新政府軍に和議を申し込んでもいたからである。しかし、日光口における旧幕府軍の会津藩領への退去が既に行われてしまっていた。白河口では世良修蔵が殺害され、戦へと突入している。

十四日、永倉は今市《いまいち》攻略のため出陣する。何度か、戦闘を交えたが、今市奪還が叶わない。山川の命を受けて、永倉たち遊軍隊は今市の北に位置する茶臼山《ちゃうすやま》に出陣していく。二十三日、茶臼山において探索をしていたところ、戦いが始まった。そこで、永倉が人差し指を負傷してしまう。

「長倉新八先方ニテ追討テ掛ル此時長倉新八人差指ニ負傷イタシ」（『七ケ所手負場所顕ス』）

永倉は人差し指の傷を手拭いで結う。そして、新政府軍を追討した後、高原宿（現日光市高原）へと引き揚げたのである。戦えない程、大きな傷であったという訳ではない。永倉は再び今市奪還戦のため出陣していったのである。

五月六日、今市における攻防戦が繰り広げられた。だが、遊軍隊の矢田健之助《やたけんのすけ》が被弾して戦死してしまう。永倉は矢田の首を斬り、高徳に引き揚げると寺に埋葬した。維新後、矢田の遺族に戦死が知らされ、和歌山の菩提寺に墓石が建てられた。十数年前、筆者も墓参したが、永倉が矢田戦死の旨を

「永倉新八」『小樽新聞』（国立国会図書館蔵）
会津若松城下の石塚宅で食事をとる。

遺族に伝えて墓石建立に至ったと思えてならない。

その後、永倉たちが瀧村の警護につき、翌六月二十六日の藤原における攻防戦にも参加した。七月には大鳥は伝習隊を率いて会津若松城下へと向かった。

永倉は負傷した部下が全快して、迎えに会津領内へと赴くことになる。負傷して、離れた遊軍隊士となると、三代《みよ》で死去した松本喜次郎であろう。この時、永倉と別れた遊軍隊士（元靖共隊士）たちも戊辰戦争終結まで戦い抜いていくのである。

さて、『浪士文久報国記事』が誤植でなければ、八月十八日に永倉は高原宿を出発して、二十二日に会津若松城下へと到着したのである。

雲井龍雄と共に米沢へ

『浪士文久報国記事』の内容に従うと、永倉新八と芳賀宜道の両名は負傷が全快した者を迎えに会津へと向かったという。総督である山川大蔵に許可を得てという。だが、山川自身も松平容保から会津若松城下への引き揚げ命令が下されていた。山川率いる部隊と共に城下へと赴いたとしても不思議はない。しかし、山川の部隊に永倉はいなかった。山川が城下に到着した八月二十六日、既に新政府軍に会津若松城を囲まれているからである。

その数日前の二十二日、永倉は会津若松城下で宿泊していた。「永倉新八」『小樽新聞』の原本を確認したが、この時の永倉の動向が「城下へ着いて酒造家の石塚という宅に一泊を乞ひ明早朝城内に入ろうと寝に就く」と書かれている。『小樽新聞』原本では「四月二十一日」と書かれているが、「四月」は「八月」の誤りで、「二十一日」は母成峠攻防戦が行われた日であり、『浪士文久報国記事』の二十二日が正しい。

旧来から、永倉が宿泊した石塚という酒造家、酒屋の会津若松城下での存在は確認されていなかった。幕末史研究家の故好川之範《よしかわゆきのり》氏が宿泊先に新説を唱えたのである。好川氏と交流関係が深い永倉新八子孫の杉村悦郎氏の話に起因するという。杉村氏が石塚の子孫に会って、礼を述べたいと話したことから石塚屋探しが始まった。

好川氏は「石塚」でなく「石津屋」の誤りであろうと結論を出された。永倉の記憶違いか、新聞記者の聞き間違いであろうという。好川氏が新聞掲載した部分を引用したい。

「好川氏は「いしづや」が「いしづか」と変化した理由として（1）永倉の記憶違い（2）記者の聞き間違いなどと推測。『「石塚家」でも「石津屋」でも歴史上の大きな問題ではないが、多くの人の協力によって歴史の空間を埋めることができた。大人の遊びと思って満足している』と話している」

（『毎日新聞』）

これに関して、一昔前に筆者は好川氏と意見が異なった経験がある。筆者が石塚（現川原町）という地の酒造家に宿泊したのではなかろうかと執筆したからであった。永倉が会津若松城下で宿泊した場所は、「諸説あり」のままで良いのかもしれない。

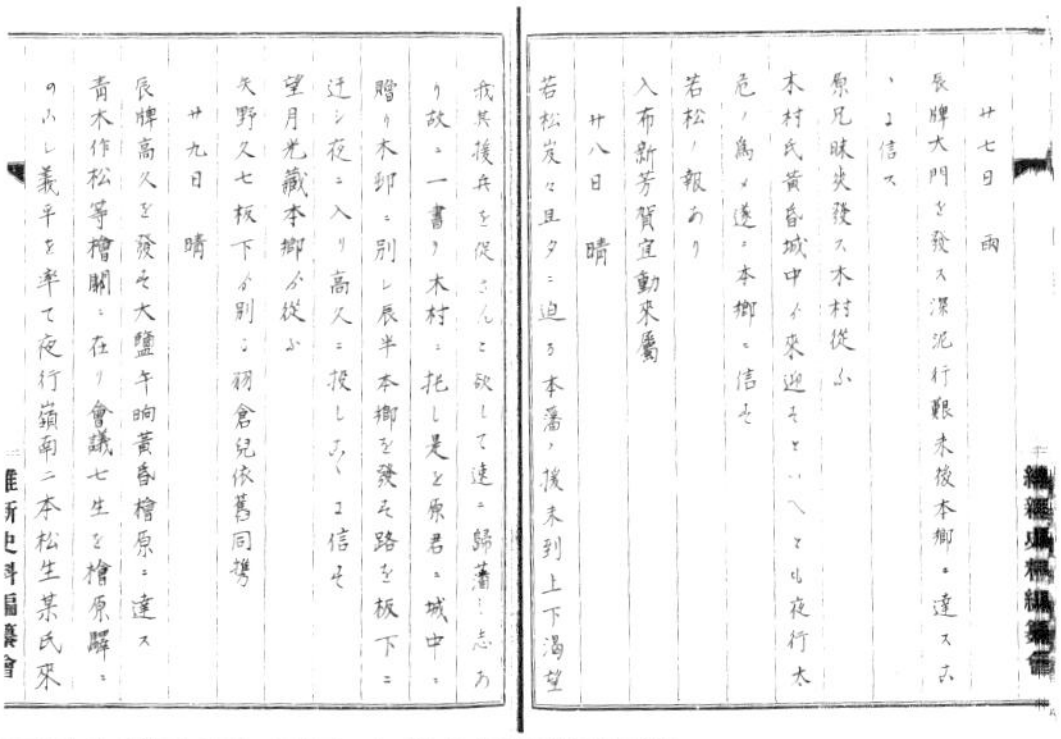
廿七日　雨
辰牌大門ヲ発ス深泥行艱未後本郷ニ達ス云
々ト信ス
原兄昧爽発ス木村従ふ
木村氏黄昏城中ヨリ来迎ヘスといへとも夜行太
危ノ為メ遂ニ本郷ニ信そ
若松ノ報あり
入布新芳賀宜動来属
廿八日　晴
若松炭々旦夕ニ迫る本藩ノ援未到上下渇望
我兵援兵ヲ従さんと欲して速ニ帰藩ニ志あ
り故ニ一書ヲ木村ニ托し是を原君ニ城中ニ
贈り木邨ニ別レ辰半本郷ヲ発ス路ヲ板下ニ
辻シ夜ニ入り高久ニ投しよく信そ
望月光蔵本郷ゟ従ふ
矢野久七板下ゟ別ニ和倉兒依舊同携
廿九日　晴
辰牌高久ヲ発ス大塩午晌黄昏檜原ニ達ス
青木作松等檜關ニ在リ會議七生ヲ檜原驛ニ
のふし義平ヲ率て夜行嶺南二本松生某氏來

『雲井龍雄日記』(東京大学史料編纂所蔵)
8月27日、永倉新八は雲井龍雄たちと合流して米沢を目指した。

二十三日朝、新政府軍の砲声により、永倉たちは目を覚ました。そして、会津若松城へと向かうが入城させてくれない。「城内の兵備は最早充分で御座る」（「永倉新八」『小樽新聞』）と城門を開けてくれなかった。新政府軍が迫ってきており、城内の会津藩兵も開門する訳にはいかないのであろう。

「永倉新八」『小樽新聞』によると、会津若松城に入城が叶わず、永倉は山川の部隊へ復帰しようと田島宿方面の高原宿を目指した。だが、山川にしても会津若松城下に引き揚げてきていたのである。そして、永倉は山川と対面したことになっている。山川は永倉に共に入城すべく引き返そうという。

その時、米沢藩士・雲井龍雄《くもいたつお》を山川から紹介されたと「永倉新八」『小樽新聞』において述べている。ここで、永倉と雲井は対面したことになっている。雲井は米沢藩領に引き返し、自藩の部隊を援兵に引き連れてきたいという。それに、永倉も従ってくれないかというのである。この時永倉は後に、米沢藩が降伏して、会津藩領に攻め込んでくるとは思わなかったであろう。

しかし、本当に山川が雲井を紹介したのであろうか。雲井の動向は『雲井龍雄日記』（『瘴癘紀行《しょうれいきこう》』）に記されている。雲井は二十三日に桧枝岐《ひのえまた》（現桧枝岐村）、翌二十四日に入小屋《いりこや》村（現南会津町）にいた。山川は二十二日に田島（現南会津町）を出発して、二十三日に大内峠（下郷町）に到着している。山川が彼岸獅子で入城したのが二十六日だ。この日、雲井は田島にいたのである。永倉と山川の対面は完全に不可能ではなかろうか。雲井との接触は有り得ない。

小説、物語では面白いであろうが、山川が永倉に雲井を紹介するのは現実的に無理である。永倉が山川と接触したとしても、雲井と会うのは地理的、時間的に不可能なのだ。

『雲井龍雄日記』（『瘴癘紀行』）を確認していくと元新選組隊士・近藤芳助が二十六日、田島から雲井と行動を共にしたと確認できる。本題に戻り、永倉が雲井と接触するのは二十七日になってからである。やはり、山川が永倉に雲井を紹介したのではないであろう。

「廿七日　雨

入布新芳賀宜動来属」　　　　　　　　　　（『雲井龍雄日記』）

雲井は『雲井龍雄日記』（『瘴癘紀行』）本文中において、永倉を右記一行しか触れていない。さて、どこで入布新が永倉新八の変名と判明したかである。

永倉が雲井に同行した翌二十八日から旧幕臣・望月光蔵《もちづきみつぞう》が加わったという。現七日町の清水屋において、土方歳三から枕を投げつけられた人物である。その望月が『夢乃うわ言』という記録を残している。そこに入布新が誰なのかを明記していたのである。次に引用紹介したい。

「道ニ江戸調ノ者二名アリ。余連接シ相語ル。一ハ芳賀某、徳川ノ臣ト、一ハ新選組ノ士某、名ハ新《アラタ》也ト」

（『夢乃うわ言』）

芳賀と同行していた新選組隊士は永倉であり、「新」という変名で表記しているとわかる。そして、「新」に「アラタ」というルビが振られており読み方が断定できる。

そして、『夢乃うわ言』にて同日中に近藤が雲井に同行していたと確認できる。だが、近藤自身は『新撰組往事実戦談書《しんせんぐみおうじじっせんだんしょ》』にて、永倉と米沢藩との藩境において会ったと記録した。永倉も「永倉新八」『小樽新聞』において、藩の関門にて近藤と会ったと述べている。それでは、米沢藩境に至るまで、近藤が常に雲井と行動を共にしていたのではなかったのであろうか。雲井の日記から共にいたことがわかる。何故、両者とも会津藩領では会わなかったことにしたのか明確ではない。

この後、永倉たち一行は米沢城下へと向かったのである。

戊辰戦争後の永倉新八こと入布新

永倉新八たち一行は高久、塩川に出た。大鳥圭介たち旧幕府軍が宿泊していた地である。山口次郎が「会津を見捨てるは誠義にあらず」と論じてもいるが接触はなかったようである。

八月三十日、永倉は檜原《ひばら》峠を越えて、米沢城下へと到着した。米沢では、無住職となっていた華厳寺に宿泊した。永倉、芳賀宜道、近藤芳助、望月光蔵たちである。そこで、暮らすうちに会津若松城が開城となり、戊辰戦争は終結を迎えた。

戊辰戦争後、『新撰組往事実戦談書《しんせんぐみおうじじっせんだんしょ》』から、永倉たちが如何に考えていたかがわかる。蝦夷地で、旧幕臣・榎本武揚《たけあき》が独立国家のようなものを立ち上げた。永倉たちは（意訳）「箱館に榎本、土方あり、盛んに官軍に抵抗している。これに合流して死生を共にしたい」（『新撰組往事実戦談書』）と述べたと記録されている。

十一月一日、永倉、芳賀、望月の三人は米沢から越後路を経由して東京へと向かった。三人共に米沢藩から帰郷の許可を得ている。会津若松城が開城になり、米沢に留まる必要がなくなったからだという。ほかにも米沢に留まらなかった理由は見受けられた。冬が来れば、米沢は雪に埋もれて動けなくなってしまうからという。だが、望月は途中の米沢藩領で、酒盛りばかりを行う芳賀に愛想をつかして別行動をとっていく。

永倉と芳賀の両人は越後路から旧会津藩領を通り東京へ向かう。商人姿となっていたが、途中の関所では牢屋入りになりそうになった。だが、一人の役人が怪しむまでもないとして通過させてくれたという。

そして、十一月二十九日に小山を経由して東京に到着する。当初は芳賀の屋敷で暮らしていた。しかしながら、取り締まりが厳しく松前藩江戸藩邸に身を隠した。これは、十二月二十八日に永倉が米沢藩領の仲間に宛てた礼状に書かれている。既に、蝦夷地への転戦は無理であり、明治政府に捕縛されないようにしているしかないという。このようにして、永倉は脱藩した松前藩に戻っていったのである。

翌明治二年（一八六九）一月十六日夜、芳賀が兄弟喧嘩の末に殺されてしまう。三月二十二日、永倉は米沢の雲井龍雄へ自分の刀を届けて欲しい旨を記した書状を送っている。この手紙に芳賀の没年月が書かれた。永倉は芳賀の妻から依頼されて、仇討ちに尽力したと語り残している。この書状から、永倉が入布新の変名をこの時まで使用していたとわかるのであった。

明治三年（一八七〇）、永倉は松前藩邸の長屋で暮らしながら、藩兵の歩兵教習を行っていた。そのような時、両国橋を通過しようとすると元新選組組長・鈴木三樹三郎《みきさぶろう》と偶然に出くわしたのである。鈴木の兄・伊東甲子太郎の暗殺では永倉も指揮を執っていた。この橋の上で両者は斬り合うことなく、挨拶を交わしたのみで終わる。だが、鈴木

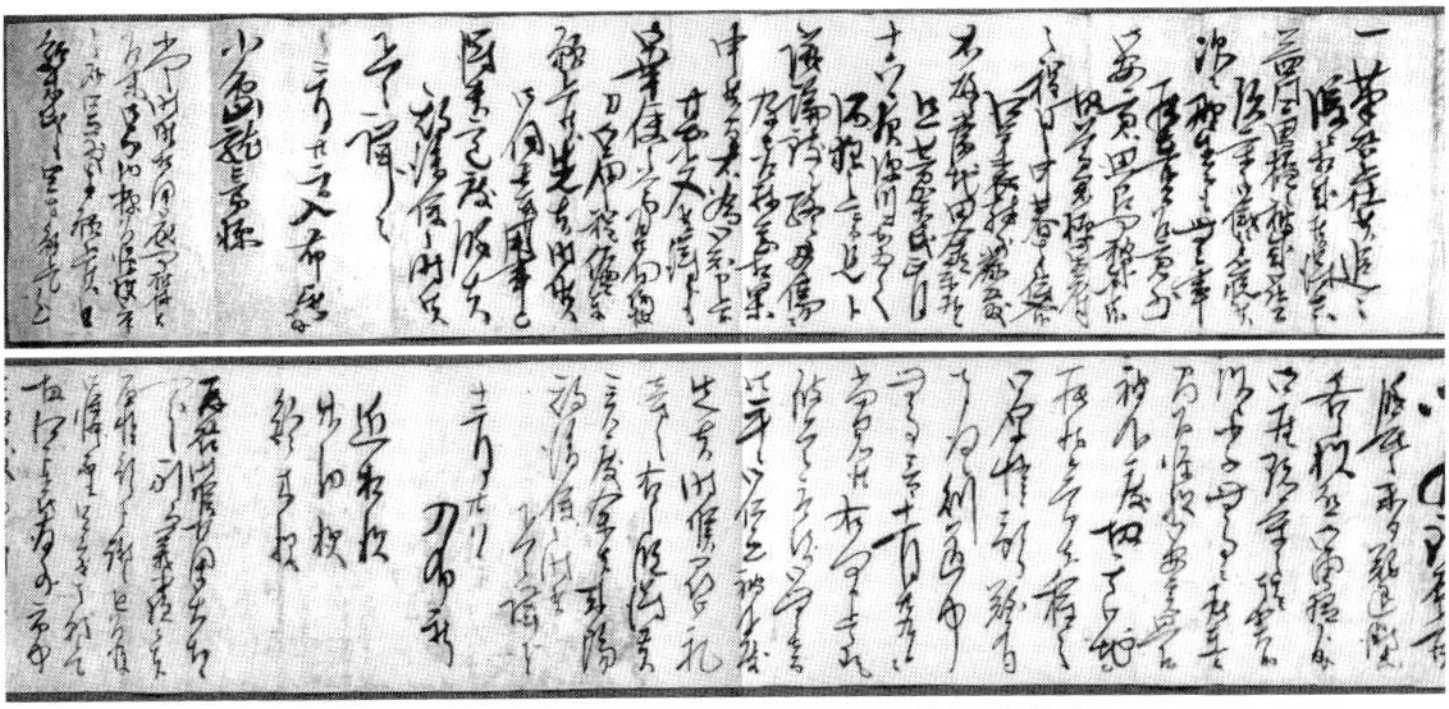

「近松、武内、鈴木宛入布新書状」「小島龍三郎宛入布新書状」
（渡部守雄氏蔵　画像提供・故大蔵素子女史）
明治元年 12 月 20 日、江戸到着の連絡と礼状。翌年 3 月 22 日、上京時に預けた刀を持参してくださいという雲井龍雄への書状。

は翌日以降に部下を派遣して斬り倒そうとしてきた。

このままでは、命が危ないと永倉は判断したのであろう。隠居まで決意したという。しかし、松前藩家老・下国東七郎《しもくにとうしちろう》が放っておかなかった。下国は永倉を松前藩領に戻して、松前藩医・杉村松柏《しょうはく》に婿入りするよう進めたのである。松柏の息子・玄英が箱館戦争で戦死して、次女（よね）しか杉村家に残っていなかったのだ。

さて、松前に戻る前月の十二月、政府転覆計画を企てたとして雲井が処刑される。雲井処刑の高札を読み、永倉は処刑場に駆け付けて晒し首に涙したのである。雲井の計画に旧会津藩士では、山田陽次郎が加わり処刑されていた。永倉は悲しみを振り切り、松前へと赴くのである。

杉村家相続・相続直筆捺印の転籍届、家禄拝受届見つかる

明治四年（一八七一）一月、永倉新八は杉村治備《はるのぶ》と改名していたとわかる。『北門史綱《ほくもんしこう》』によるとその後、杉村義衛《よしえ》（以降、杉村義衛で統一表記）と改名して新たな人生を歩き始めた。三月には館《たて》藩（旧松前藩）から、小隊曹長に任じられた。だが、廃藩置県後の十一月には免官されてしまう。館藩の財政が貧泊していたからと考えられる。

明治六年（一八七三）二月二十四日、長男・義太郎《ぎたろう》が誕生した。明治十九年式戸籍から、同年九月三日に義衛が杉村家を相続したとわかる。義父・松柏の『医事履歴書』にも同年六月に小樽《おたる》に転居し

たと書かれている。

今回、義衛に関する史料を探していると思いがけないものが見つかった。義衛による明治七年（一八七四）の小樽への転籍届や家禄拝受の届け出である。また、旧来では伝えられていなかったことも判明してきている。

長文となるが、『開拓使公文録　戸籍地方会計法憲学制職官　札幌本庁』の「津軽郡福山士族杉村義衛、小樽郡へ入籍並ニ家禄受取ノ件」から該当部分を引用紹介していきたい。

まず、四月十九日に提出された小樽への転籍届である。転籍簿（送籍写）は杉村家壬申戸籍を写したものであった。ここから、義衛の義姉・久仁《くに》と姪・美弥《みや》の二人が世帯を共にしたと判明した。久仁は夫・村井重三郎《しげさぶろう》と離別していたとわかる。また、義母・美佐の出身が現石川県珠洲《すず》市で浄土真宗浄徳寺の僧・智道を父に持っていたことも判明する。

何故、明治七年に壬申戸籍（「明治五年式戸籍」）の写しであろう「杉村義衛家族名簿」が記されたのか、義衛の御子孫でも不明であった。この史料では、松前が本籍となっているが、既に義衛は小樽に転居していたのである。

次に引用紹介していきたい。

（直訳）

「六月二日
五ー六十号

本使貫属士族杉村義衛義当
郡へ入籍之儀ニ付御届
今般別紙写之通、福山第八大区
正副戸長ゟ当郡正副戸長へ申越
候ニ付、書面之通入籍為致候旨届出
候ニ付、此段別紙添御届仕候也

七年五月廿一日

中村公知

松本大判官殿

送籍證

渡島国津軽郡福山第八大區
四小區愛宕町百四十五番地借宅
貫属士族
実父東京府貫属士族

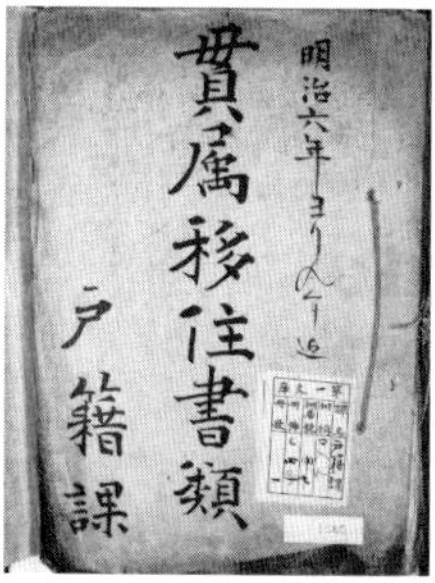

『明治六年ヨリ九年迠　貫属移住書類』
（北海道立文書館蔵）
松前から小樽への転籍届。壬申戸籍と内容が同じである。杉村家でも明治十四年式戸籍が最古であり、壬申戸籍は所有していないという。

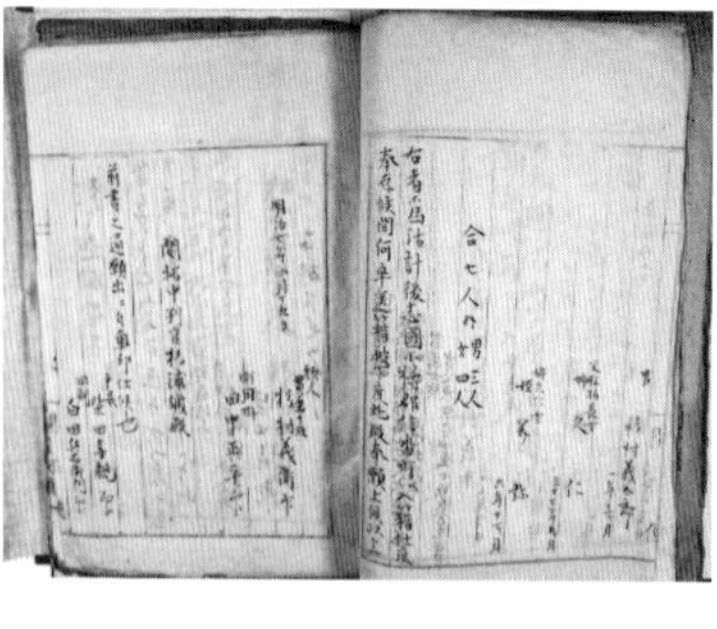

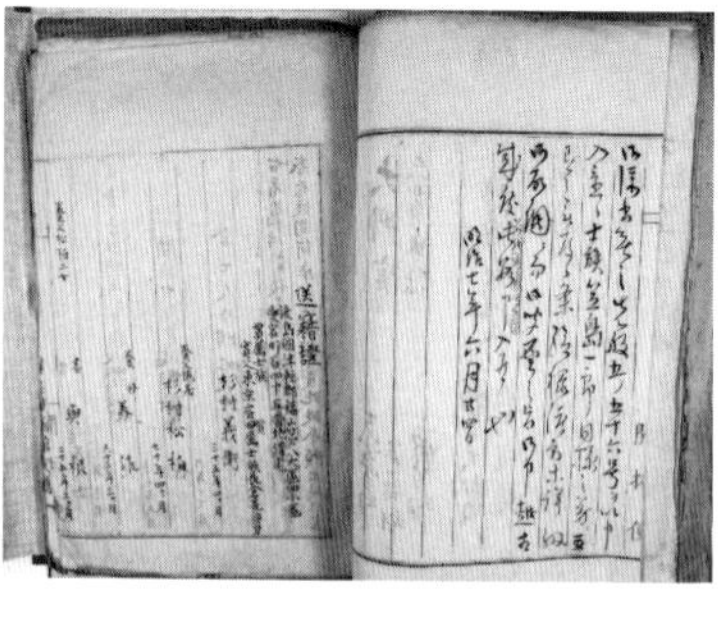

長倉甚治弐男
杉村義衛
戊三十五年四ケ月
父隠居　杉村松柏
〃七十年四ケ月
母　美佐
能登国奥〃郡蛸嶋村　〃六十年三ケ月
浄土真宗浄徳寺智道亡二女
父松柏二女　妻　与根
〃二十五年十一ケ月
男　杉村義太郎
〃一ケ年十一ケ月
父松柏長女
姉　久仁
〃三十七年五ケ月
姉久仁女
姪　美弥

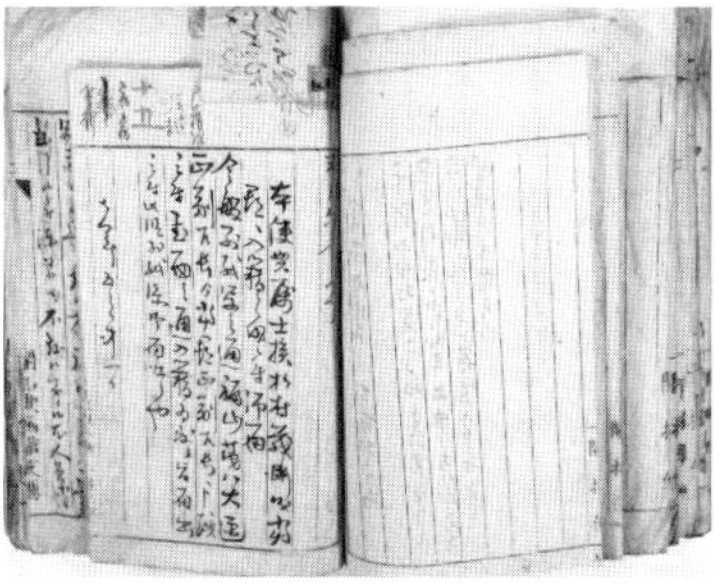

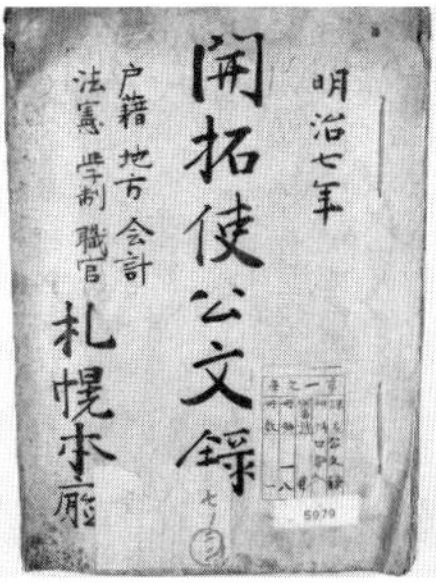

『明治七年　開拓使公文録』(北海道立文書館蔵)
杉村義衛が小樽入籍にあたり、直筆で転籍届、壬申戸籍写しなどが書かれ、実印も押して提出した公文書。また、家禄扶助の支給米申請も直筆で提出され実印が六か所に確認できる。この史料には新たなことが色々と記録されていた。

〃六年十一ケ月
合七人内　男三人
女四人

右者為活計後志國小樽郡信香町へ入籍仕度
奉存候間、何卒送籍被成下度此段奉願上候、以上
明治七年
願人　貫属士族
四月十九日
杉村義衛　印
町用掛
田中正平　印
開拓中判官　杉浦誠殿

前書之通願出ニ付奥印仕候也
戸長　柴田喜親　印
同副　白田兵右衛門　印

願之趣聞届候事
別紙之通人別差送候条、以来其区

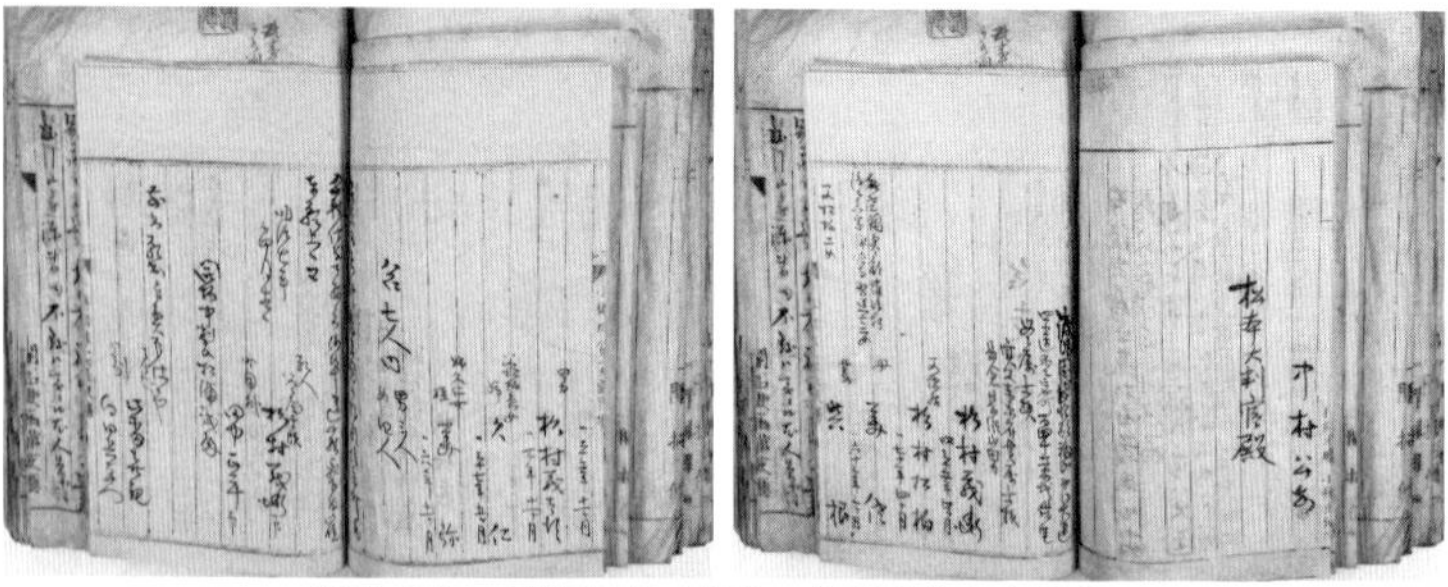

『明治七年　開拓使公文録』(北海道立文書館蔵)

戸籍御差加有之度、此段申入候也
　　　　津軽郡福山
明治七年四月二十日　副戸長　白田兵右衛門
　　　　　　　　　　戸長　柴田喜親
　小樽郡伝香町
　　正副戸長御中」
（『開拓使公文録』）

次に、開拓使札幌本庁民事局（以降、民事局と表記）が小樽出張所に対して、杉村家入籍や何年何月分まで家禄を受け取ったのか確認の必要があると通知している。

（直訳）

「民ーゟ小一ーへ同上入籍之順序并家禄受取方之義ニ付校合
　小樽出張所　　民事局
五ノ六十号ヲ以、上局へ御届相成候
貫属杉村義衛、福山ゟ送籍持
参ニ而其郡へ入籍之趣ニ候処、右者
函館支廳ゟ当廳へ来書も無之、

只本人給禄等爾後何方ニ而請
取之心得ニ候哉、若当廳ゟ請
取度義ニも候ハヽ、何年何月分迠
何程請取済等之明細御取調ニ而
御申越相成度、其段及御掛合候也、

明治七年六月九日

追而本父移住願之義ハ箱館
支廳ニ而取調之上許可ニ候哉、又ハ
福山出張所限りニ而聞届候哉、
右本人ゟ御糺ニ而御申越有之
度候也」

（『開拓使公文録』）

小樽出張所から民事局に次のように回答した。義衛が小樽に入籍するにあたり、福山に願い出たが未だ当方に届いていないという。

（直訳）

「小―ゟ民―同上之義答

第六月十三日

六ノ二十三号
民事局　小樽出張所
当使貫属士族杉村義衛、当郡へ
入籍之義ニ付、家禄受取方并追テ
書送籍之儀、函館ニ而聞届候哉、又福
山ニ而聞届候哉之趣、御掛合御座候ニ付
本人呼出し聞糺候処、家禄受取方
之儀者、旧貫属へ願立置候由、申立候得とも、
未夕当方へ不相廻候ニ付、追テ相廻次第
否可及御報知、且送籍之儀者福
山ニ而聞届候由申立候間、右之趣御
領承可有之其段及御報候也
七年六月十二日」

（『開拓使公文録』）

民事局から小樽出張所への通知である。永倉の戸籍を福山から小樽に所管替えにしようにも途中のやり取りが見受けられない。何町の何番地に移り住むのか、義衛本人に確認すべきとなった。

（直訳）

「民―ゟ小―へ同函館ヨリ報告次第ヲ指令旨抜書

小樽出張所　　民事局

五ノ六十号ヲ以御届之後及御問合、猶六ノ二十三号ヲ以、御報相成候貫属士族杉村義衛、福山より其郡へ送籍相成候義、右貫属所轄願ヒハ支廳より掛合可有之筈、其運ヒ無之ニ付、上局より函館へ御掛合相成候条、不日ニ確報可有之、就而ハ本人より何町何番地ニ居住致度旨其区戸長之奥書ニ而願書正副為差出、追々御取計相成度、左候ハヽ、函館より報知次第、聞届之御指令可相成候条、此段申進候也」

（『開拓使公文録』）

そして、義衛自筆で小樽移住に伴う転籍願いが出されたが問題はないという。次に、義衛は家禄請願を提出したのである。これが問題ないか、小樽出張所から民生局に確認したのであった。

義衛直筆で実印も押されていた。今まで、義衛の実印が残るのは、近藤勇義兄弟の佐藤彦五郎に宛てた書状のみであった。日野宿名主であった佐藤宅に、近藤の首を取り調べに京都へ行くという実印入り書状が現存している。

義衛は転籍にあたり、当時の戸籍（壬申戸籍）を筆写して届け出ている。また、小樽移住前は「渡島国津軽郡福山第八大区四小区愛宕町百四十五番地」（現北海道松前町愛宕町）に本籍を置き暮らしていたとわかる。

（直訳）

「　明治七年七月七日

追而貫属之義ハ送籍有之候共、平民同様戸長限リニ而入籍聞届候而ハ不郡合ニ候間、以後出願被聞届之上入籍取計候、付而御教示相成度候也

小―ゟ民―へ同上之義同人達セシ処転出義告シ旨

七ノ四十五号

民事局　小樽出張所　印

七月八日附ヲ以テ貫属士族杉村義衛、福山ヨリ当郡へ送籍相成候云々ニ付、御申越之趣承知、本人へ相達候処別紙之

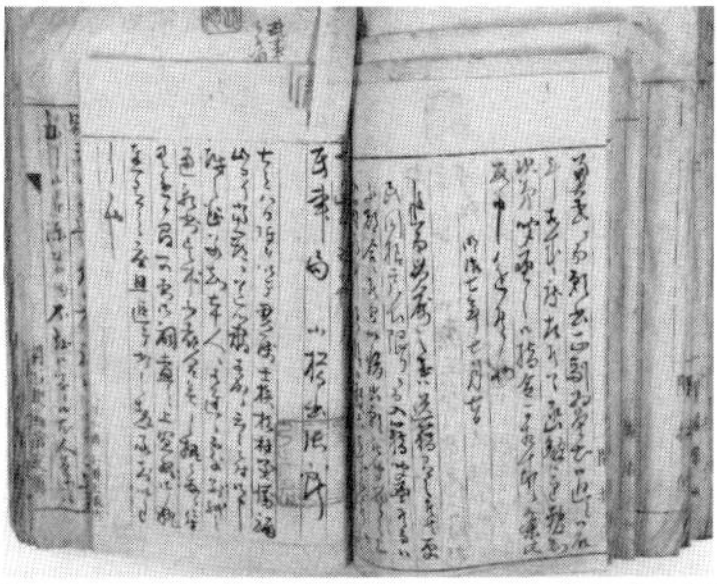

『明治七年　開拓使公文録』(北海道立文書館蔵)

通願書差出、不都合無之様被為候ニ付、
差遣候間、可否御調査之上宜様御執
達有之度、且追テ書之趣承知いた
し候也

七年七月十九日

入籍ノ儀ニ付奉願上候、
渡島国津軽郡福山
第八大区四小区愛宕町
百四十五番地借宅
貫属士候
実父東京府貫属士属
長倉甚治二男

杉村義衛
戊　三十五　四ケ月
父隠居　杉村松柏
戊　七十　四ケ月

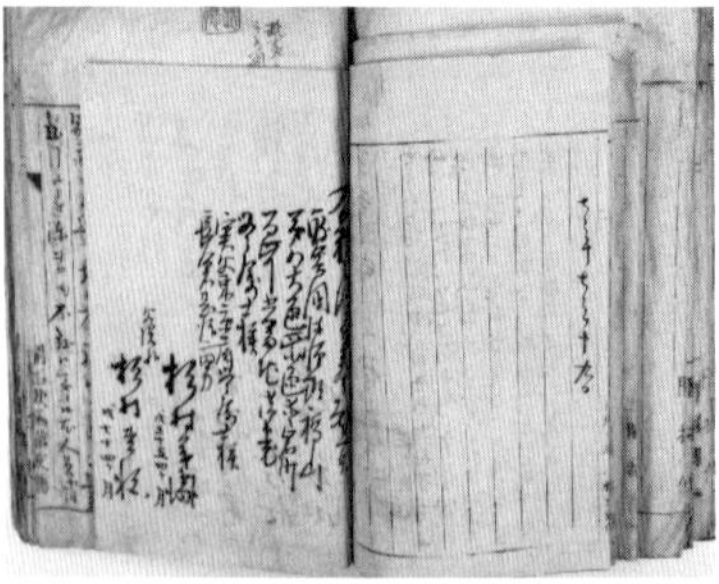
『明治七年　開拓使公文録』(北海道立文書館蔵)

母　美佐
戌　六十三　三ヶ月
妻　與根
戌　二十五　十一ヶ月
長男
杉村義太郎
戌　一ヶ年十一ヶ月
父義衛長男
姉　久仁
戌　三十七年五ヶ月
母久仁二女
姪　美弥
戌　六　十一ヶ月

右者先般於福山番所へ送籍之儀、願意御解可相成候ニ付、右書類ヲ以テ御届申出候処、今般函館支庁御校合相成候趣ヲ以テ猶番所

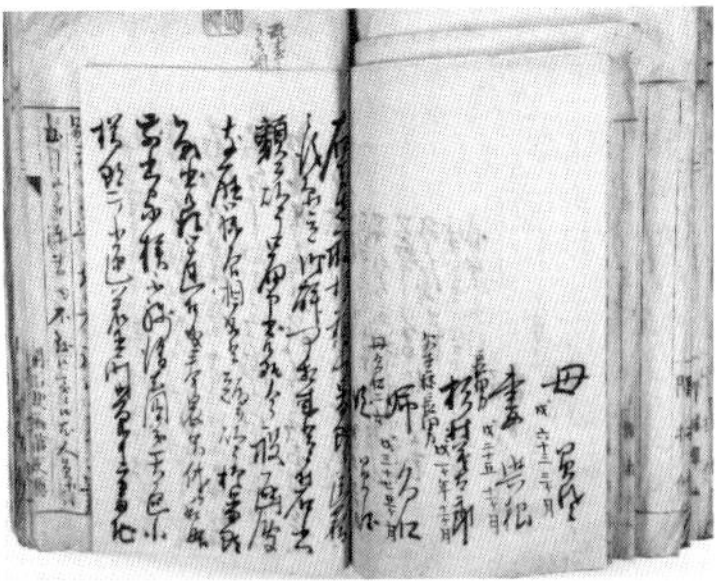
『明治七年　開拓使公文録』（北海道立文書館蔵）

願出候得ハ、御直相成奉畏候、伏テ私咎
前出家族不残渡島国第一大区小
樽郡二ノ小区若竹町弐百弐拾二番他
村井重三郎借家居住仕度奉存
候間、御聞届ニ被成下度奉願上候、尤も
右居住御聞届相成候上者家禄
別記ニ而候、猶福山町出張所町庁
相成候ニ付、其後ノ事者於当町出張所
御継続被成下候、此段以書付
奉願上候、以上

明治七年
第七月

後志國小樽郡第二ノ小区
若竹町弐百弐十弐番地
村井重三郎借宅
願人貫属士族
杉村義衛　印

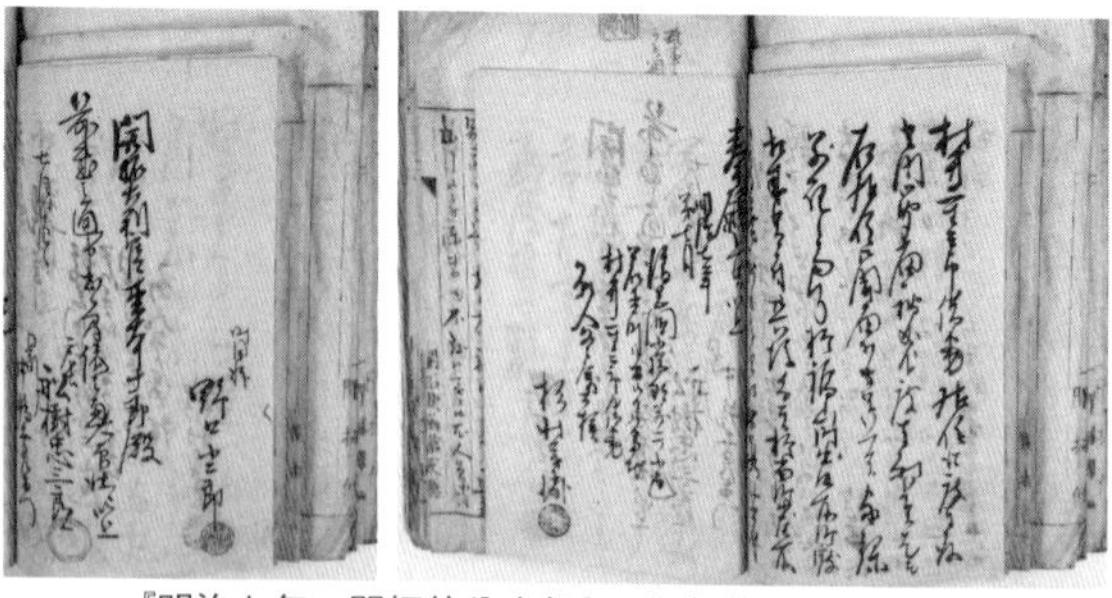
『明治七年　開拓使公文録』(北海道立文書館蔵)

町用掛

野口小二郎　印

開拓大判官松本十郎殿

前書之通申出候間、依之奥印仕候、以上

七月十四日

戸長　船樹忠三郎　印

同副　中嶋幸右衛門　印」

（『開拓使公文録』）

まず、義衛直筆であることは独特の癖字などから断定できる。他者に実印を委任するということも行ってはいないであろう。

移住先は「渡島国第一大区小樽郡二ノ小区若竹町弐百弐拾二番他」（現北海道小樽市若竹町一四―一二）である。ここであるが、義衛の義姉・久仁が離別した村井重三郎から家屋を借り受けて暮らしたのである。今まで、村井の世話になり、小樽に転籍したという記録も何処にもない。村井が小樽に暮らしていたというのがわかっていたのみである。

さて、戸籍に記されている義姉・久仁が明治七年（一八七四）十月六日に死去したと『永倉新八遺稿』に書かれている。久仁の次女・美弥《みや》の名が『永倉新八遺稿』に見受けられない。そして、明治十四年（一八八一）時の「区内寄留換御届」にも名前が記されていない。この点から、早世せず他家に養女に入ったか、村井家に戻っていたものであろう。

また、戸長・船樹忠三郎、副戸長・中嶋幸右衛門の名前の下にも印が押されている。だが、本文に奥印と書かれているとおり、両者は署名捺印をしたのみである。
そして、義衛は家禄十一石のうち、十一か月分の十石の支給米を受け取りたいと願い出た。米相場は一石につき金三円五十銭壱厘、家禄は金三十五円三十銭一厘になる。今まで家禄を受け取った年月、額も箇条書きにしている。

(直訳)

「　　記

開拓使貫属壬申給録拾壱石之処、
壬申一ケ年之内十二月一ケ月ノ分ヲ
除キ方向限米拾石被下候、但シ
壬申十月一日ヨリ十一月十五日と札幌
函館福山三ヶ所上米平均相場
壱石ニ付金三円五拾銭壱厘
此石代金三拾五円三拾銭壱厘

士族

一金三拾五円　　　壬申年
三拾銭壱厘也　　　経理局

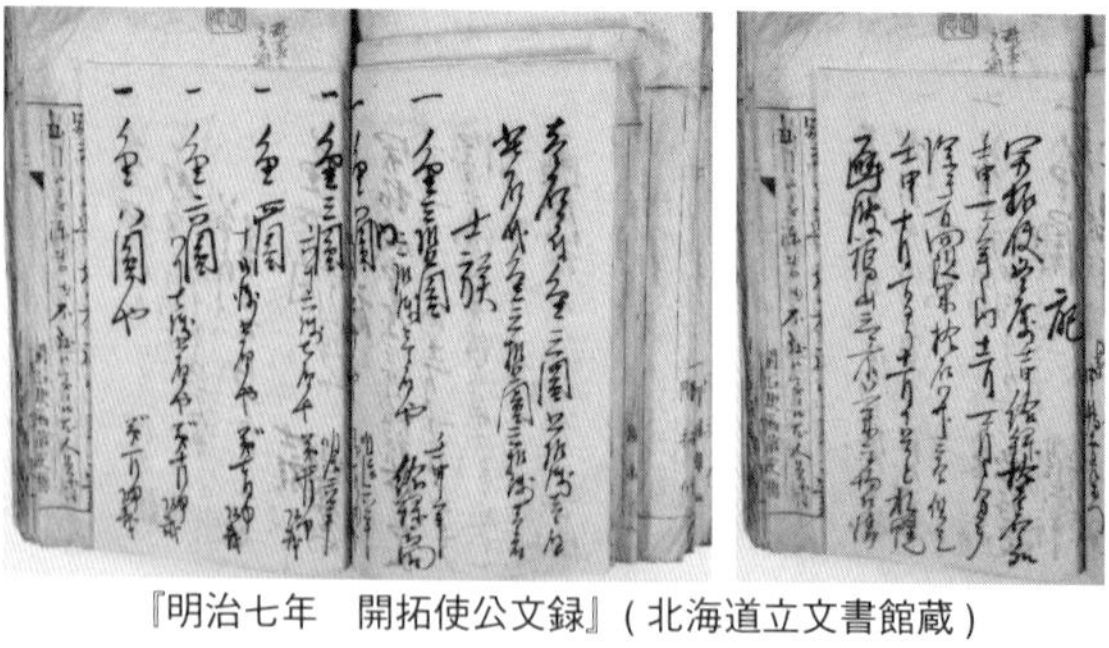

『明治七年　開拓使公文録』（北海道立文書館蔵）

同
一金四円　明治六年
四十四銭也　第一月中　頂戴
一金三円　明治六年
六十六銭七厘也　第四月中　頂戴
一金四円　〃
十四銭五厘也　第七月中　頂戴
一金六円　〃
八十七銭五厘也　第十月中　頂戴
一金八円也　〃
第一月中　頂戴
一金四円也　第二月中　頂戴
石金三拾四圓
九十壱銭七厘也
差引　金三拾八銭七厘也　不足
士族
一金四拾円　経理局

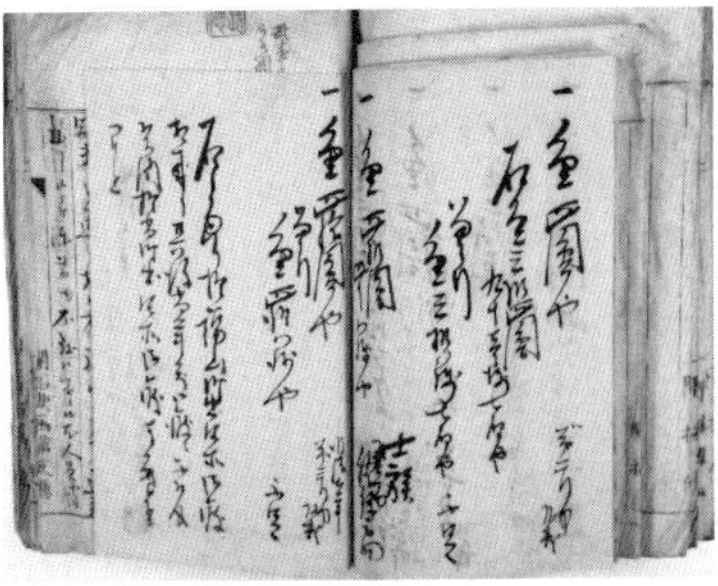

『明治七年　開拓使公文録』（北海道立文書館蔵）

　　四拾八銭也

一金四拾円也　　　　明治七年

　差引　　　　　　第三月中　頂戴

　金四拾八銭也　　　　不足

右之通り於福山町出張所御渡

相成り、其後当年者御渡ニ不被成

候間、於当町出張所御渡奉願上候、

己上

明治七年　江戸貫属士族

第七月　　　杉村義衛　印」

（『開拓使公文録』）

このように、義衛は家禄請願を願い出たのである。しかしながら、その翌月の八月一日に義父・松柏が病没してしまう。

明治十九年式戸籍から、義衛は妻・よねの姉・久仁の三女・ゆきを養女に迎えたとわかる。ただ、この戸籍において、ゆきの父親の名前が高冬となっている。高冬と村井重三郎は同一人物か否か、現在においても結論はでていない。

既に、義太郎は独立して本籍も移しており名前は見受けられない。

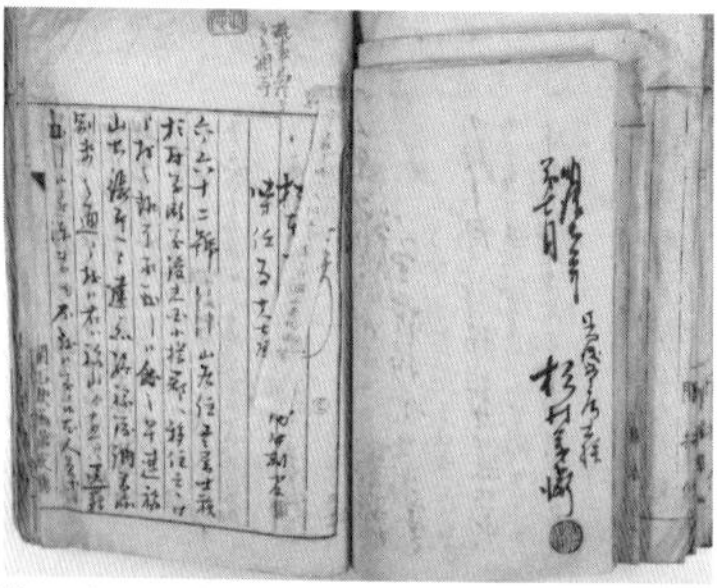

『明治七年　開拓使公文録』（北海道立文書館蔵）

その後、義衛は受け取った分で不足があるとして再請願を行った。
この引用は請願願い本文のみ次に表記したい。

（直訳）

「　以書附奉願候
一別紙給禄御下渡被成候内、壬申
癸酉二ケ年分不足之処、福山
御出張所ニおゐて御下渡被成下度、
此段奉願上候　已上

明治七年　　第二ノ小区若竹町
第八月廿七日　　弐百弐十弐番地
貫属士族
杉村義衛　印」

（『開拓使公文録』）

義衛は不足分を小樽出張所で受けとれるよう願い出たものである。
同日、十一石のうち半年分の半高を小樽出張所で受け取りたいと願い出て認められたものである。

（直訳）

「　以書附奉願上候

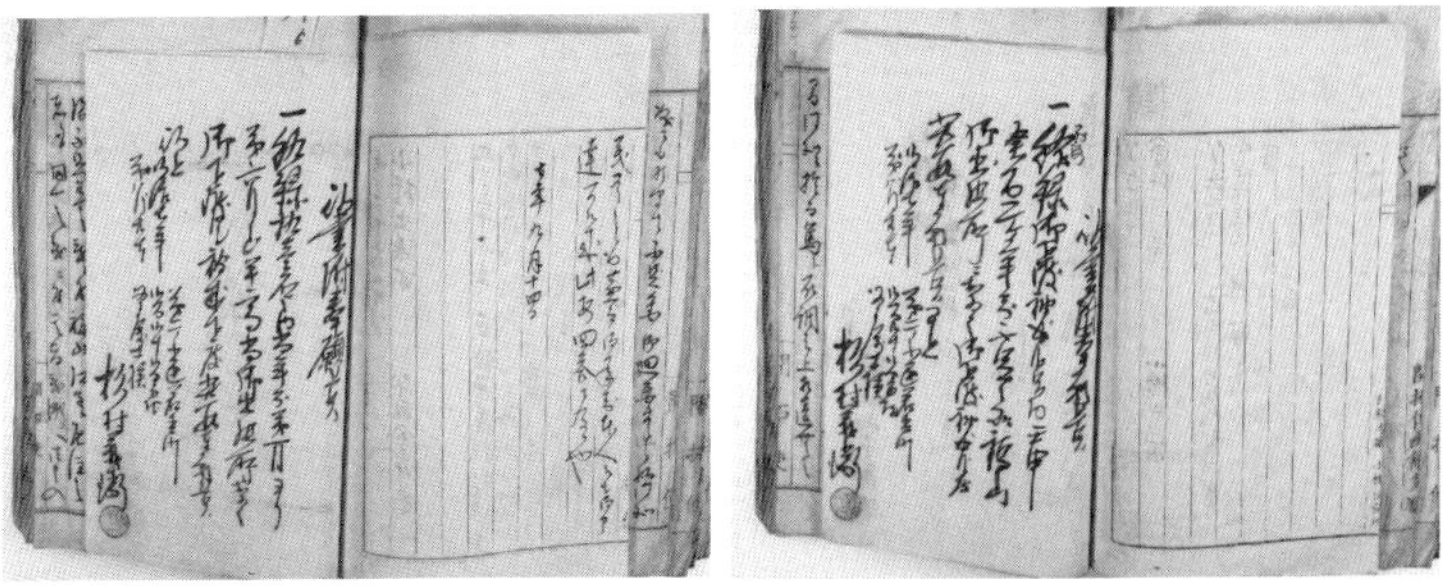

『明治七年　開拓使公文録』（北海道立文書館蔵）

一給録拾壱石之内当年分第一月ヨリ
第六月迄半高、当御出張所ニおゐて
御下渡シ被成下度、此段奉願上候
以上　　　第二ノ小区若竹町
明治七年　　弐百弐十弐番地
第八月廿七日　　貫属士族
　　　　　　　　杉村義衛　印」
（『開拓使公文録』）

同日中に義衛は家禄受け取りの箇条書きを書きなおして、あらたに小樽出張所に提出している。

十二月に小樽出張所が開拓使本庁会計局から次の通達が届いた。小樽出張所は家禄石代の半期分を仮渡しようとするが、箱館支庁から仮渡しの返納の必要を通達される。そのため、永倉は上納目録を記して差し出し返納したというものである。

（直訳）
「　上納目録
一金九拾九銭
但シ七年六ケ月分家録石代、先般御渡金

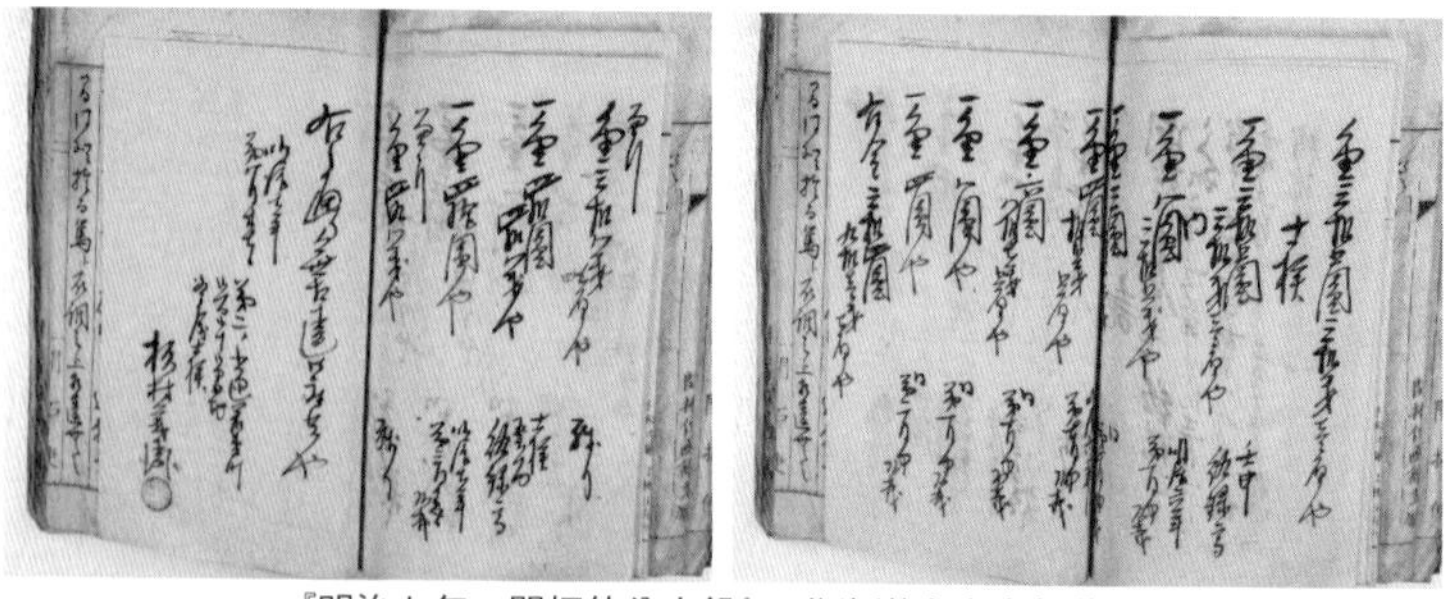

『明治七年　開拓使公文録』（北海道立文書館蔵）

弐十円弐十四銭上納之上、今般御渡金拾九円
弐十五銭差引、残金上納ノ分
右上納仕候也
明治七年　　　　　開拓使貫属士族
第十一月三十日　　杉村義衛　印」　（『開拓使公文録』）

義衛直筆の部分のみの引用とした。家禄に関して解決を見ることはなかったようである。

子孫・杉村悦郎氏は執筆された『永倉新八外伝』（新人物往来社）において秩禄処分について紹介されていた。既に述べたが、義衛の娘婿・伝次が家禄算定の額が誤っているのではないかと政府に質問状を出している史料の紹介がされている。

さて、義衛であるが明治八年（一八七五）五月中に東京浅草下谷《あさくさしたや》の長倉勘治《かんじ》宅に寄留したとも書かれている。永倉の一族である長倉家に世話になった。

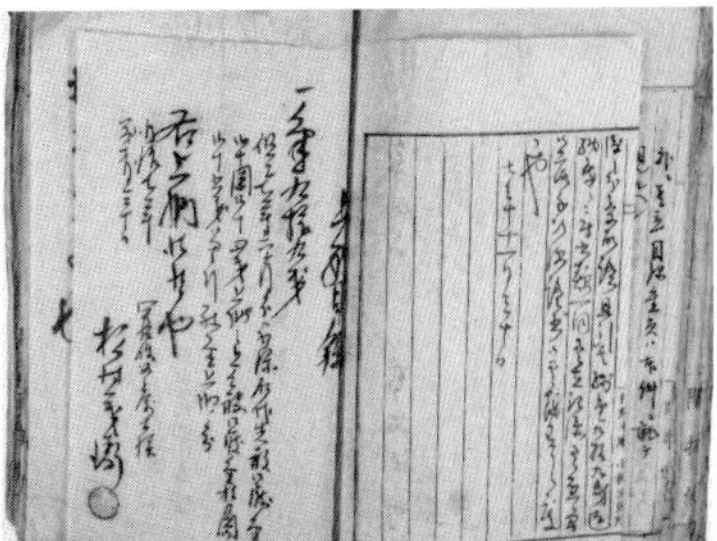
『明治七年　開拓使公文録』（北海道立文書館蔵）

その後の永倉新八こと杉村義衛

上京した杉村義衛（永倉新八）であるが、板橋の寿徳寺《じゅとくじ》に近藤勇たち新選組隊士の供養碑を建てる

ため尽力した。明治九年（一八七六）一月、墓碑建立の許可が下りたのである。

明治十五年（一八八二）には、月方《つきがた》の樺戸集治監で剣術師範の役に数年だが就いている。その時、単身赴任時の寄留戸籍簿が見つけられてもいた。

明治二十四年（一八九一）三月二十六日、義衛は佐藤彦五郎に近藤の首級の所在地を探しに行くという書状を出している。彦五郎は近藤と義兄弟の契りを交わした日野宿名主だ。

（直訳）

「明廿七日京大坂へ罷越業々近藤先生首級有所取調可申」

（「永倉新八が彦五郎に宛てた書簡」）

現在も佐藤彦五郎子孫・佐藤福子女史により、佐藤彦五郎新選組資料館にて展示されている。義衛の菩提寺・量徳寺《りょうとくじ》の資料館に展示されている写本下の直訳文を引用転載させていただいた。義衛直筆書状で直印が押されている。

長男の義太郎は札幌で分家独立する。養女・ゆきは岡田伝次を杉村家の婿養子として迎え、結婚した。義衛は、小樽に戻ってき

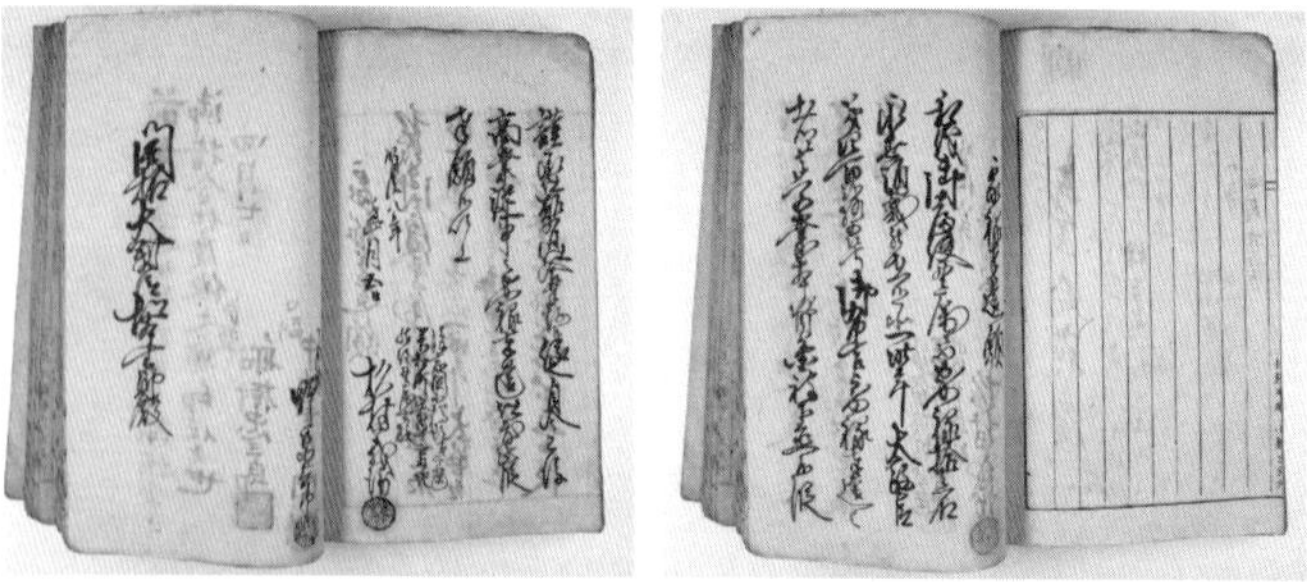

『貫属諸願届・辞令請書各郡往復』（北海道立文書館蔵）
明治８年４月、杉村義衛が開拓大判官・松本十郎に家禄奉還を実印を用いて、直筆で願い出た。

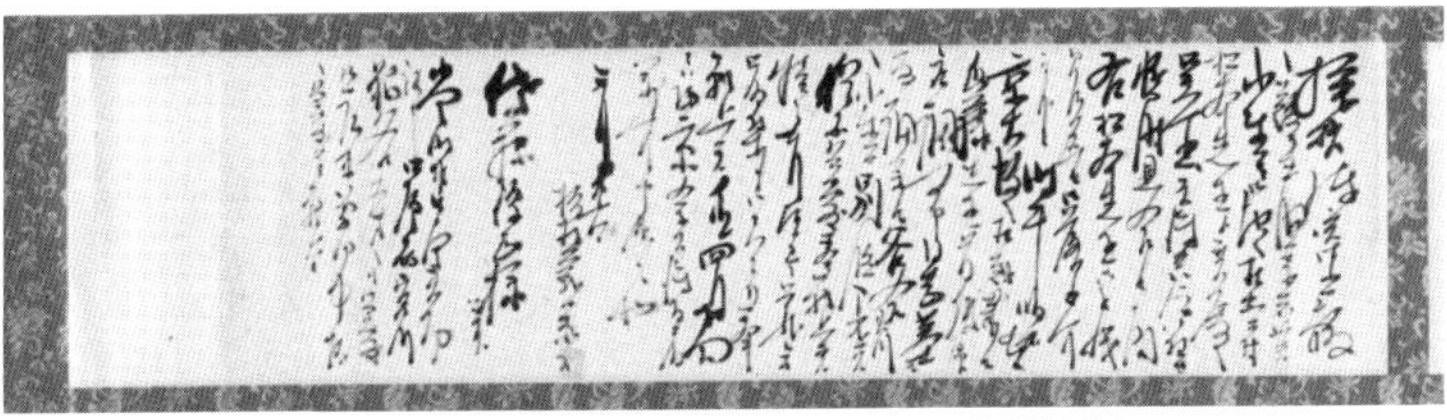

「杉村義衛が佐藤俊正に宛てた書状」（佐藤彦五郎新選組資料館蔵）
杉村義衛が佐藤彦五郎に宛てて、京都や大阪の寺々で近藤勇の首級を探してくると書いた書状。永倉直筆で、実印が押されている。

「永倉新八写真（大正２年）」
（北海道博物館蔵）
大正２年５月、札幌で撮影された記念写真。

「集治監」（月形樺戸博物館蔵）
明治 15 年、ここ樺戸集治監で看守の剣術師範を務めた。

「木刀」
（北海道博物館蔵）
愛用の木刀とされる。

「永倉新八」
（写真提供：杉村悦郎氏）
大正２年 10 月、小樽の大正記念館で撮影された。

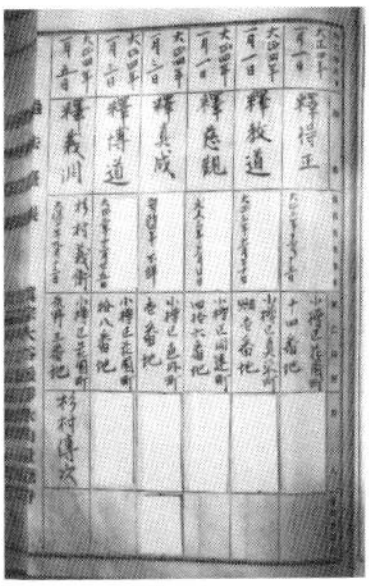

「杉村義衛過去帳」
（杉村和紀氏掲載許可、量徳寺蔵）
杉村家の菩提寺が管理している過去帳。

「寄留戸籍簿」（月形樺戸博物館蔵）
樺戸集治監在職中の月形への寄留戸籍簿。本籍は小樽村入船町 199 番地であり、平民となっている。

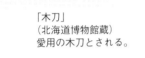

ている。その十年後に隠居した。

また、義衛は慶応三年（一八六七）に京都で女の子・磯子《いそこ》を授かっていた。その時の相手方・小常《こつね》は産後まもなく他界してしまう。そのため、明治二十七年（一八九四）になるまで磯子と会えなかったが、大阪にて再会することができた。そして、時は流れていった。

晩年、『七ケ所手負場所顕ス』を記して、『小樽新聞』の連載記事「永倉新八」に新選組から戊辰戦争までを語り残して、七十七歳にて天寿を全うする。

【協力】

上田尚男、浦出卓郎、大出俊幸、故大蔵素子、尾曲香織、菊地明、木村武仁、栗原祐斗、佐藤福子、清水隆、杉村和紀、杉村悦郎、鈴木基弘、中村武生、羽生謙五、間島勲、宮川清志、柳内良一、故好川之範、渡部守雄、会津若松市立会津図書館、京都府立京都学・歴彩館、宮内公文書館、国立公文書館、国立国会図書館、さいたま市古文書研究会、佐藤彦五郎新選組資料館、東京国立博物館、月形樺戸博物館、東京大学史料編纂所、東京大学法学部研究室、日野市ふるさと文化財課、福島県立博物館、北海道博物館、北海道立文書館、量徳寺、札幌法務局、小樽市役所（敬称略）

【引用・参考文献】

『浪士姓名簿』東京大学法学部研究室蔵／『浪士文久報国記事』個人蔵・日野市立新選組のふるさと歴史館提供／『維新階梯雑誌』『六月八日付近藤勇書簡』宮内庁宮内公文書館蔵／『京都合戦記』会津若松市立会津図書館蔵／「永倉新八」『小樽新聞』、『毎日新聞』国立国会図書館蔵／『忠義公史料』『会津藩庁記録』『野州奥羽戦争日記』『義園録』『野奥戦争日記』『雲井龍雄日記』『雲井龍雄伝』東京大学史料編纂所蔵／『北戦日誌』国立公文書館蔵／「夢乃うわ言」『新選組史料大全』KADOKAWA／『会津戊辰戦史』勉強堂書店／『新撰組往事実戦談書』京都府立京都学・歴彩館蔵／「永倉新八から近松・武内・鈴木宛書簡」「永倉新八から雲井龍雄宛書簡」「望月光蔵書簡」渡部守雄蔵／「永倉新八」『新選組大人名事典』清水隆著・新人物往来社／『開拓使公文録　戸籍地方会計法憲学制職官　札幌本庁』『貫属諸願届・辞令請書各郡往復』『貫属移住書類明治六年ヨリ九年迄』『開拓使公文録戸籍・地方・会計・法憲・学制・職官　明治七年』北海道立文書館蔵／『寄留戸籍簿』月形樺戸博物館／『医事履歴書』『七ケ所手負場所顕ス』『永倉新八遺稿』「区内寄留換御届」「記（杉村義衛家族名簿）」「永倉新八胴衣」「木刀」北海道博物館蔵／「永倉新八が彦五郎に宛てた書簡」杉村義衛著・佐藤彦五郎新選組資料館蔵／「永倉新八晩年の写真」杉村悦郎氏所有／「過去帳」量徳寺蔵／『永倉新八外伝』『子孫が語る永倉新八』杉村悦郎著・新人物往来社／『永倉新八のひ孫が作った本』杉村悦郎、和紀編・柏艪舎／「永倉新八と『新撰組顛末記』の謎」『歴史読本』伊藤哲也著・新人物往来社／『池田屋事件の研究』中村武生著・講談社現代新書／『会津藩戊辰戦争日誌　下』菊地明編・新人物往来社／『会津人群像№34「愚直に生きた⑪近藤勇』伊藤哲也著、『愚直に生きた　上巻』『史料集成　斎藤一』伊藤哲也著・歴史春秋社

あとがき

平成二十五年（二〇一三）から令和三年（二〇二一）一月まで、『会津人群像』で連載した「愚直に生きた」に新たに三篇を組み込み本書籍『愚直に生きた上下巻』はなるものです。連載が延長途中で終わったのはコロナ騒動が理由であり仕方ないものでしょう。

光陰矢の如しと言いますが、約八年間、本当に長い年月でありました。色々と新しい史料を活字化して、少しは世に広められたかと自負します。また、原稿を執筆しながら、調べごとをしていると必ずほかにも色々な史料が見つかっていきます。今回、『会津人群像』で連載したものの掲載できなかった原稿もありました。ほかにも、まだ発表できていない史料もありますが、いつか世に出せればと思います。先になりますが、『愚直に生きた』の続巻が出版されることをお待ちください。

そして、今回も御子孫の方々、各関係者、行政機関、博物館、資料館、図書館などから多大なるご協力を得られました。このご協力なくして本書の完成までは至らなかったでしょう。

本書刊行にあたり、歴史春秋社阿部隆一社長、『会津人群像』の編集、校正スタッフの皆様、単行本編集をされた新城伸子女史に多大なる感謝とお礼の言葉を申し上げたい。

八・一八の政変、新選組結成から百六十年目の令和五年十二月

伊藤哲也

著者略歴

伊藤哲也　いとう・てつや

昭和44年（1969）埼玉県生まれ。
幕末史研究家、立正大学卒業。地方公務員。
単著に『愚直に生きた上巻』『史料集成斎藤一』（歴史春秋社）
共著に『新選組史料大全』『ここまでわかった！ 新選組の謎』KADOKAWA、『新選組三番組長 斎藤一の生涯』『続・新選組史料集』『幕末・会津藩士銘々伝』『新選組・斎藤一のすべて』新人物往来社、『「新撰組」全隊士録』講談社　ほか
『会津人群像』『歴史読本』『歴史REAL』『会津若松市史研究第五号』『会津史談』『歴史春秋』ほか寄稿多数。
第7回、第19回会津史談賞入賞
会津史談会会員、会津史学会会員、会津会会員

愚直に生きた　下巻

2024年1月1日初版第1刷発行

著　者　伊藤 哲也
発行者　阿部 隆一
発行所　歴史春秋出版株式会社
〒965-0842
福島県会津若松市門田町中野大道東8-1
電　話（0242）26-6567
FAX（0242）27-8110
http://www.rekishun.jp
e-mail　rekishun@knpgateway.co.jp

印　刷　北日本印刷株式会社